汽车电气维修技能进阶丛书

汽车发动机电控系统
故障诊断检修一本通

黄费智　编著

机械工业出版社

本书旨在帮助汽车维修一线技术人员通过自学与工作实践，能够快速掌握汽车发动机电控系统故障诊断及检修的基本原理、基本方法与基本技能，以快速提高汽车电控系统故障诊断和维修技术水平。

全书分三篇共八章。上篇是基础知识篇，包括汽车电控技术基础与常用检测仪器的使用方法、汽车电控系统电路及电路识图基本方法两章。中篇是诊断方法篇，包括汽车电控系统故障诊断原理和方法、汽车电控系统故障自诊断方法两章。下篇是子系统故障诊断检修篇，包括电控燃油喷射系统故障诊断与检修、电控点火系统故障诊断与检修、电控进排气系统故障诊断与检修，以及燃油喷射系统传感器的检测方法四章。

本书具有"宽、新、深"的特点。"宽"，指本书有关汽车电控系统故障诊断的知识体系科学完整，知识介绍系统全面。"新"，指本书知识、方法介绍紧跟行业发展，案例新，技术水平先进。"深"，指本书将汽车电控系统的结构原理与故障诊断基本方法紧密结合，具有一定的深度。

本书可作为汽车维修技术人员的自学用书，也可作为职业院校汽车类专业学习汽车电控技术及故障诊断的教辅书，还可供汽车维修管理人员、汽车驾驶人和汽车爱好者学习了解汽车电控系统故障诊断知识参考使用。

图书在版编目（CIP）数据

汽车发动机电控系统故障诊断检修一本通/黄费智编著. —北京：机械工业出版社，2020.10

（汽车电气维修技能进阶丛书）

ISBN 978-7-111-66472-7

Ⅰ.①汽… Ⅱ.①黄… Ⅲ.①汽车-发动机-电子系统-控制系统-故障诊断②汽车-发动机-电子系统-控制系统-车辆修理 Ⅳ.①U472.43

中国版本图书馆 CIP 数据核字（2020）第 168469 号

机械工业出版社（北京市百万庄大街 22 号　邮政编码 100037）

策划编辑：母云红　责任编辑：母云红

责任校对：张晓蓉　封面设计：马精明

责任印制：李　昂

北京机工印刷厂印刷

2021 年 1 月第 1 版第 1 次印刷

184mm×260mm · 19.5 印张 · 484 千字

0001—1500 册

标准书号：ISBN 978-7-111-66472-7

定价：69.00 元

电话服务　　　　　　　　　　网络服务

客服电话：010-88361066　　机 工 官 网：www.cmpbook.com

　　　　　010-88379833　　机 工 官 博：weibo.com/cmp1952

　　　　　010-68326294　　金 书 网：www.golden-book.com

封底无防伪标均为盗版　　机工教育服务网：www.cmpedu.com

我国汽车产销量已连续 10 余年位居世界第一，汽车产业早已成为我国国民经济的支柱产业。如何维修数亿辆汽车，充分发挥其性能，降低其能耗、污染与交通事故这三大负面效应，已成为当今社会人们关注的重大课题。与此同时，随着现代科技飞速发展，汽车也迅速变成一种知识与技术高度密集型产品，汽车电控系统犹如皇冠上一颗光彩夺目的明珠。但每当打开汽车发动机舱盖，面对那密如蛛网的汽车电控系统线路，人们常常会感到迷茫；而面对那些电控系统所发生的复杂故障，则更加不知所措。

目前，我国汽车维修业仍处于技术相对落后的局面，究其原因，主要还是从事汽车维修业务的人员技术水平不足。因此，改变这种落后局面的关键在于快速提高广大汽车维修技术人员的知识水平与技术素质。

本书是面向汽车后市场广大维修技术人员的一本关于汽车电控系统故障诊断的技术读物。其目的是帮助汽车维修一线技术人员通过自学与工作实践，能够快速掌握汽车电控系统故障诊断的基本原理、基本方法与基本技能，以快速提高故障诊断和维修技术水平。

本书具有"宽、新、深"的特点。"宽"，指本书有关汽车电控系统故障诊断的知识体系科学完整，知识介绍系统全面。"新"，指本书知识、方法介绍紧跟行业发展，案例新，技术水平先进。"深"，指本书将汽车电控系统的结构原理与故障诊断基本方法密切结合，具有一定的深度。

全书分三篇共八章。上篇是基础知识篇，包括汽车电控技术基础与常用检测仪器的使用方法、汽车电控系统电路及电路识图基本方法两章。中篇是诊断方法篇，包括汽车电控系统故障诊断原理和方法、汽车电控系统故障自诊断方法两章。下篇是子系统故障诊断检修篇，包括电控燃油喷射系统故障诊断与检修、电控点火系统故障诊断与检修、电控进排气系统故障诊断与检修，以及燃油喷射系统传感器的检测方法四章。

本书可作为汽车维修技术人员的自学用书，也可作为职业院校汽车类专业学习汽车电控技术及故障诊断的教辅书，还可供汽车维修管理人员、汽车驾驶人和汽车爱好者学习了解汽车电控系统故障诊断知识参考使用。

限于作者水平，书中难免有错误与不当之处，恳请同行及广大读者批评指正，并与13554833909@163. com 联系。

作 者

上 篇

基础知识篇

第一章　汽车电控技术基础与常用检测仪器的使用方法

第一节　汽车电控系统简介

一、现代汽车电控系统的工作原理、组成与基本特征

1. 汽车电控系统的工作原理

汽车电控系统工作原理详见图 1-1 及其注解。

汽车电控系统的工作原理
1) 外界各种信息给定值输入电控单元(Electronic Control Unit，ECU)，经电控单元处理后的输出指令通过D/A转换后传送到各类执行机构，使被控对象状态发生变化。 2) 由被控对象输出的被控参数在开环控制中直接输出，或在闭环控制中被控参数经A/D转换后又反馈到电控单元继续接受处理，并对被控对象状态产生进一步影响。 3) 汽车是以电控单元为中心的高度自动化、集成化的控制系统。该系统随着汽车功能不断增加而变得复杂和日益完善。

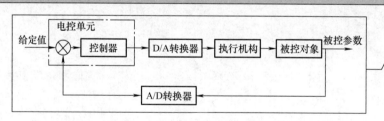

图 1-1　汽车电控系统工作原理

2. 汽车电控系统的组成

汽车电控系统由硬件与软件两大部分组成。

（1）硬件部分

汽车电控系统硬件基本组成详见图 1-2 及其注解。

（2）软件部分

软件部分包括系统软件与应用软件。

1）系统软件：指对主机与外部设备进行统一管理与控制的各种基础程序系统，例如由计算机制造厂提供的操作系统、语音加工系统和诊断系统。

汽车电控系统的基本组成

1）汽车电控系统的组成： 传感器、ECU和执行机构。ECU由输入接口、微处理器和输出接口组成。

2）ECU工作原理： 当汽车运行时，各类传感器不断检测车辆运行工况，并通过输入接口实时传给ECU，ECU根据其内部存储的控制程序进行对比、分析、处理，产生指令，并通过输出接口将指令传给执行器执行相应动作，实现某种预定功能。

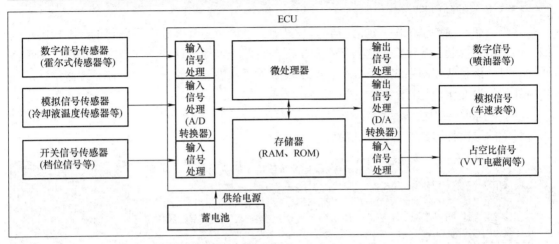

图 1-2　汽车电控系统硬件基本组成

2）应用软件：应用软件的核心部分是为实现各种控制功能所编制的各类控制程序。它一般由计算机控制系统设计人员自行编制。

3. 汽车电控系统的基本特征

汽车电控系统基本特征包括以下四个方面。

（1）明确的目的性

装备汽车电控系统的目的是为了保证车辆实现下述五项基本功能，而这些功能仅仅依靠常规的机械系统是难以实现的。

1）车辆的姿态控制：即控制车辆在转向、制动与加速过程中的侧倾、点头以及甩尾等不良运动状态，以尽可能保证乘员有接近于最舒适的车辆水平状态。

2）改善乘坐舒适性：即保证车辆在任何路面行驶时在法向和侧向的位移、颠簸与冲击均降为最小。

3）提高操纵性与稳定性：即车辆依靠电子控制系统能够对驾驶人的操纵正确而及时地给予响应。包括车辆不受路面不平度和侧向风的干扰，以及在各种速度下都能够保证车辆的操纵性与稳定性。例如，动力转向控制的目的是为了改善低速行驶或停车时的转向力，以及保证在高速行驶时的路感；又如，悬架控制是为了改善车辆的平顺性、稳定性与操纵性。

4）提高行驶能力的极限：即依靠电子控制系统来提高车辆的附着性能，保证车辆在任何路面与任何行驶状态下获得轮胎与路面之间最大的附着力。例如，防抱死制动系统（Antilock Brake System，ABS）就是为了保证车辆制动行驶状态下轮胎获得最大的附着力与车辆的安全性。

5）避免车辆可能出现危险状态的各类自适应操纵系统：即当作用于车辆上的惯性力超过轮胎与路面的附着力时，依靠电子控制系统能够自动地给予车辆转向、制动和加速能力，以避免进入危险状态。

（2）密切的相关性

即车辆上的各类电子控制系统均是相互关联的。例如，车辆的主动悬架控制系统如果不考虑防滑制动系统的行为，就有可能在紧急制动时导致车辆的上下起伏与纵向摇摆。这是由于主动悬架对于防滑制动系统的波动产生了响应。

（3）显著的随机性

即车辆在不同环境条件下动态行驶时，其电控系统也是动态的、不确定的或随机的。例如，如果悬架控制系统仅仅是为特定载荷工况与道路条件而设计的，那么在动负荷与不平路面行驶时，该悬架控制系统就不能保证车辆良好的平顺性。因此，车辆电控系统必须适应外界条件的随机变化。

（4）科学的层次性

科学的层次性详见图1-3及其注解。

汽车电控系统科学的层次性
1) 汽车电控系统一般分为三个层次，汽车综合控制系统是第一层次。
2) 第二层次是子系统控制，例如动力传动控制系统、悬架控制系统以及发动机控制等子系统。
3) 第三层次是单个装置控制，例如发动机控制系统对于燃料与空气供给系统控制则属于第三层次。
4) 现代汽车控制技术已经将人–车–环境控制系统设计成为单独的第四控制层次。

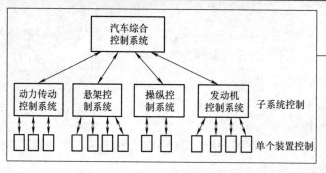

图1-3　汽车电控系统的三个层次

二、汽车电控系统的分类

（1）按控制对象分类

汽车电控系统按控制对象可分为三类，详见图1-4及其注解。

图1-4　汽车电控系统按控制对象分类

（2）按控制目标分类

汽车电控系统按控制目标可分为七类，如图1-5所示。

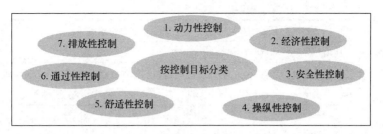

图 1-5　汽车电控系统按控制目标分类

三、汽车电控技术的发展趋势

现代汽车电控技术将车辆、人与环境融为一体，随环境的变化而动，并使三者处于最佳匹配状态。其发展趋势主要体现在如下三个方面。

1）各种全球定位系统与地理信息系统将车辆适时位置清楚地显示出来，汽车不仅行驶于地理高速公路，而且奔驰在信息高速公路上。

2）各种传感装置将环境与系统信息输入到车内处理系统；高速处理计算机对瞬时环境状况与车辆瞬时状况进行适时对比，并给出调节指令。数据链与数据总线将各种信息、指令及时传递给电控系统。

3）驾驶人可通过网络随时掌握所需信息，并据此给出操纵指令；传统的机械装置在高技术信息系统支持下随时以最佳状况运行。先进的科学技术将人、车辆、路、环境集成为一个完美与和谐的整体。

第二节　汽车电控系统常用传感器、执行器与电控单元

一、汽车电控系统常用传感器

1. 汽车常用传感器的基本类型

汽车常用传感器的基本类型见表1-1。

表 1-1　汽车常用传感器的基本类型

种　　类	检测量或检测对象
温度传感器	冷却液、排出气体（催化剂）、吸入空气、机油，自动变速器油、车内外空气
压力传感器	进气歧管压力、大气压力、燃烧压力、机油压力、自动变速器油压、制动压力、各种泵压、轮胎压力
转速传感器	曲轴转角、曲轴转速、转向盘转角、车轮速度
速度、加速度传感器	车速（绝对值）、加速度
流量传感器	吸入空气量、燃料流量、排气再循环量、二次空气量、制冷剂流量
液量传感器	燃油、冷却液、电解液、洗涤液、机油、制动液
位移方位传感器	节气门开度、排气再循环阀开度、汽车高度（悬架、位移）、行驶距离、行驶方位、全球定位

（续）

种　类	检测量或检测对象
气体浓度传感器	O_2、CO_2、NOx、HC、柴油烟度
其他传感器	转矩、爆燃、燃料成分、湿度、玻璃结霜、鉴别饮酒、睡眠状态、蓄电池电压、蓄电池容量、灯泡断线、荷重、冲击物、轮胎失效、风量、日照、光照、地磁等

2. 对常用传感器的性能要求

对汽车传感器的性能要求主要包括以下四项。

1）工作可靠，再现性好，稳定性高。

2）环境适应性好，即要求能适应 $-40 \sim 100℃$ 的温度，高湿度、冲击、振动、腐蚀以及油液污染等恶劣工作环境。

3）应符合有关产品标准要求，便于安装使用，检测与识别方便，尽可能小型化。

4）具有通用性，能批量生产，一种传感器可用于多种控制。在汽车电控系统中，要求传感器能将被测参数转变成为电信号输入计算机处理，实现高精度控制，汽车常用传感器检测项目的精度要求见表1-2。

表1-2　汽车常用传感器检测项目的精度要求

检测项目	检测范围	精度要求	分辨能力	响应时间
进气歧管压力/kPa	$10 \sim 100$	±2%	0.1%	2.5ms
空气流量/（kg/h）	$6 \sim 600$	±2%	0.1%	2.5ms
冷却液温度/℃	$-50 \sim 150$	±2.5%	1℃	10s
曲轴转角/（°）	$10 \sim 360$	±0.5°	1°	20μs
节气门开度/（°）	$0 \sim 90$	±1%	0.2°	10ms
排气中氧浓度/10^{-6}	$0.4 \sim 1.4$	±1%	1%	10ms

二、汽车电控系统常用执行器

1. 汽车微型电动机

（1）对汽车微型电动机的特性要求

对汽车常用微型电动机的特性要求见表1-3。

表1-3　汽车常用微型电动机的特性要求

分类	项目	内容	分类	项目	内容
性能	快速响应	响应时间要短	可靠性	寿命	使用寿命要长（应能连续或间歇地运行）
	高分辨能力	能够进行细微的控制，且在线性要好		故障	要求不会发生火灾（应装置在安全位置）
	高输出转矩	要求质量/功率比小，转矩应有足够的余量	肃静性	声音	要求工作时声音小，不能有励磁噪声

（续）

分类	项目	内容	分类	项目	内容
环境适应性	耐寒、耐热性	要求使用的温度范围广	经济性	消耗功率	消耗功率要小
	抗振性	应能承受剧烈振动		体积	体积要小
	耐气候性	应有良好的耐水、耐冷/热性能		质量	质量要小
	耐化学性	应有良好的耐汽油、耐热水的性能		价格	价格要便宜

（2）汽车微型电动机的分类

1）按照工作原理分，汽车微型电动机可分为直流电动机、步进电动机与伺服电动机。

①直流电动机。由于它具有良好的调速特性、较大的起动转矩、相对功率较大以及快速响应等优点，尽管其结构复杂和成本较高，但在汽车控制系统中仍获得广泛采用。

②步进电动机。它是一种能将脉冲信号转换成线位移或角位移的元件。每外加一个脉冲信号，它就运动一步，故得名步进电动机。它具有良好的直接实现数字控制的功能，且不需要反馈就能对位移或速度进行控制，故在汽车控制系统中也获得广泛采用。

③伺服电动机。伺服电动机也是应用较广的一种控制电动机。其作用是将电信号（如电压）转换成轴上的角位移和角速度。其最大特点是，有控制信号就旋转，无控制信号就停止，且转速大小与控制信号成正比。

一般小功率的控制系统多采用交流伺服电动机；稍大功率的控制系统多采用直流伺服电动机。

2）按照使用特性分，汽车微型电动机可分为 A 类、B 类和 C 类三种类型，汽车常用各类微型电动机的特性指标详见表 1-4。

表 1-4　汽车常用各类微型电动机的特性指标

类　　型	A 类	B 类	C 类
转矩/N·cm	4.9	31.2	134.2
空载转速/（r/min）	13.7	5.6	4.4
电动机直径/mm	30	45	78.7
电动机长度/mm	32	90	112.5

注：A 类—空调、门锁、电动后视镜等部位的电动机；B 类—电动车窗、刮水器等部位的电动机；C 类—空调送风、电动风扇等部位的电动机。

2. 汽车电磁阀

以开关型电磁阀进行转换控制。普通开关型电磁阀动作较慢，一般用于液体通路的开关控制。

以快速开关型电磁阀进行功能控制。它可以较高的频率工作，还可以利用高速开关调整油路中油压大小与流量，实现更多的控制功能。但此种电磁阀结构比较复杂。

以比例型电磁阀进行模拟控制。它可对阀的开度进行线性控制，结构比较简单。

三、发动机电控系统各类零部件的安装位置

发动机电控系统各类部件在轿车上的安装位置如图1-6所示。

图1-6　上海大众帕萨特发动机主要传感器与执行器的安装位置

四、电控单元

1. 电控单元的主要功能

电控单元（ECU）的主要功能如下。

1）接受传感器或其他装置的输入信号，并将输入信号处理成ECU能够接收的信号，例如将模拟信号转换成数字信号。

2）给传感器提供各级参考电压，如2V、5V、9V、12V等。

3）存储、计算与分析处理信息，例如存储运行信息和故障信息、分析输入信息并进行相应的技术处理。

4）完成多种控制功能。例如在发动机控制中，ECU可以完成点火控制、燃油喷射控制、怠速控制、排放控制、进气控制、增压控制等多种功能。

5）输出执行命令，并将弱信号变为强信号的执行指令。

6）输出故障信息。

2. 电控单元的组成

电控系统核心部分一般屏蔽封装在铝质金属壳内，且安装于汽车组合仪表板下方或发动机舱内等不易受碰撞的部位，并通过线束插座与汽车线路相连。

（1）输入回路

输入回路由模/数转换器和数字输入缓冲器组成，其功能详见图1-7及其注解。

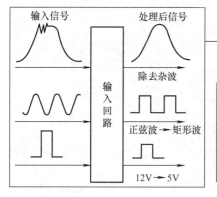

图 1-7　输入回路的功能

1）模/数转换器。信号电压（或电流）随时间连续变化的信号称模拟信号。信号电压（或电流）随时间不连续变化的信号称为数字信号。A/D是模拟（Analogue）/数字（Data）的简写。A/D转换器的功能是将模拟信号转换为数字信号，D/A转换器的功能是将数字信号转换为模拟信号。A/D转换器的工作原理详见图1-8及其注解。

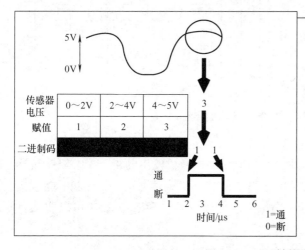

图 1-8　A/D 转换器的工作原理

2）缓冲器。缓冲器电路包括整形、波形变换、限幅和滤波等电路。数字缓冲器的功能是对单片机不能接收的数字信号进行预处理，以便单片机能够接收和运算处理。例如，点火开关、空档起动开关均为 12 ~ 14V 的电源电压（图1-9b），而单片机只能接收 5V 或 0V，因此，需要通过限幅电路将 12 ~ 14V 的电源电压信号转换为 5V 信号。磁感应式传感器的信号为正弦波信号（图1-9c），必须经过波形变换成5V或0V的数字信号后才能输入单片机处理。触点开关式传感器或继电器的数字信号中含有干扰信号（图1-9d），必须通过滤波电路消除干扰后单片机才能接受。图1-9e所示的高频干扰信号也必须通过滤波电路消除干扰后单片机才能接受。

【案例1-1】 ECU内部结构与A/D转换器和缓冲器的功能

ECU内部结构与A/D转换器和缓冲器的功能见图1-9及其注解。

> **ECU内部结构与A/D转换器和缓冲器的功能**
>
> 1）空气流量传感器(叶片式、热丝式、热膜式)、进气歧管压力传感器、大气压力、进气温度和冷却液温度传感器、爆燃传感器、线性输出节气门位置传感器等连续变化的信号均为模拟信号，必须经过A/D转换器变为数字信号后ECU才能识别。
>
> 2）超声波检测涡流式与光电检测涡流式空气流量传感器信号、霍尔式与磁感应式传感器(发动机转速、活塞上止点位置、车速、轮速)信号、光电式传感器(曲轴位置、凸轮轴位置、转向盘位置、减速度)信号、触点式节气门位置传感器、氧传感器以及各类开关信号均为脉冲信号或数字信号(高电平或低电平)，需要通过数字缓冲器进行限幅、整形处理后，才能输入单片机进行运算处理。

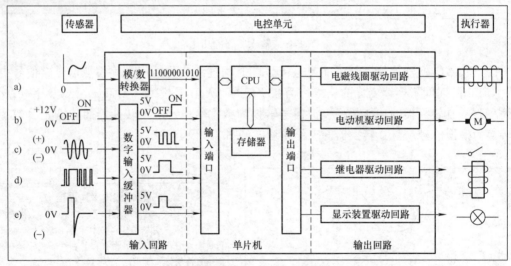

图1-9 ECU内部结构与A/D转换器和缓冲器的功能

（2）输出回路

输出回路是单片机与执行器之间的中继站，其功能是根据微机发出的指令，控制执行器动作。由于微机只能输出5V微弱的电信号（例如喷油脉冲、点火信号等），所以不能直接驱动执行元件。因此必须通过输出回路进行功率放大、译码或D/A转换，变成可以驱动各种执行元件的强电信号。

（3）单片机

单片机基本结构详见图1-10及其注解。

（4）电控系统内部层次的逻辑关系

电控系统内部层次的逻辑关系：（运算器＋控制器＋寄存器）→CPU→（CPU＋内存＋（I/O接口））→单片机→（单片机＋输入回路＋输出回路）→电控单元（俗称车载电脑）→（ECU＋传感器＋执行器）→电控系统。

单片机的基本结构
1）单片机：将中央处理器(Central Processing Unit，CPU)、存储器⊖、定时器/计数器、输入/输出(Input/Output，I/O)接口电路等主要部件集成在一块电路芯片上构成的单片微型计算机简称单片机。 2）CPU又称微处理器，是具有译码指令和数据处理功能的电子部件，是汽车电控系统真正的核心。它由运算器、控制器和寄存器组成。

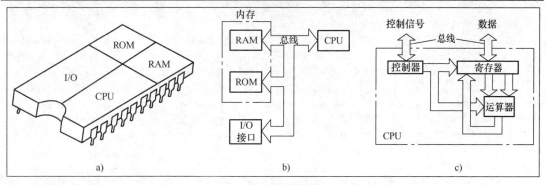

图 1-10　单片机基本结构框图

a）单片机芯片外形　b）单片机结构框图　c）CPU 结构框图

【案例 1-2】 福特某款轿车所用 ECU 的内部结构

ECU 主要由输入接口电路、微处理器和输出接口电路等组成，详见图 1-11 及其注解。

3. ECU 的检测方法与使用安全注意事项

（1）ECU 的检测方法

实践证明，汽车电控系统故障绝大多数均发生在各种传感器、执行器、插接器以及线束等部件上，而 ECU 本身出现故障的可能性极小，其概率大致为汽车每行驶 10 万 km，ECU 故障约占汽车故障总数的 0.1%。

因此，只有当确认汽车所有的零部件都正常之后，才能判定 ECU 是否有故障。其次，检测 ECU 故障时，应将重点放在检测 ECU 与各种传感器、执行器之间的线路连接是否良好。最后才通过故障诊断仪器检测 ECU 自身的故障。

（2）ECU 使用安全注意事项

1）当拆卸电控系统导线插接件时，应先关闭点火开关。

2）若需断开蓄电池接线，应先读取故障码和密码。

3）为保护 ECU 电路板及其连接端子不致损坏，在拆卸 ECU 时，应避免敲击、碰撞或掉落。

4）应避免在高温或电磁场环境下进行 ECU 的检修作业。

5）应使用高阻抗数字式万用表进行 ECU 的检测，不允许采用测试灯。

6）在测试点火系统时应接一个火花塞试火，不允许将高压导线或点火线圈直接搭铁试火。

⊖　存储器分为只读存储器（Read-Only Memory，ROM）和随机存取存储器（Random Access Memory，RAM）。

> **汽车电子控制单元的组成**
>
> **1) 输入接口电路**。其主要功能是对传感器的输入信号进行预处理，将其变成微处理器可接受的信号。它包括模拟信号的处理和数字信号的输入两部分。
>
> **2) 微处理器**。即单片机，它是将CPU、RAM/ROM、I/O接口以及定时/计数器等基础元件集成于一块芯片而形成的芯片级计算机。一般轿车多采用8位或16位通用单片机，如英特尔 MCS8048、8049/8032、摩托罗拉 MC6802、RCA1802等8位机，以及英特尔 MCS8097 16位机。但现代轿车已经使用32位通用单片机，某些汽车还会使用为某一领域或某一特定商品而设计开发的专用单片机。
>
> 3) 图1-11所示为福特某款轿车采用的ECU的内部结构，其微机中的外部存储器可分为以下四类。①随机存取存储器，其微处理器能以任意的顺序从任何一个RAM中的地址内提取信息。RAM可分为易失性存储器与非易失性存储器两类。当每次点火开关断开时，前者存储的信息随即消失；当发动机重新起动时又可写入新的信息。而对于后者，当每次点火开关断开后仍保留存储的信息。②只读存储器，其中有查询表，表里存储有与汽车运行相关的主要信息，例如点火提前角脉谱图、混合气空燃比脉谱图等。微处理器根据发动机转速与负荷从ROM中查取最理想的点火提前角与理想的空燃比，并进行相应的控制。因此，ROM中的信息只能读取，不能擦除，也不能写入。③可编程只读存储器(PROM)，其中存储的是依照每一种车型特殊要求专门设计的一些专用程序。④可保持存储器(KAM)，它与RAM类似，微处理器能从KAM中读取信息、擦除信息或写入信息。但与RAM不同的是，当点火开关断开时，KAM仍能保留信息；但若断开蓄电池电源，KAM中的信息将会消失。因此它主要用于自适应控制。
>
> **4) 输出接口电路**。其功能是控制指令的生成与放大，它可将微处理器作出的决策指令转变为控制信号来驱动执行元件工作。

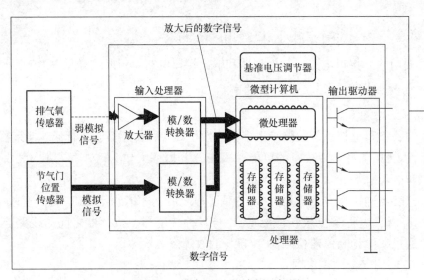

图 1-11　汽车 ECU 组成原理框图

7) 在检查燃油泵继电器时，不可将电源连接到该继电器的微处理器控制端。

第三节　几种常用汽车检测仪器的使用方法

汽车电控系统维修人员要准确、有效、快速地完成电控系统检测工作，首先必须熟练掌握主要常用检测工具和检测设备的使用方法。常用汽车检测仪器与检测设备分类如下。

1) 检测工具与检测仪器。汽车电控系统常用检测工具与仪器包括测试灯、发光二极管、汽车压力表、手持式真空泵、喷油器清洗器、汽车真空表、红外线测温仪、尾气分析仪、汽车万用表、钳形电流表、汽车故障诊断仪（解码器）、扫描仪、示波器、声级计以及油漆厚度检测仪等。

2）检测设备。汽车电控系统常用检测设备包括功能比较齐全的测功机、底盘测功机、制动试验台、侧滑试验台、前照灯检测仪、车速表试验台、四轮定位仪以及车轮平衡仪等。

一、数字式万用表

汽车电控系统常用数字式万用表的功能是测量电阻、电压、电流、转速、电路通/断、脉宽测量、闭合角测量以及占空比测量等。万用表分为指针式万用表和数字式万用表。数字式万用表又分为普通数字式万用表和汽车专用数字式万用表。汽车专用数字式万用表在电控系统的检测中获得了广泛应用。

1. 普通数字式万用表

汽车检测中常用普通数字式万用表测量电阻、直流电流和直流电压，以判断线路的通或断和电器设备的技术状况。其使用方法和注意事项如下。

（1）测量电阻

将万用表开关转至电阻（Ω）档的适当档位（选择量程），校零。测量待测元件两点之间的电阻，读取电阻值。

注意：测量电阻时绝对不能带电操作，否则会烧坏万用表。

（2）测量直流电压

将万用表开关转到直流电压（V）档的适当档位（选择量程）。测量两点之间的电压，读取电压值。

注意：万用表的"＋""－"测针应和电路测点的"＋""－"极一致。

2. 汽车专用数字式万用表及其使用方法

（1）对汽车专用万用表的基本功能要求

1）需要采用高阻抗的数字式测试仪表。在汽车电控系统检测中，不宜使用指针式万用表检测 ECU 和传感器，更不能使用测试灯测试 ECU 和与其相连接的设备，而应采用高阻抗的数字式测试仪表。

2）应具备一定的汽车专用测试功能。数字式汽车专用万用表除具有数字万用表的一般功能外，还应具备一定的汽车专用测试功能，即除可用来测量电控元件和电路的电阻、电压、电流外，一般还要求测量转速、频率、温度、电容、闭合角、占空比等项目，并具有自动断电、自动变换量程、数据锁定、波形显示等功能。这些参数对于汽车电控系统故障检测与诊断具有重要意义。但这些参数用普通数字式万用表无法检测，需采用汽车专用数字式万用表。汽车专用数字式万用表的外形与功能要求详见图1-12及其注解。

（2）汽车专用数字式万用表的量程和基本结构

1）汽车专用万用表的量程。

①直流电压：400mV ~ 400V（精度：±0.5%），1000×（1±1%）V；交流电压：400mV ~ 400V（精度：±1.2%），750×（1±1.5%）V。

②直流电流：400×（1±1%）mA，20×（1±2%）A；交流电流：400×（1±1%）mA，20×（1±2.5%）A。

③电阻：400×（1±1%）Ω，4kΩ ~ 4MΩ（精度：±1%），400×（1±2%）MΩ。

④频率：4 ~ 40kHz（精度：±0.05%），最小输入10Hz。

汽车专用数字式万用表的主要功能

1) **测量交、直流电压**，并具有600V安全过压保护功能等。考虑到电压允许变动范围及可能产生的过载，汽车万用表应能测量大于40V的电压值，但测量范围也不能过大，否则读数精度下降。

2) **测量电阻**，应能测量1MΩ的电阻。测量范围大一些，使用起来较方便。

3) **记忆最大值和最小值**。用于检查某电路瞬间故障。

4) **测量电流**。汽车万用表应能测量大于10A的电流，测量范围再小，则使用不方便。

5) **测量转速**。

6) **模拟条显示**。用于观测连续变化数据。

7) **测量脉冲波形的频宽比和点火线圈一次侧电流的闭合角**。该功能用于检测喷油器、急速稳定控制阀、排气再循环电磁阀及点火系统等的工作状况。

8) **测量大电流**。配置电流传感器(霍尔式电流传感夹)后，可以测量大电流。

9) **代替LED灯跨接的方法进行故障码读取**，并可以声响计数及显示电压值。

10) **测量电磁线圈工作时导通/关断百分比**。

11) **检测各传感器**。检测空气流量传感器、进气压力及大气压力传感器、冷却液温度及进气温度传感器、氧传感器、急速控制电动机、车速传感器、点火信号发生器、爆燃传感器等。

12) **具有动态测试氧传感器变动率、电压变动值显示及声响提示(±0.45V判断)**。

13) **测量二极管的性能**。

14) **测量传感器输出的电信号频率**。

15) **测量温度**。配置温度传感器后可以检测冷却液温度、尾气温度和进气温度等。

16) **输出脉冲信号**。该功能用于检测无分电器点火系统故障。

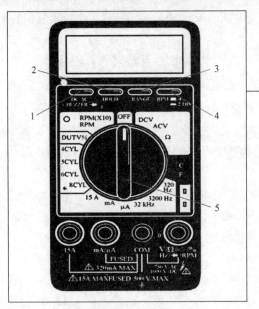

图1-12 汽车专用数字式万用表的外形与功能

1—交流/直流按钮 2—保持按钮 3—量程选择按钮 4—转速选择按钮 5—选择开关

⑤ 二极管检测：精度：±1% dgt。

⑥ 温度检测：18～300℃（精度：±3℃），301～1100℃（精度：±3%）。

⑦ 转速：150～3999r/min（精度：±0.3%），4000～10000r/min（精度：±0.6%）。

⑧ 闭合角：±0.5°。

⑨ 频宽比：±0.2%。

2) 汽车专用数字式万用表的基本结构如图1-12、图1-13所示。

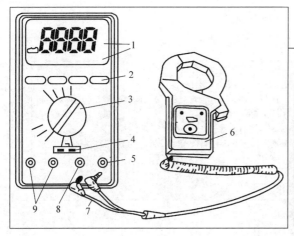

汽车专用数字式万用表和电流传感器的基本结构
1) 数字式汽车专用万用表的组成部分包括：1—数字及模拟量显示屏；2—功能按钮；3—测试项目选择开关；4—温度测量座孔；5—公用座孔；8—搭铁座孔；9—电流测量座孔。
2) 电流传感器组成：6—霍尔式电流传感夹；7—霍尔式电流传感夹引线等组成，详见图1-13右。
3) KM300型汽车专用万用表组成：1—"交流/直流"按钮；2—"保持"按钮；3—"量程"选择按钮；4—"转速"选择按钮；5—选择开关等，详见图1-13左。

图 1-13　汽车专用数字式万用表和电流传感器

1—数字及模拟量显示屏　2—功能按钮　3—测试项目选择开关　4—温度测量座孔　5—公用座孔

6—霍尔式电流传感夹　7—霍尔式电流传感夹引线　8—搭铁座孔　9—电流测量座孔

（3）汽车专用数字式万用表的使用方法

下面通过实例说明汽车专用数字式万用表的使用方法。

【案例1-3】 **KM300型汽车专用数字式万用表测试使用方法**

1. 测量直流电压

测量直流电压的方法详见图1-14及其注解。

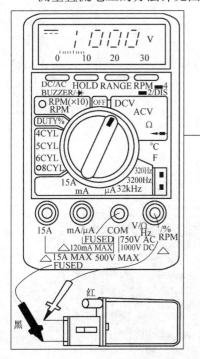

测量直流电压
1) 将车用万用表选择开关旋转到直流电压(DCV)位置，此时万用表进入自动选择量程方式，能自动选择最佳测量量程。也可按下量程(RANGE)按钮，选择手动选择量程方式，每按动量程按钮一次，即可选择更高的量程。
2) 红色测针导线插入面板电压/电阻插孔中，黑色测针导线插入面板COM插孔中。红、黑测针接到被测电路上，如图1-14所示。
3) 注意：万用表+、−测针应与电路测点+、−测针极性一致。
4) 读取被测直流电压值。

图 1-14　测量直流电压的方法

2. 测量直流电流

测量直流电流的方法详见图 1-15 及其注解。

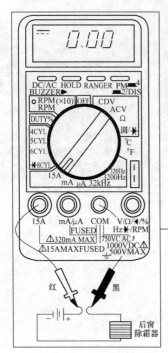

测量直流电流
1) 按下直流/交流(DC/AC)按钮，选择直流档。
2) 根据被测电流的大小，将选择开关旋转到15A、mA或μA位置，如果不能确定所需电流量程，应先从15A开始往下降。
3) 注意：红色测针的导线插入所选定的15A、mA或μA插孔内，黑色测针的导线插入面板的COM插孔内。红、黑测针接到被测电路上，与电路串联，如图1-15所示。
4) 打开被测电路。
5) 读被测直流电流值。

图 1-15　测量直流电流的方法

3. 测量电阻

测量电阻的方法详见图 1-16 及其注解。

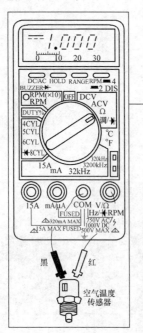

测量电阻
1) 将选择开关旋转到电阻(Ω)位置，此时万用表进入自动选择量程方式，能自动选择最佳测量量程。也可以按下量程(RANGE)按钮，选择手动选择量程方式，按动量程按钮选择适当的量程。
2) 注意：红色测针的导线插入面板电压/电阻插孔中，黑色测针的导线插入面板COM插孔中。红、黑测针接到被测电路上，如图1-16所示。
3) 读取被测电阻值。
4) 注意：测量电阻时不可带电操作，否则，易烧毁万用表。

图 1-16　测量电阻的方法

4. 测量温度

测量温度的方法详见图 1-17 及其注解。

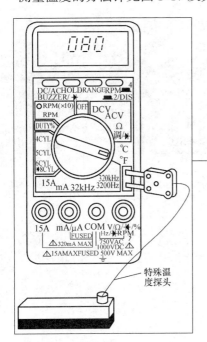

测量温度

1) 将选择开关旋转到温度(℃或℉)位置。

2) 将万用表配备的带测针的特殊插头,插接到面板黄色插孔内。测针与被测温度元件的部位接触,如图1-17所示。

3) 当温度稳定后,读取测量值。

特殊温度探头

图 1-17　测量温度的方法

5. 测量转速

测量转速的方法详见图 1-18 及其注解。

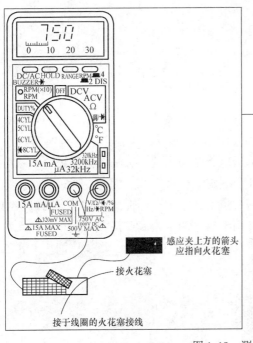

感应夹上方的箭头应指向火花塞

接火花塞

接于线圈的火花塞接线

测量转速

1) 将选择开关旋转到转速(RPM或RPM×10)位置。

2) 将感应夹的红色导线插入面板电压/电阻插孔内;黑色导线插入COM插孔内,感应夹夹在通往火花塞的高压线上,其上方的箭头应指向火花塞,如图1-18所示。

3) 按下转速选择按钮,根据被测发动机的冲程数,选择"4"或"2"。

4) 读取被测发动机转速。

图 1-18　测量转速的方法

6. 测量触点闭合角

测量触点闭合角的方法详见图1-19及其注解。

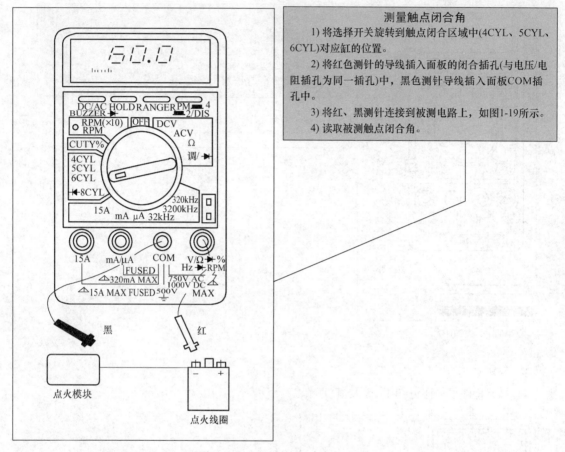

测量触点闭合角
1) 将选择开关旋转到触点闭合区域中(4CYL、5CYL、6CYL)对应缸的位置。
2) 将红色测针的导线插入面板的闭合插孔(与电压/电阻插孔为同一插孔)中,黑色测针导线插入面板COM插孔中。
3) 将红、黑测针连接到被测电路上,如图1-19所示。
4) 读取被测触点闭合角。

图1-19　测量触点闭合角的方法

二、气缸压力表

汽车压力表分气缸压力表和燃油压力表。气缸压力表可检测气缸压缩终了压力,以表征气缸密封性。燃油压力表可检测发动机供油系统的汽油压力,以检查燃油压力是否符合要求。气缸压缩终了压力与发动机热效率和平均指示压力密切相关。影响气缸压缩终了压力的因素有气缸活塞组密封性、气门与气门座密封性及气缸垫密封性等。因此,通过气缸压缩终了压力测量可以间接地判断上述各种密封部位密封技术状况。在电控汽油喷射发动机供油系统供油总管上,有些车型设有专用油压检测口,用于与汽油压力表连接;有些车型虽无专用油压检测口,但可通过冷起动喷油器管路接头或汽油滤清器管路接头,连接汽油压力表进行压力检测。

1. 气缸压力表原理与结构

气缸压力表原理与结构详见图1-20及其注解。

1) 气缸压力表原理。气缸压力表内部有一根弹簧管，它将随着气缸压力的变化而产生成正比关系的弹性变形。压力表内由齿轮传动放大机构和连杆机构组成的机芯，将弹簧管的微小变形放大并转换为相应的转角位移，再传给压力表指针，使其获得与气缸压力成正比的转角，指针最终在指示刻度盘上指示出被测气缸压力值。

2) 气缸压力表结构。气缸压力表由表头、导管、单向阀和接头等组成。接头分螺纹管接头和锥形或阶梯形橡胶接头两种。螺纹管接头可拧在火花塞或喷油器的螺纹孔中。当单向阀打开时，可使压力表指针回零，以用于下次测量。当单向阀处于关闭位置时，可保持测得的气缸压缩压力读数(即保持压力表的指针位置)。

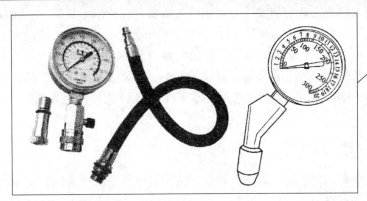

图 1-20　气缸压力表外观

2. 检测技术标准

必须同时达到以下两项规定：①任何气缸压力读数不得低于 690kPa；②任何气缸的最小压力不得低于其最大压力气缸的 70%。

3. 检测方法

检测气缸压缩终了压力的方法如下。

1) 首先将发动机运转 10min 左右，以达到正常工作温度 75～95℃。

2) 关闭发动机，拆除火花塞高压线（注意：将高压线按照拆除顺序编号）。

3) 松开火花塞约一圈（不要拆除）。用压缩空气软管或硬刷清除火花塞凹窝灰尘，拆下火花塞并按顺序摆好。

4) 拆除空气滤清器，将节气门置于最大开度。

5) 卸下点火线圈的主电极，使其不能工作。

6) 用手将气缸压力表接头管拧进火花塞凹窝，或将气缸压力表锥形橡胶接头压紧在被测缸的火花塞孔内。注意：要使用不同长度的火花塞接头管，以读数、释放压力、卸下火花塞接头管。

7) 用起动机带动曲轴转动 3～5s，直到气缸压力表上显示的压力数停止上升为止。

8) 记录压力表读数。然后按下放气阀释放压力，再测量一次，记下压力表读数。

4. 检测结果分析

当气缸压力测量值低于标准值时，为确定密封不良的原因，可由火花塞孔注入 20～30mL 机油，再次检测气缸压缩压力，并进行以下比较。如果第二次测量结果高于第一次（且接近标准值），则表明可能是活塞组磨损过大或活塞环问题（对口、卡死或断裂）或气缸壁拉伤等原因引起气缸密封不良。如果第二次测量结果与第一次接近，则表明引起气缸密封不良的原因可能是气门问题或气缸垫密封问题（因注入的机油难以达到这些部位）。如果两次测量结果均显示某相邻两缸压力偏低，则表明可能是两缸相邻处的气缸垫烧损窜气。

注意事项：测试过程中严禁起动发动机，以防损坏气缸压力表（为此，可先拔下分电器中央的高压线，或拔下燃油泵继电器）。

三、汽车真空表

汽车真空表由表头和软管组成，主要用于气缸密封性检测。软管一头固定在表头上，另一头连接在节气门后方进气管专用接头上。进气管真空度是一项综合性很强的诊断参数。如果进气管真空度符合要求，则不仅表明气缸密封性符合要求，而且也表明点火正时、配气正时和空燃比等也都符合要求。在气缸密封性检测中，真空表能检测诊断的故障比较多，且无须拆卸火花塞等部件，被认为是最重要、最实际和最快速的广泛使用的不解体诊断方法之一。

四、汽车手动真空泵

汽车手动真空泵又称手持式真空测量仪。发动机电控系统中采用真空驱动元件很多，因此它主要是用来抽真空的工具。其功能、结构与使用方法详见图1-21及其注解。

手动真空泵功能结构与使用方法

1) 手动真空泵的功能。汽车电控系统中采用真空驱动的零部件很多。在检测中，可用手持式真空泵提供真空源，以模拟该零部件在发动机工作时的工作状态。

2) 手动真空泵的结构。它由吸气筒、真空表、软管以及各种接头等组成，以适应不同车型和不同真空驱动零部件的检测需要。

3) 检测前，先将各真空软管连接好，防止因真空泄漏而导致测量结果失准，且必须按规定对被测元件施加真空度，否则当真空度过大时，会损坏被测元件。

4) 检测完毕后，在拆开连接真空管前，应先释放真空度；否则，会将灰尘与湿气吸入被测元件内，导致不良后果。

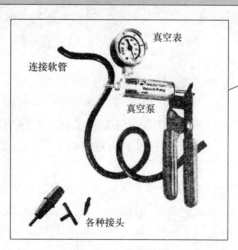

图1-21　手动真空泵

五、汽车尾气分析仪

汽车尾气分析仪主要用于检测发动机尾气与鉴定发动机燃烧情况。2001年后上牌照的车辆，通常配备了电子燃油喷射加三元催化系统。此类车辆排放超标的特点往往是 CO 或 HC 轻微超标。当诊断此类车辆故障时，往往发现其发动机控制系统无故障，氧传感器也正常，因此表明其主要问题出在三元催化系统上。三元催化系统故障包括三元催化系统老化、效率下降，三元催化转换器质量差，以及三元催化转换器安装位置不合理，以致当正常工作时，三元催化转换器不能达到合适的工作温度等。当此类车辆若出现排放严重超标故障时，一般是发动机管理系统存在严重问题，需要通过诊断仪进一步分析与寻找发动机管理系统中的故障零部件。

1. 尾气分析仪分类与尾气检测方法分类

尾气分析仪根据其检测气体的数量分为两气体（检测 CO 、HC）、四气体（检测 CO 、HC、CO_2、O_2）、五气体（检测 CO 、HC、CO_2、O_2、NOx）三种。

尾气分析检测方法分为怠速尾气排放检测和双怠速尾气排放检测两种。

2. 尾气分析仪检测原理与结构组成

CO 、HC、CO_2 采用不分光红外线分析法（NDIR）检测，O_2、NOx 采用电化学分析法检测。尾气分析仪结构组成详见图 1-22 及其注解。

3. 尾气分析检测方法

（1）怠速尾气排放检测方法

1）检测前仪器与车辆的准备工作。

① 先将 5m 长度的取样软管和取样探头（长度不小于 0.6m，并带有插深定位装置）连接到尾气分析仪本体上，并检查取样软管和取样探头内残留的 HC 体积分数不得大于 20×10^{-6}。

② 检查仪器的取样系统不得有泄漏。

③ 受检车辆发动机进气系统应装置空气滤清器，排气系统应装置排气消声器，且均不得有泄漏。

④ 测量时，发动机冷却系统与润滑系统均应达到说明书规定的热状态（正常工作温度 $75 \sim 95$℃）。

2）检测程序。

必要时在发动机上安装转速传感器。将发动机由怠速工况加速到 0.7 倍额定转速，维持 60s 后，降至正常怠速状态。降至正常怠速状态后，将取样探头插入排气管中，其深度约为 400mm，并固定于排气管上。维持怠速状态 15s 后开始读数，读取 30s 内的最高值与最低值，其平均值即为测量结果。对于双排气管，则取各排气管测量结果之平均值。

（2）双怠速尾气排放检测方法

1）检测前仪器与车辆的准备工作与怠速尾气排放检测方法相同。

2）检测程序。

必要时在发动机上安装转速传感器。将发动机由怠速工况加速到 0.7 倍额定转速，维持 60s 后，降至高怠速状态。降至高怠速状态后，将取样探头插入排气管中，其深度约为 400mm，并固定于排气管上。维持高怠速状态 15s 后开始读数，读取 30s 内的最高值与最低值，其平均值即为高怠速排放测量结果。再将发动机从高怠速状态降至怠速状态，维持怠速状态 15s 后开始读数，读取 30s 内最高值与最低值，其平均值即为低怠速排放测量结果。对

汽车尾气分析仪结构组成

尾汽分析仪由以下四部分组成。

1) 尾气取样装置。 尾气取样装置由取样探头、过滤器、导管、水分离器和气泵等组成。先由取样探头、导管和气泵从汽车排气管中采集尾气，再用过滤器和水分离器分离尾气中的炭渣、灰尘和水分，只将干净的尾气输入分析装置。

2) 尾气分析装置。 尾气分析装置由红外线光源、气样室、旋转扇轮和传感器组成。按不分光红外线分析法和电化学分析法，从尾气中测量出 CO、HC、CO_2、O_2、NO_x 的浓度，并以电信号的形式送到浓度指示装置。

3) 浓度指示装置。 浓度指示装置由显示指示部分、零点调整旋钮、标准调整旋钮以及读取转换开关等组成。指示方式分为指针式与数字显示两种。

4) 校准装置。 其功能是保证尾气分析仪的指示精度与锈蚀值的正确无误。分以下两种：

① 标准气样校准装置。它将标准气样从图1-22中的标准气入口直接送入尾气分析装置，通过比较仪表指示值与标准气样浓度指示值的方法来校准尾气分析仪的指示精度。

② 简易校准装置。它是用遮光板将尾气分析装置中通过测量气样室的红外线挡住一部分，以用减少一定量红外线的方法来进行简易校准的一种装置。

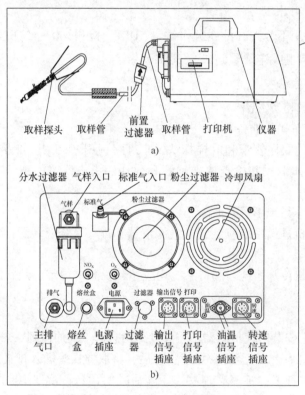

图1-22 尾气分析仪结构组成
a) 结构 b) 后面板

于双排气管，则分别取各排气管高、低怠速排放测量结果之平均值。

六、红外线测温仪

红外线测温仪分为接触式与非接触式两种。当采用接触式测量时，应先在被测量的零件上选择一个最合适的测量位置，然后将仪器紧抵此位置进行测量。由于发动机铸造缸体会造成部分热量散失，故红外线测温仪的测量结果会比实际温度要低 $5 \sim 8℃$。

红外线测温仪不仅可测温部位很多，而且更加准确。同时它作为各种诊断仪、解码器、示波仪的一种补充，使用时应注意深入了解汽车各大总成的构造和原理，在其他总成工作温度正常时，通过准确测量、合理分析、相互印证及正确推理，才能快速准确地查到故障点，少走弯路。在汽车温度检测中，红外线测温仪最适宜进行的检查项目主要包括以下十种。

（1）检测节温器是否发生泄漏

当节温器发生泄漏后，冷却液只进行小循环，会造成发动机温度过高。在发动机正常温度下，用红外线测温仪检测节温器上方出水管或散热器，如果是冷的，则说明节温器已经泄漏，必须更换。而在冷却液温度表显示达到节温器开启温度时，用红外线测温仪测量散热器的上、下水管，如果上水管是热的，而下水管是冷的，则说明节温器良好。

（2）检测发动机散热器

发动机散热器温度过高时，第一步要诊断的是该现象是由发动机还是变速器造成的。用红外线测温仪分别测量节温器上方水管温度和变速器向冷却器输出油管的温度即可。节温器通往散热器水管温度为发动机水套内部冷却液温度，当发动机转速为 4000r/min 左右时，冷却液温度不应高于 90℃；当发动机转速为 6000r/min 左右时，冷却液温度不应高于 105℃。当汽车在高速公路上行驶时，变速器出水管油温应低于 95℃；而在复杂路面下行驶时，变速器出水管油温应低于 105℃。如果节温器出水管温度高，则说明故障在发动机；若变速器出水管温度高，或当读数据流时显示变速器温度高，则故障在变速器。发动机散热器内部堵塞造成温度过高时，通常表现为中部温度高，而周边温度低。轿车由于散热器前部没有空间，故无法进行该项检测。可用红外线测温仪检测散热器进、出水管的温度。进水管温度应比出水管温度高 30℃，如果进、出水管的温度差过大，则说明发动机散热器内部出现堵塞现象。

（3）检测三元催化转换器是否发生堵塞

如果汽车车速突然上不去，最高车速通常只有 110～130km/h，变速器没有进入四档，打开空气滤清器上盖，急加速时可以看见部分尾气从空气滤清器排出，严重的还会出现冷车起动困难，那么造成这种故障的因素很多，其中不排除三元催化转化器内部堵塞。在发动机正常工作温度下，只要测出三元催化转换器的进口和出口的温度差（出口比进口应高出 38℃ 以上），就可以进行准确判断。如果尾气中碳氢化合物（HC）含量偏高，那么可以测量三元催化转换器入口处和出口处的温度。在发动机工作正常的情况下，三元催化转换器的工作温度为 400～800℃，怠速时三元催化转换器出口处的温度比入口处的温度高约 10%，如果出口温度过高，则说明混合气过浓、点火系统缺火或者电控系统有故障，造成三元催化转换器的负担过重。如果在工作温度状态下，三元催化转换器入口和出口处的温度没有差别，则说明三元催化转换器失效。如果三元催化转换器的温度过高甚至烧红，那么说明有可燃混合气在其中燃烧，应当查明"缺缸"的具体原因。

（4）检测发动机各缸的工作情况

发动机个别气缸由于气门弹簧过软、气门导管卡滞、进气门积炭过多、排气门烧蚀，导致该缸气门关闭不严；或喷油器有些轻微泄漏，火花塞点火能量不足导致燃烧不好。用红外线测温仪检测各缸的排气歧管，或直接检测各缸缸套的部位，可直接查出有问题的气缸。哪个气缸温度低，说明哪个气缸燃烧不好。某气缸温度特别低，说明该气缸混合气没有点燃。个别气缸温度明显高于其他气缸，说明该气缸喷油器可能有些轻微泄漏。测量各气缸火花塞的温度，工作不良的火花塞温度会比其他气缸火花塞的温度低一些。测量各气缸排气歧管的温度，如果某一气缸排气歧管的温度明显偏低，说明该气缸工作失常，应当检查这个气缸是否积炭严重，或者不喷油等。

（5）检测点火线圈和点火模块是否发生短路或断路

用红外线测温仪检测发动机工作或起动时点火线圈和点火模块的温度。

检测点火线和点火模块是否发生断路。点火线圈和点火模块在反复几次起动（起动不着）后表面温度和环境温度相同，说明内部线圈断路，必须更换。

检测点火线圈和点火模块是否发生短路。冷车行驶完全正常，热车行驶中突然熄火，在熄火的第一时间，用红外线测温仪检测。如果点火线圈表面温度超过95℃，则说明内部线圈短路，必须更换。如果点火模块热点超过100℃，则说明模块内部短路，必须更换。

（6）检测排气再循环系统的工作状况

让发动机中速运转，然后检测排气再循环（Exhaust Gas Recirculation，EGR）阀与进气歧管连接处的温度，应当高于进气歧管其他部位的温度；否则，说明EGR阀或其真空管路、控制电路有故障。

（7）检测发动机水套内是否水垢过多

检测发动机水套的前后温差，判断水套内是否水垢过多。如果温差过大，则说明发动机水套内水垢过多，应及时清理。

（8）检测发动机冷却液温度

通过检测发动机冷却液温度，检测冷却液温度表读数是否准确。如果在大负荷用电时，冷却液温度表反映发动机冷却液温度过高，则可以用红外线测温仪检测散热器的进水管，该管的温度为发动机冷却液温度。如果进水管冷却液温度正常，而冷却液温度表反映冷却液温度过高，则应先检查发动机接地线。如果发动机接地线不实，在大负荷用电时，会导致冷却液温度传感器信号失真。如果接地线没有问题，则应进一步检查仪表是否准确。

（9）检测各处轴承预紧力

检测各处轴承温度，如果温度过高，则应进一步检查润滑和轴承预紧力是否合适。

（10）用红外线测温仪验证数据流是否正确

冷车时排气管不冒黑烟，热车后排气管冒黑烟，有可能是冷却液温度传感器出现故障。用诊断仪读取数据流，发动机冷却液温度为40℃，用红外线测温仪检测节温器上方水管（此处反映的是发动机实际冷却液温度）的温度。如果此处温度明显高于40℃，则说明数据流不准确，应更换冷却液温度传感器，验证发动机冷却液温度传感器的数据流是否准确。

冷车时排气管不冒黑烟，热车后排气管冒黑烟，有可能是冷却液温度传感器出现故障。用诊断仪读取数据流，发动机冷却液温度40℃，用红外线测温仪检测节温器上方水管温度，如果此处温度明显高于40℃，则说明数据流不准确，应更换冷却液温度传感器。

第二章 汽车电控系统电路及电路识图基本方法

掌握电路识图与分析方法是进行汽车电器维修的前提和基础。掌握汽车电路识图与分析方法的关键在于掌握两个基本点：第一，理解组成电路的各类电子元器件的基本功能与结构原理；第二，掌握汽车电路接线的基本规律。

第一节 汽车电控系统电路的基本组成

任何汽车电路均由各种电子元器件组成。它们可分为通用元器件和汽车专用元器件两大类：通用元器件包括电阻器、电容器、电感器、变压器、二极管、晶体管、可控硅以及集成电路块等。汽车专用电子元器件主要包括熔断器、插接器、继电器、点火开关、各种传感器、电控单元以及各类执行器等。汽车电路系统基本组成详见图 2-1 及其注解。

电路组成元器件按照功能不同分类如下。

1) 电源：汽车有两个电源，即蓄电池和发电机。蓄电池是辅助电源，它仅在发动机停止工作或起动时才提供电能。而发电机则是汽车的主要电源，但它在发动机达到一定转速后才向用电器供电，同时给蓄电池充电。当发电机工作时必须采用电压调节器来保持其输出电压的稳定。

2) 用电设备：汽车用电设备按照功能分类详见图 2-1 及其注解。

汽车用电设备按照功能分类

1) 起动系统： 包括起动机及其控制电路。

2) 点火系统： 用来产生点燃可燃混合气的电火花。可分为三类：①传统点火系统，包括点火线圈、分电器、电容器、火花塞等；②电子点火系统，包括点火线圈、信号发生器、电子点火器、配电器、火花塞等；③计算机控制点火系统，包括点火线圈、电子点火器、各种传感器、电子控制单元、火花塞等。

3) 照明系统： 包括车内与车外照明灯具。

4) 信号系统： 提供安全行驶必备的音响信号和灯光信号。

5) 仪表与报警系统： 为驾驶人及时监测发动机与汽车运行的各种工况、参数以及异常情况，确保安全行驶。它包括车速里程表、发动机转速表、冷却液温度表、燃油表、机油压力表、电压(电流)表、气压表及各种警告灯等。

6) 辅助电器系统： 主要服务于安全、舒适以及娱乐功能的工作装置。包括散热器风扇、风窗清洁装置(刮水器、洗涤器、除霜装置)、空调系统、低温起动预热装置、音响系统、电动车窗、电动后视镜、中央门锁、电动座椅以及防盗装置等。该系统有日益增多的趋势。

7) 汽车电控系统： 包括燃油喷射系统、电控点火系统、电控自动变速器、防抱死制动系统、驱动防滑系统、电控悬架系统、自动巡航系统、安全气囊以及自动空调等。它使汽车各个子系统处于最佳工作状态，达到提高动力性、经济性、安全性与降低排放等目的。

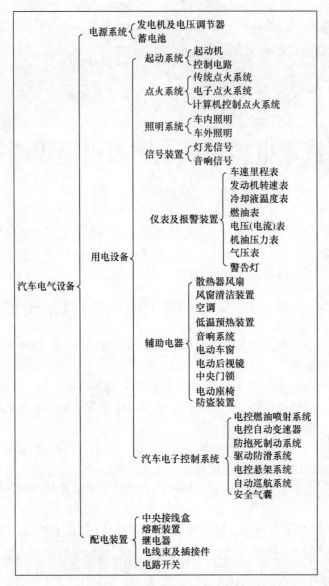

图 2-1　汽车电路系统基本组成

3）整车电路与配电装置：主要包括中央接线盒、熔断装置、各种继电器、电线束及其插接件以及各种电路开关等，构成统一的汽车电路整体。

第二节　汽车电控系统专用元器件类型、功能与结构

汽车电路专用元器件分为电路保护装置、开关、继电器、传感器、执行器、电控单元以及中央接线盒。

一、电路保护装置

汽车电路保护装置的功能是当电器设备和线路过载或短路时，自动切断电路，以保护其安

全。汽车上常用的电路保护装置包括易熔线、断路器和熔断器（片）三种，如图2-2、图2-3所示。易熔线、断路器和熔断器的符号如图2-2所示。

一般在18～32℃气温下，当流过熔断器的电流为额定流量的1.1倍以下时，熔丝不会熔断；达到1.35倍时，在60s内熔断；而达到1.5倍时，20A以内的熔丝在15s以内熔断，30A的熔丝在30s以内熔断。

易熔线和断路器

1）易熔线是为了在电流过大时熔化和断开电路而专门设计的一种多股铜心低压绞合导线或合金导线，其截面积小于被保护导线的截面积。因此，当电流超过数倍额定电流时，它会首先熔断。故最常用于保护总电路或大电流电路,如用于蓄电池与起动机或电气中心之间，一般长度为50～200mm。

可通过易熔线聚乙烯护套的颜色来区分其容量大小(Bp负荷能力)。应注意它不能绑扎在线束内，也不得被其他物品所包裹，应经常检查它是否断开，若断开，必须更换。

2）断路器是当电流超过设备额定电流时能够断开的一种可重复使用的保护装置。有的断路器需要手工复原；有的则必须撤开电源才能复原。

图2-2　电路保护装置的常用符号　　　　图2-3　与电源相连接的易熔线

1. 熔断器熔断的原因

熔丝熔断的原因详见图2-4及其注解。

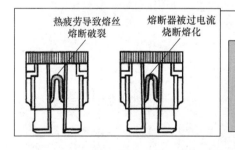

熔丝熔断的原因

1）**热疲劳**：电流处在经常开与关的状态，这样可引起熔断材料破裂，从而导致熔丝磨损，应更换熔丝。

2）**熔断材料熔化**：电路里有超载的过量电流，导致熔丝熔断。应首先确定短路位置，并进行修理。

图2-4　熔丝熔断的原因

2. 熔断器的使用注意事项

为方便使用，常将各种熔断器集中安装在一个熔断器盒中，并在盒盖上注明其名称、安装位置，并以颜色来区分其容量。在维修时应注意：①在更换烧损的熔断器前，须真正找到线路故障的原因；②要用与原规格相同的熔断器去更换，不能使用铜丝等金属线来替代；③在安装时，要保证熔断器与其支架接触良好，以免产生电压降和发热现象。

常见熔断器的种类如图2-5所示。

<table>
<tr><td>熔断器</td></tr>
<tr><td>　　熔断器是一种最常用的额定电流较小并用于保护局部电路的一次性保护装置。其主要元件是以锡、锌、铅、铜等金属的合金为材料的熔丝(片)。当电流超过熔丝的额定电流时，熔丝便会熔断形成断路。因此每次过载都需要更换它。
　　现代汽车熔断器有多种类型，分为熔管式、绝缘式、缠丝式、插片式等。以插片式应用最广，其外形相同，用熔断器塑料外壳颜色区分其额定电流，见表2-1。</td></tr>
</table>

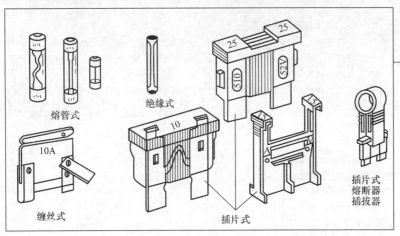

图2-5　常见熔断器的种类

表2-1　插片式熔断器塑料外壳的颜色上代表的额定电流

颜色	深绿	灰	紫红	紫	粉红	棕黄	金	褐	橘色	红	黑	蓝	黄	白	绿
额定电流/A	1	2	2.5	3	4	5	6	7.5	9	10	14	15	20	25	30

二、插接器

1. 线路的连接方法与插接器的功能

1) 线路的连接方法：线路的连接方法详见图2-6及其注解。

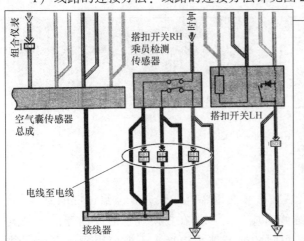

线路的连接方法
　　1) 某些连接在电气设备上的线束常常使用一个被称为线路插接器的元件进行相互连接，如图椭圆中的元件所示。
　　2) 使用这样的线路插接器可以极大地提高线束维修与更换的工作效率。

图2-6　线路的连接方法

2）插接器的功能：插接器是汽车电路中进行线束连接不可缺少的主要零部件之一。因其结构简单、工作可靠以及维修方便而得到广泛使用。

2. 插接器的分类

按其作用分为以下几类：①连接线束与电气元件，如图 2-7 所示；②连接线束与线束，如图 2-8 所示；③连接线束与车体，如图 2-9 所示；④过渡连接，即将插接器中需要连接的导线用短接端子连接起来，如图 2-10 所示。

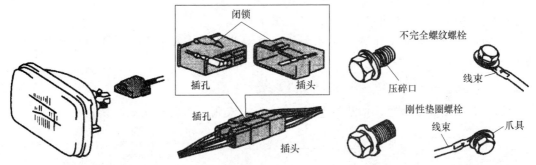

图2-7　线束与电气元件的连接　　图2-8　线束与线束的连接　　图2-9　线束与车体的连接

还可按单路、双路与多路划分插接器，如图 2-11 所示。

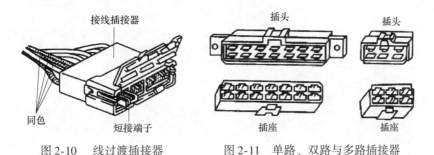

图2-10　线过渡插接器　　　　图2-11　单路、双路与多路插接器

3. 插接器的结构

插接器结构详见图 2-12 及注解。

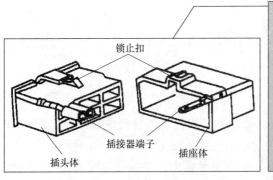

插接器的结构特点

1）插接器由导线端子与插接器壳体组成。

2）插接器端子上设有锁止扣，装入护套内，以防脱出。

3）插接器端子结构：由表面镀锡（或镀银）的黄铜片制成。分为柱状（针状）与片状两类。

4）插接器护套材料：由具有绝缘作用的塑料或橡胶制成。

5）插接器的连接与闭锁装置：插接器结合时，应先将其导向槽重叠在一起，使插头与插孔对准且稍微用力插入。为了防止汽车运行中因振动而脱开，还需采用闭锁装置（图2-8）。因此，在拆开插接器时，须先压下闭锁装置，才能拉开。

图 2-12　插接器的结构

三、开关

1. 开关的功能与分类

（1）开关的功能

开关是用来控制汽车电路中各种用电设备的一种电器装置。

（2）开关的分类

1）按操作方式，分为手操纵和脚操纵两种。

2）按结构原理，分为机械式开关和电磁开关。

3）按用途，分为点火开关、起动开关、电源开关、小型直流电动机开关和灯光开关等。

2. 电源总开关

电源总开关功能是接通或切断蓄电池电路。刀式电源总开关结构如图 2-13 所示。

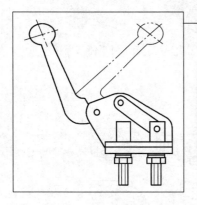

刀式电源总开关的作用、构成和操作

1）刀式电源总开关的结构：一般用于蓄电池搭铁线的控制，由手柄、刀形触头和外壳等构成。

2）刀式电源总开关的操作：手柄有两个位置，如图2-13，其中向左的实线表示电源断开位置，向右的虚线表示电源接通位置。

图 2-13　刀式电源总开关

3. 点火开关

（1）点火开关的功能

点火开关有以下五项功能：①锁住转向盘的转轴（用 LOCK 档）；②接通点火仪表指示灯（用 ON 或 IC 档）；③起动发动机（用 ST 或 START 档）；④为附件供电（用 ACC 档，主要为收音机使用）；⑤用于柴油机时，则增加发动机预热功能（用 HEAT 档）。

（2）点火开关的表示方法

有结构示意图法、表格表示法和图形符号表示法，如图 2-14 所示。

（3）常用点火开关图形和功能

常用点火开关图形和功能说明见表 2-2。

（4）点火开关的使用与检修

1）关于起动档和预热档的使用注意事项：点火开关其他档均可自行定位，但起动档和预热档不能自行定位。因为在发动机起动和预热时的电流消耗很大，故开关时间不宜接通过长。因此，这两档不能自行定位。在操作时需要用手克服弹簧力，并扳住钥匙；否则，一松手就会弹回到点火档。

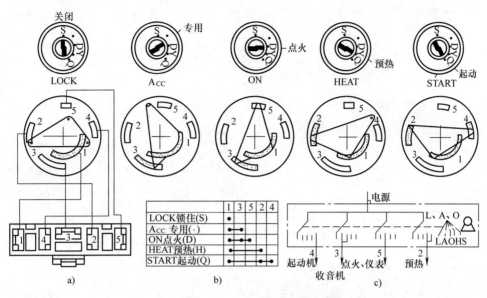

图 2-14 点火（电源）开关结构及其表示方法

a）结构示意图法 b）表格表示法 c）图形符号表示法

表 2-2 常用点火开关图形和功能说明

图 形	功 能 说 明
	点火开关（3 档） 锁止 0—OFF 或 STOP；工作 1—ON 或 MAR；起动 2—ST 或 AVV
	柴油车电源开关 0—OFF 断开；1—ON 接通；2—START 起动；3—ACC 附件；4—PREHEAT 预热
	点火开关（5 档） 0—LOCK 锁定转向盘；1—OFF 断开；2—ACC 附件；3—ON 通；4—START 起动
	点火开关（4 档） 锁止转向盘 0—OFF 或（S），附件（收音机）1—ACC 或（A）；点火、仪表 2—IGN 或（M）；起动 3—START 或（D）

2）锁止档（LOCK）使用注意事项：必须使车辆处于直线行驶的居中位置才能使用锁止档顺利地锁住转向盘，将钥匙转到 LOCK 位置后，再将钥匙拔出，转向盘即被锁止。但在汽车行驶中，绝对不能将点火开关转到 LOCK 位置。

3）注意点火开关各档必须接触良好。用万用表电阻档测量各档接触情况，当出现有电阻或不导通情况时，说明接触不良或断路，应予更换。

4. 组合开关

组合开关的结构详见图 2-15 及其注解。

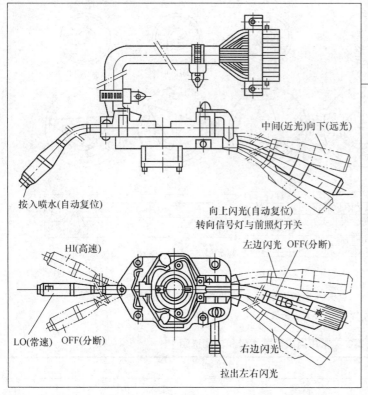

中间(近光)向下(远光)

按入喷水(自动复位)

向上闪光(自动复位)
转向信号灯与前照灯开关

HI(高速)

左边闪光 OFF(分断)

LO(常速) OFF(分断)

右边闪光

拉出左右闪光

组合开关的结构及档位

为保证安全和方便驾驶,将各种常用开关集中而形成组合开关。组合开关的结构及其档位的变换如图2-15所示。

图 2-15　组合开关的结构及档位

四、继电器

1. 继电器概述

由于汽车上一般使用的操纵开关的触点容量较小,无法直接控制电流较大用电设备的接通与断开,因此,对于较大电流用电设备的接通与断开,必须采用继电器。

（1）继电器的功能

常见继电器的外形与端子分布及其内部结构如图2-16和图2-17所示。

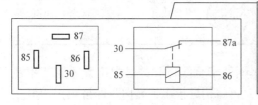

继电器的作用

继电器是一种用于较大电流用电设备的接通与断开的自动开关。它是利用电磁原理、机电原理或其他方法,实现电路中的某个或某一组接点的自动接通或断开,从而完成电路的开与关的控制功能。

图 2-16　通用继电器的端子分布

（2）继电器的分类

汽车继电器的分类方法很多。

1）按工作电压分类,有12V和24V两种,且两种标称电压的继电器不能互换使用。

2）按端子数目分类,有3端子、4端子、5端子等多种。

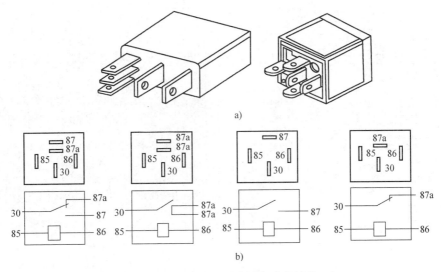

图 2-17　常见继电器外形与内部结构

a）外形　　b）内部结构

3）按外形分类，有圆形和方形。

4）按功能分类，有功能型和电路控制型两类，如闪光继电器、刮水器的间歇型继电器等属于功能型；而汽车上多数继电器则属于控制型，如前照灯继电器、起动继电器、喇叭继电器、空调继电器、鼓风机继电器等。

5）按结构原理分类，汽车常用继电器一般分为电磁继电器、双金属片热继电器、干簧继电器和晶体管继电器几个大类。

6）按触点状态分类，有常开型、常闭型和开闭混合型。常开型、常闭型继电器的工作原理详见图 2-18 及其注解。

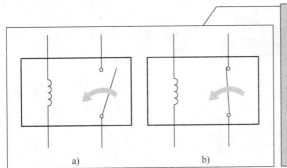

常开型与常闭型继电器的工作原理

1）常开型继电器：通常设计成在开关一侧带有接触点的继电器。当蓄电池电压施加到线圈一侧时，进行连接，此种类型的继电器称为常开型继电器。从 ECU 中输入/输出信号划分为开关打开时的影响控制和开关关闭时的影响控制。常开型用于 ECU 控制电路接通时（即触点连接时）。

2）常闭型继电器：其触点在通常情况下是连接的，而当蓄电池施加电压于线圈时断开连接。常闭型继电器用于 ECU 控制电路关闭时（即触点断开时）。

图 2-18　常开型与常闭型继电器的工作原理

a）常开型　　b）常闭型

2. 几种典型的继电器

（1）电磁继电器

电磁继电器是汽车上应用最广的继电器，其结构、原理与符号见图 2-19 及其注解。

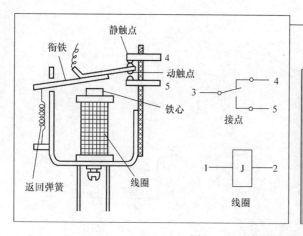

图 2-19　电磁继电器结构原理与符号
1—线圈输入端　2—线圈输出端　3—簧片　4、5—固定触点

（2）双金属片热继电器

双金属片热继电器结构原理如图 2-20 所示。图 2-21 所示为采用其制成的汽车冷却液温度传感器示意图。

双金属片热继电器的结构原理
1) 双金属片构成： 它是采用两种热膨胀系数显著不同的金属片叠合在一起而构成的。当温度变化时，利用两种金属片的变形率不同，即可构成能够反映温度变化的热继电器。 **2) 双金属片工作原理：** 当继电器的电阻丝通入电流时，便对双金属片加热。由于其上层金属片的膨胀系数大，故其伸长比下层金属快且变形大，并使得整个双金属片向下弯曲，其结果是使原来闭合的上触点断开，而原来断开的下触点转为闭合，从而实现开关控制功能。

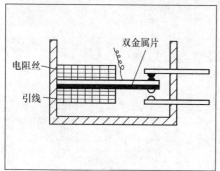

图 2-20　双金属片热继电器

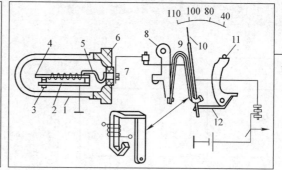

图 2-21　汽车冷却液温度传感器
1—壳体　2—电热线圈　3—固定触点　4—双金属片　5—接触片
6—胶木绝缘套　7—接线柱　8—调整齿圈　9—金属片
10—指针　11—调节齿扇　12—弹簧片

（3）干簧继电器

1）干簧继电器的结构原理：干簧继电器又称舌簧继电器，其结构和工作原理详见图 2-22及其注解。

2）干簧继电器的优点与应用：它具有体积小、结构简单、灵敏度高、动作速度快、成

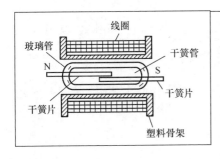

干簧继电器的结构和工作原理
1) 结构: 它由线圈、干簧片和玻璃管等组成。
2) 工作原理: ① 当线圈通电时,会在其内部产生磁场,而由导材料做成的干簧片即被磁化,其中,一片成N极,另一片成S极。它们互相吸引而使两片干簧片相互接触,将电路导通。② 当线圈断电时,两片干簧片的磁场随即消失,由于干簧片自身的弹性而自动离开,从而将电路断开。

图 2-22 干簧继电器的结构

本低等优点。加之其触点是密封在氮气等惰性保护气体之中,故使用寿命长。但其干簧片触点面积小,故其允许通过的电流也小。在汽车上,常将其用作液体报警开关使用。

(4) 晶体管继电器

1) 晶体管继电器的工作原理:详见图 2-23 及其注解。

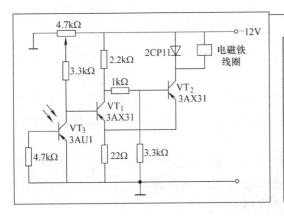

晶体管继电器的工作原理
1) 当无光照射时,晶体管VT_3截止,VT_1饱和导通,BG_2截止,于是电磁线圈中无电流通过,故继电器无动作。
2) 当有光照射时,晶体管VT_3导通,VT_1截止,VT_2导通,于是电磁线圈中有电流通过,故继电器产生动作,执行开关功能。
3) 通过调节4.7kΩ电位器,可调整VT_1的基极电流,从而调整继电器的灵敏度。
4) 与电磁线圈并联的二极管用于保护晶体管VT_2,使其在截止时,不会由于自感所产生的高反压而击穿。

图 2-23 晶体管继电器

2) 晶体管继电器的优点:

① 因用晶体管或可控硅取代了机械触点,故既不会出现触点火花或电弧,也不存在触点磨损和烧蚀,寿命长。

② 动作迅速,其动作时间可达 10^{-7}∶10^{-8}s,而其他类型继电器最快也只能达到 10^{-4}s。

③ 灵敏度高,仅需10^{-3}∶10^{-8}W 即可动作,而电磁继电器则要10^{-2}W。

④ 体积小,质量轻,应用范围广。

3. 继电器的使用与维修

(1) 电磁继电器的使用维修

1) 关于触点的清洁与修整。触点易出现磨损、烧蚀和氧化等现象。可用无水酒精棉擦洗,或用极细的砂纸(如金相砂纸)等对触点进行清洁和整修。

2) 关于触点间隙和弹簧力。它们均是预先设计好的,维修时不可随意改变,以保证继电器原有的技术参数和性能。

3) 关于消除继电器触点火花的方法。可以在继电器触点上串联电阻和电容,或在负载两端并联一个二极管。

4）更换继电器的两点注意事项：①应保证额定电压和电流与原继电器相同，其最大允许误差为±10%；②继电器的触点电流应能满足电路的要求。

（2）干簧继电器的使用维修

干簧继电器内部的干簧片容易发生黏合在一起的故障，特别是当通过较大电流时。遇此情况，可以用镊子轻轻敲打继电器的外壳，使其分离。

（3）晶体继电器的使用维修

1）必须认真检查电磁线圈。

2）仔细检查电子元器件，必要时应对其检测、维修和更换。

五、传感器

车用传感器是汽车电控系统的输入装置。它将汽车各部件运行过程中的各种状态参数转换成电信号输入给计算机，通过 ECU 的控制使得汽车处于最佳工作状态。汽车上使用的主要传感器如下。

1）空气流量传感器：如簧片式、超声波检测涡流式、光电检测涡流式、热丝式、热膜式等。

2）压力传感器：如进气歧管压力传感器、大气压力传感器、排气压力传感器、气缸压力传感器、燃油压力传感器、爆燃传感器等。

3）位置传感器：如曲轴位置传感器、凸轮位置传感器、节气门位置传感器、车身高度传感器、液面高度传感器、变速杆位置传感器、节气门拉索位置传感器、转向盘转角传感器等。

4）温度传感器：如发动机冷却液温度传感器、进气温度传感器、排气温度传感器、燃油温度传感器、自动变速油液温度传感器、空调系统车内温度传感器等。

5）浓度传感器：如氧传感器、安全控制用酒精浓度传感器等。

6）速度传感器：如车轮速度传感器、车身纵向和横向加（减）速度传感器、转速传感器、车身速度传感器、变速器输入（出）轴转速传感器等。

7）碰撞传感器：如辅助防护系统采用的滚球式、滚轴式、偏心锤式、压电式、水银式碰撞传感器。

六、执行器

车用执行器是汽车电控系统的输出装置。其功能是接受 ECU 发出的指令，完成某种具体的执行动作。汽车使用的主要执行器如下。

1）发动机燃油喷射系统执行器：如电动燃油泵、电磁喷油器等。

2）发动机怠速控制系统执行器：如怠速控制阀等。

3）发动机微机控制点火系统执行器：如点火控制器、点火线圈等。

4）发动机燃油蒸气回收系统执行器：如活性炭罐电磁阀等。

5）防抱死系统执行器：如两位两通电磁阀或三位三通电磁阀、制动液回液泵电动机等。

6）自动变速系统执行器：如自动传动油泵、换档电磁阀、锁止电磁阀等。

7）汽车巡航系统执行器：如巡航控制电动机或巡航控制电磁阀等。

8）安全气囊和座椅安全带收紧系统执行器：如安全气囊点火器、收紧器点火器等。

七、电控单元

汽车电子控制单元在本章第一节中已做介绍，此处不再赘述。

八、中央接线盒

中央接线盒无论对于组织汽车线路和接线，还是对于汽车电路使用维修，均具有十分重要的作用。中央接线盒的功能与构成如下。

1. 中央接线盒的功能

为规范汽车线路的布线和便于电路维修和故障诊断，现代汽车多将汽车电路的各种易损件如熔断器、断路器、继电器等集中布置在一块或几块配电板上，并安装在其正面，而配电板的反面则用来接线。于是此种配电板以及盖子便组成了中央接线盒。

2. 中央接线盒的构成

以桑塔纳 2000GSi 为例，说明中央接线盒的构成，详见图 2-24、图 2-25 及其注解。

桑塔纳2000GSi轿车的整车电器系统采用中央线路板，其主要熔断器和继电器均安装在中央线路板的正面。

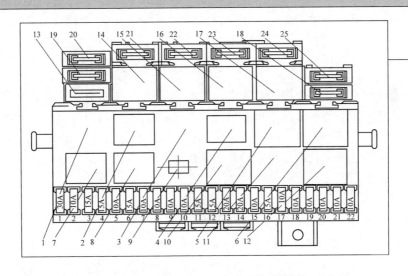

图 2-24　桑塔纳 2000GSi 轿车中央线路板的正面布置

1、3、11—空位　2—燃油泵继电器　4—冷却液位继电器　5—空调继电器　6—喇叭继电器　7—雾灯继电器

8—X 接触继电器　9—拆卸熔丝专用工具　10—前风窗刮水器及洗涤继电器　12—转向灯继电器　13—诊断线接口

14—摇窗机自动下降继电器　15—摇窗机延时继电器　16—内部灯延时继电器　17—压缩机切断继电器

18—ABS 电磁阀熔丝（S129－30A）　19—喷油器、空气质量传感器、活性炭罐清污电磁阀、氧传感器熔丝（S123－10A）

20—后雾灯熔丝（S124－10A）　21—电动摇窗机过热保护器（S125）　22—空调鼓风机电动机熔丝（S126－30A）

23—天线熔丝（S127－10A）　24—电动后视镜熔丝（S128－3A）　25—油泵熔丝（S130－30A）

主线束从中央线路板反面插接后再通往各个电器

1) 中央线路板上标有线束和导线插接位置的代号及其节点的数字号。

2) 主要线束的插接代号有A、B、C、D、E、G、H、K、L、M、N、P、R。

3) 查找导线插头号码的方法：只要根据电路中该导线与中央线路板区域中下框线交点处的代号就能找到该导线在某个线束中的插头号码。

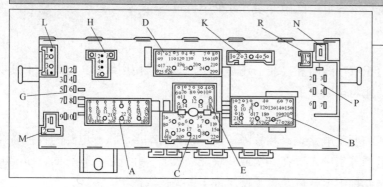

图 2-25　桑塔纳 2000GSi 轿车中央线路板的反面布置

A—用于连接仪表板线束，插件颜色为蓝色　B—用于连接仪表板线束，插件颜色为红色

C—用于连接发动机舱左边线束，插件颜色为黄色　D—用于连接发动机舱右边线束，插件颜色为白色

E—用于连接车辆后部线束，插件颜色为黑色　G—用于连接单个插头（主要用于冷却液不足指示控制器）

H—用于连接空调装置线束，插件颜色为棕色　K、M、R—空位　L—用于连接双音喇叭继电器线束，插件颜色为灰色

N—单个插头（主要用于进气歧管预热器的加热电阻的电源）　P—单个插头（主要用于蓄电池相线与

中央线路板接线柱 30 的连接，和中央线路板接线柱 30 与点火开关接线柱 30 的连接）

第三节　汽车电路图的表示方法

汽车电路图分汽车电路原理图、布线图、电路接线图、汽车线束图和主线束布置图等。在电控系统故障排查中，各种电路图可提供相关电气设备的重要信息，包括电气设备的连接回路、位置信息以及连接条件等，这些信息可使排查工作有据可循、有条不紊地进行，因此掌握电路识图分析方法是电控系统故障诊断的前提和基础。

一、汽车电路原理图

汽车电路原理图分整车原理图和局部原理图。

1. 汽车整车电路原理图的特点

1）它是采用简明的图形符号，按照电路工作原理绘制而成的。先把每个电器子系统由上而下合理地连接起来，然后将各个电器系统相对独立地合理布局，且横向平行地排成一长列。它既是一幅对全车电路具有完整概念的整车电路图，又是一幅互相联系的局部电路图。

2）在图上建立起了电位高低的概念。正极"＋"电位最高，用最上面的线条来表示，一般电源线在图的上方。而负极"－"，电位最低，用最下面的线条来表示。搭铁线在图的下方。电流方向自上而下，其路径为电源正极"＋"→开关→用电器→搭铁→电源负极"－"。

3）各个局部电路（子系统）互相并联，且关系清楚。发电机与蓄电池之间以及各个子系统之间的连接点基本保持原位，熔断器、开关及仪表等的接法与实物基本吻合。

4）电路较少迂回曲折且无交叉，图面清晰。电路的串、并联关系十分清楚，布局合理。

图形符号考虑了元器件的外形与内部结构，便于联想、易于识读，有利于维修与故障排除。

5）电器旁边标注有名称或代号，所有开关及用电器均处于不工作状态，例如点火开关是断开的，发电机不工作，车灯是关闭的。

2. 汽车局部电路原理图特点

1）它是从整车原理图中抽出某个子系统，将重点部位进行放大和补充绘制而成的。

2）局部电路图的用电器较少，简单明了，但能全面、详尽地反映该系统的内部构成、工作原理和相互联系，易读易绘，对于维修与故障排除具有重要指导作用。图 2-26 为奔驰 R300 轿车遥控器功能原理图。

> **奔驰R300型轿车遥控器功能的工作原理**
> 1）使用遥控器解锁时，遥控器同时发出两个信号：红外线信号和无线电信号。
> 2）红外线信号走向为，遥控器发出信号，门拉手上的红外线接收器接收信号后，把信号发送到左前门门控模块然后门控模块把信号传递到电子点火开关进行验证，经过验证后合法的信号被传递到门控模块及后SAM（车身控制单元），从而由门控模块或后SAM促动门锁电动机，实现开锁或闭锁。
> 3）无线电信号走向为，遥控器发出信号，位于车顶的天线接收到信号，并把信号传送到后SAM，后SAM再把信号送至电子点火开关进行验证，验证后的信号再传送到门控模块和后SAM，再到门锁电动机，最终实现开锁或闭锁。

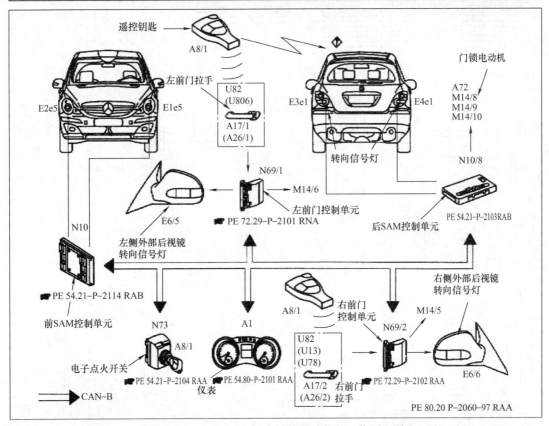

图 2-26　奔驰 R300 轿车遥控器功能的工作原理图

二、布线图

图 2-27 所示为某汽车布线图（传统电路图）。

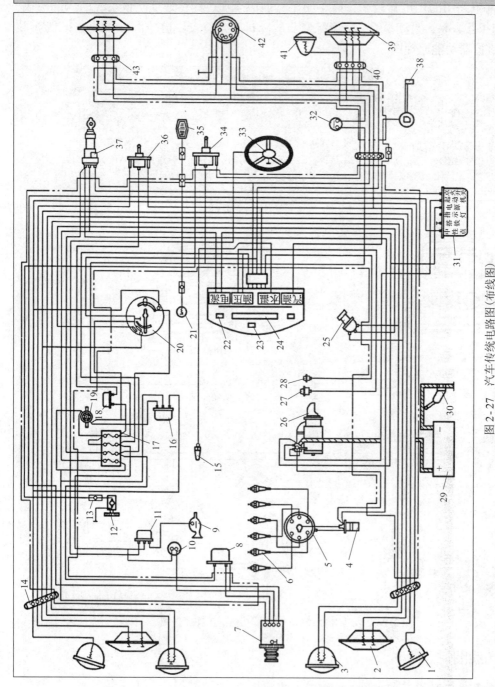

图 2-27 汽车传统电路图 (布线图)

1—侧灯 2—示廓灯 3—前照灯 4—点火线圈 5—分电器 6—火花塞 7—硅整流发电机 8—调节器 9—电喇叭 10—工作灯插座 11—喇叭继电器 12—暖风电动机 13—接线盒 14、40、43—接线管 15—冷却液温度传感器 16—灯光继电器 17—熔断器盒 18—闪光继电器 19—双金属熔丝盒 20—车灯总开关 21—发动机舱盖下灯 22—转向指示灯 23—低油压警告灯 24—车速里程表 25—变光开关 26—起动机 27—油压传感器 28—低油压传感器 29—蓄电池 30—电源总开关 31—起动继电器 32—点火开关 33—喇叭按钮 34—后灯和暖风机开关 35—顶灯 36—转向灯开关 37—点火开关 38—燃油表传感器 39—组合开关 40—制动灯开关 41—后灯 42—挂车插座

三、电路接线图

图 2-28 所示为桑塔纳 2000GSi 轿车的部分电路接线图。

电路连接图的作用与特点
1) 它是一种介于电路原理图和线束图之间的一种电路图。它既能表达电路连接关系，又能表达电路的工作原理。其主要作用是用来指导电器和线束的装配。
2) 其特点是重点表达电器的每一个接线柱、继电器的每一个端子以及中央控制盒的每一个端子等与线束的每一个插接器端子间的连接关系。

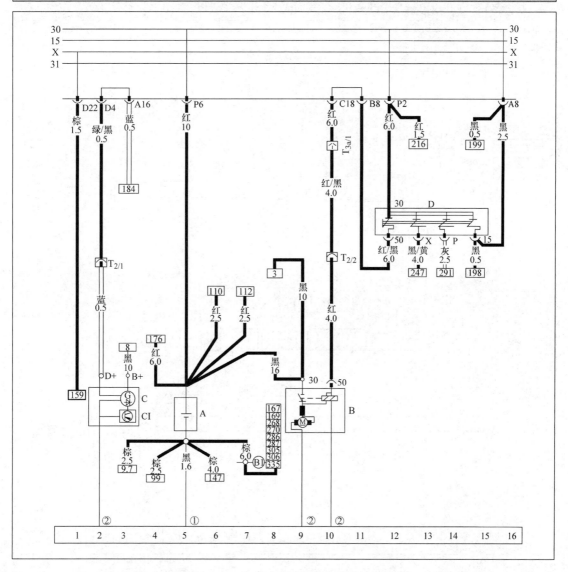

图 2-28　桑塔纳 2000GSi 轿车的部分电路接线图

A—蓄电池　B—起动机　C—交流发电机　CI—电压调节器　D—点火开关

$T_{2/1}$—发动机线束插头连接（2 针，在发动机舱中间支架上）　$T_{3a/1}$—发动机线束与前照灯线束插头连接

（3 针，在中央线路板后面）　①—搭铁点（在蓄电池支架上）　②—自身搭铁

四、汽车电路线束图和主线束布置图

图 2-29 所示为某货车的电路线束图。图 2-30 所示为东风蓝鸟轿车的主线束布置图。

汽车电路线束图的作用与特点
1) 整车线束图用来指导制造厂总装线和修理厂进行电器的配线、连接、装配和检修。一套完整的线束图包括发动机线束图、仪表板线束图、车身线束图和空调线束图等。 2) 其特点是它主要表明线束各用电器的连接部位、接线柱的标记、线头、插接器的形状及位置等。它是人们在汽车上能够实际接触到的汽车电路图。它仅将露在线束外部的线头与插接器进行详细的编号或用字母标记，是一种突出装配记号的电路表现形式。因此非常便于配线、安装、检测和维修。

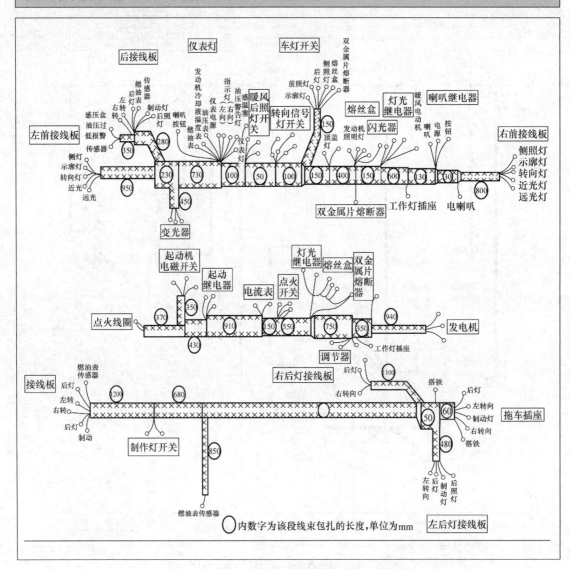

图 2-29　某货车的电路线束图

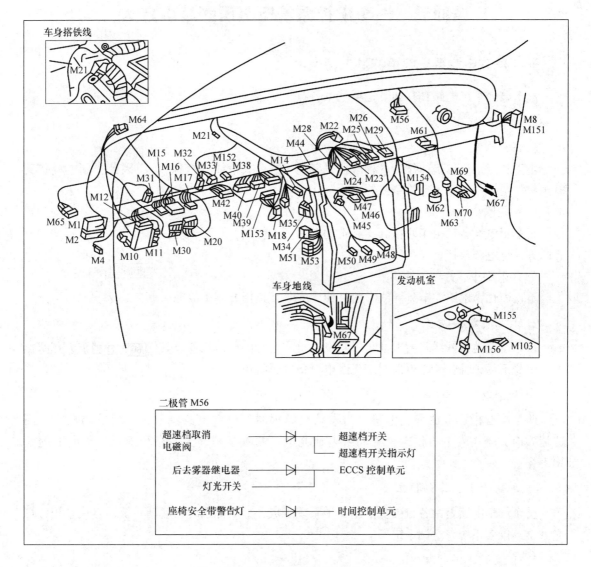

图 2-30 东风蓝鸟轿车的主线束布置图

M1—（E52） M2—（B1） M4—断电器 M8、M151—（D71） M10—至熔断器盒 M11—熔断器盒

M12—诊断盒插头 M14—后车窗除雾器开关 M15—ASCD 开关 M16—车门镜开关 M17—照明控制开关

M18—组合闪光单元 M20—ASCD 控制单元 M21、M67—车身搭铁线 M22—时钟 M23、M24—按键控制单元

M25—空调开关 M26—空气混合加热器 M28—风扇开关 M29—危险开关 M30—换档锁止开关

M31—ASCD 离合器开关 M32—ASCD 制动器开关 M33—制动灯开关 M34—方式门电动机

M35—空气混合电动机 M38、M39、M40、M42—组合仪表 M44—新鲜空气通风电动机

M45、M46、M47—录音机 M48—烟灰缸照明灯 M49—点烟器 M50—点烟器照明灯 M51—F16

M53—F18 M56—二极管 M61—D1 M62—杂物箱灯 M63—杂物箱灯开关 M64—R1

M65—D1 M69—风机 M70—风机电阻 M103—刮水器电动机 M152—报警器

M153—时间控制单元 M154—热控制放大器 M155—动力转向液压开关 M156—侧转向信号灯

第四节　汽车电控系统电路识图基本方法

一、汽车电控系统电路的基本特点

汽车电控系统电路具有如下七项基本特点。

1. 单线并联制

（1）单线制

由于利用了金属机体作为各种电器设备的一条公共地线（搭铁线），因此，用电设备到电源仅需用一条火线，称为单线制。

（2）并联

每个用电设备都由串联在其支路中的专用开关控制，互不干扰；而所有用电电器均采取并联方式与电源连接。

（3）采用单线并联制的优点

不仅简化了电路、节省导线，而且便于安装、检修并减少故障。

2. 电源负极搭铁

指用蓄电池搭铁线将蓄电池负极与发动机或车身的机体相连。其优点是有利于火花塞点火，车身不易锈蚀，轿车电器对于无线电设备的干扰小。

3. 两个电源

两个电源指蓄电池和发电机。当发动机熄火时，由蓄电池供电；而当发动机中、高速运转时，则由发电机供电，并向蓄电池充电。两者互相补充，有利于延长蓄电池的使用寿命。

4. 用电子系统各自独立

整个汽车电路是由各自独立的用电子系统组成，如电源系统、起动系统、点火系统、灯光系统、仪表系统、空调系统等。

5. 直流低压供电

由于蓄电池的充、放电电流均为直流电，所以发电机的输出也是直流电。汽车电系均采用低压电源，其标称电压分为三个等级，即6V、12V和24V。为有利于安全和简化电路结构，轿车大都采用12V低压直流供电（柴油机为24V）。

6. 装有保险装置

为防止电路或元件因短路或搭铁而烧损，采用易熔线、熔断器和断路器等安全装置。

7. 具有充、放电指示

采用电流表自动指示蓄电池的充放电情况。

二、汽车电控系统电路基本接线规律

汽车电路的基本接线规律可归纳成如下八个方面。

1. 汽车电控系统电路接线一般规律

（1）接线三项注意事项

1）切忌带电接线。

2）临时外接线要注意绝缘。当导线损坏后，应采用原规格型号的导线，连接要可靠并尽量减小连接处的接触电阻，接线完毕后应将线束捆扎好。

3）严格按图接线与测绘电路简图的方法。应严格按图接线。如无正规电路原理图，则应对照电器实物自绘接线草图。测绘要领是以蓄电池正极为主线，将全部电器元件的电流通路均表示清楚为原则。

测绘电路简图的具体方法如下。①首先给全部电器元件编号，可按照 A1、A2、A3……，B1、B2、B3……，C1、C2、C3……的次序进行。每画完一个，就标注一个。②可通过导线的颜色确认主线束内导线的走向，并用颜色区分其连接点。可将与电源正极相连的导线、接点和插件画成红色，与搭铁（电源负极）相连的导线、接点和插件画成黑色。③边画边查，绘出电路草图。可将点火线圈、电子调节器等组件简化为方框形式，只要在方框上注明元件名称与端子即可。

（2）蓄电池正极线接法

一般从蓄电池正极引出，直通熔断器盒。也有先接到起动机正极接线柱上，然后再从那里用较细火线接到其他电路的。

（3）点火、仪表和指示灯电路线接法

点火、仪表和指示灯电路线均须先经过点火钥匙，然后再接通此类电路。

（4）起动控制线接法

常用磁力开关来控制起动机主电路的通断，有以下三种接线形式。

1）小功率起动机：由点火开关起动档直接控制起动机磁力开关的吸引线圈和保持线圈。

2）大功率起动机：由起动机继电器来控制其吸引线圈和保持线圈。

3）带自动变速器的轿车为保证空档起动，将起动控制线串联在空档开关上。

（5）专用线接法

专用线是指无论发动机是否工作都需要接通的电器线路，如收音机、点烟器等。其接法是由点火开关单独设置一档予以供电。

（6）搭铁线接法

1）搭铁线的重要性：搭铁线是单线制的基础，它分布在汽车全身。由于不同的金属相接（如铁与铜、铁与铅、铜与铝等）会形成电极电位差，有些搭铁部位是很薄的钣金件，有些搭铁部位容易沾染泥水、油污或锈蚀，所有此类原因均会引起搭铁接触不良，从而造成灯不亮、喇叭不响、仪表不起作用等故障。因此，首先必须保证搭铁的可靠性。

2）搭铁线接法：主要是保证搭铁连接可靠，防止松动。某些轿车局部采用双搭铁线。

2. 电源系统的接线规律

（1）发电机与蓄电池的接法

两者并联，蓄电池正极经过电流表或直接接发电机的正极，蓄电池必须负极搭铁。

1）对发电机的电压要求：其输出电压常限定在 13.8~15V，其正常电压应高出蓄电池

0.3～3.5V，以保证能够克服线路压降损失，使蓄电池既要充电充足，又不至于充电过度。

2）对蓄电池的电压要求：其静态电动势应在11.5～13.5V。

（2）国产硅整流发电机的接法

其接线柱旁标有名称或标记：

1）"＋"或"B＋"为电枢接线柱，应与电流表或蓄电池的正极相连。

2）"F"为磁场接线柱，应与调节器的磁场接线柱相连。

3）"E"为搭铁接线柱，应与调节器的搭铁接线柱相连。

（3）采用外装调节器的交流发电机的接法

其磁场线圈的搭铁方式有两种：

1）其磁场线圈直接在发电机内部搭铁。

2）其磁场线圈通过调节器搭铁。

3．起动系统接线规律

起动系统接线分以下两种情况。

（1）由点火开关直接控制的起动机电路

适用于1.2kW以下的起动机电路。由点火开关在起动档直接控制起动机的吸引线圈和保持线圈并使之起动。

（2）带起动保护的起动机控制电路

适用于1.5kW以上的起动机电路。由于其磁力开关线圈的电流大于40A，故必须用起动继电器的触点作为控制开关。其控制电路的工作过程分为以下两种情况。

1）发动机点火前的电路工作原理如下。

① 当点火开关在"0"档时，电路均断开。

② 当点火开关在"1"档时（未起动）时，供电线路包括发电机励磁线路、点火线圈线路、仪表线路和指示灯线路。

③ 当点火开关在"2"档时，除了接通上述线路外，还要同时接通以下两条线路。第一条，起动机继电器电路，其电流走向为蓄电池正极→电流表→点火开关→起动机继电器线圈→继电器常闭触点→搭铁→蓄电池负极。此时继电器常闭触点吸合，使得吸引线圈和保持线圈通电，驱动起动机小齿轮与飞轮齿圈啮合，准备发动机的起动。第二条，起动机主电路的触桥电路，其电流通路为蓄电池正极→触桥→起动机励磁线圈→起动机电枢→搭铁→蓄电池负极。此时，起动机开始正式驱动发动机起动。与此同时，触桥→将点火线圈旁路的触点接通→电流直通点火线圈一次→将附加电阻隔除在外。

2）发动机点火后的电路工作原理（驱动保护装置发挥作用）如下。

驱动保护装置的工作原理是，发动机点火后，发电机中性点N的对地电压（约为发电机调节器电压的1/2）使得驱动继电器中的起动保护继电器的常闭触点断开，切断起动继电器线圈的搭铁通路和切断充电指示灯搭铁通路，起动机停止运转，同时充电指示灯熄灭。此时，即使误将点火开关扳到2档，起动机也不会运转，从而起到保护起动机的作用。

4．点火系统接线规律

（1）点火系统的类型

点火系统可分为有触点的点火系统、无触点的点火系统和微机控制的点火系统。

（2）工作过程的电流通路

一次电流接通→一次电流切断（此时恰是某气缸活塞处于压缩上止点之前的某一角度）→引起一次线圈产生约300V的自感电动势→引起二次线圈的互感而产生6000～30000V脉冲高压→引起火花塞跳火。

（3）无触点点火系统的点火模块的接线方法

共分以下三路连接。

1）由点火开关控制的电源输入线两条（接4号端子和5号端子）。

2）由信号发生器（它与分电器轴连为一体）引来的信号输入线3条（接3号端子、5号端子和6号端子，其中，5号端子供信号发生器用作电源的火线）。

3）一次电流的输入和输出线两条（接1号端子和2号端子）。

5. 照明系统接线规律

（1）照明系统的组成

照明系统一般由前照灯、示宽灯（位置灯）、尾灯（后示宽灯）、牌照灯、仪表灯、室内灯等组成。其中，前照灯又分为远光灯和近光灯。

（2）采用组合开关集中控制

现代轿车的照明系统多采用组合开关集中控制。为了驾驶人操作时手不离开转向盘，常将组合开关装于转向柱上，位于转向盘下右侧。

（3）各种灯光的控制方法

1）照明灯由组合开关的灯光开关控制：①灯光开关在"0"档为关断；②灯光开关在"1"档为所有小灯亮（包括示宽灯、尾灯、牌照灯、仪表灯和室内灯）；③灯光开关在"2"档为前照灯和小灯同时亮，且2档用于控制灯光继电器线圈。

2）由于前照灯的远光功率较大，故采用灯光继电器来控制其通断，并用变光开关控制远近光的变换，且灯光系统的电源直接来自蓄电池正极，不受点火开关控制。

3）超车灯信号采用远光灯亮与灭来表示，发出此信号不通过灯光开关属短时接通按钮。

6. 仪表警报系统接线规律

仪表警报系统接线分以下六种情况。

1）所有的电器仪表都要受点火开关的控制。

2）各种仪表的表头与其传感器串联，燃油表和冷却液温度表还串联有仪表稳压器。

3）电流表的工作特点如下。

① 接线方法：电流表串联于蓄电池正极与发电机正极之间。当蓄电池放电时，电流表的指针偏向负端，蓄电池电流从电流表的负极进入。当蓄电池充电时，电流表的指针偏向正端，发电机充电电流从电流表的正极进入。

② 需通过电流表的电流：当发电机不工作时，蓄电池向其他负载供电电流需通过电流表。

③ 不通过电流表的电流：以下两种电流不通过电流表。a）凡超过电流表量程的负载电流，如起动机、预热塞、喇叭等电流；b）当发电机正常工作时，向其他负载供电的电流。

④ 现代轿车多用充电指示灯取代电流表，其优点是简化结构和降低成本；其缺点是无

法显示充电电流的大小，因此不易发现过充电。

4）电压表接线方法：并联于点火开关之后，它只在点火开关接通后才显示系统的电压，一般 12V 电气系统的电压表常采用 10～18V 量程。

5）指示灯和警告灯的接线方法，可分为以下两种接法。

① 将其灯泡接点火开关的火线，外接传感器开关。当开关接通时，则与搭铁构成通路，点亮灯，例如充电指示灯、驻车制动指示灯、制动液面警告灯、门未关警告灯、机油压力警告灯、水位过低警告灯等。

② 将指示灯泡搭铁，其控制信号来自其他开关的火线端，例如远光指示灯、转向指示灯、座椅安全带未系指示灯、防抱死制动指示灯，以及巡航控制指示灯等。

指示灯与警告灯一般均与各类仪表装配于同一个总成内或布置在其附近。它们同受点火开关的工作档和起动档控制，在工作档（ON）可以检验其是否良好。

6）其他结构仪表接线方法如下。

① 双金属片电热丝式结构仪表，其表头一般只有两根线。如燃油指示表的两个接线柱是上下排列的，应将上接线柱与电源线相连接，而下接线柱则与传感器连接。

② 双线环十字交叉且中间有一个磁性指针的仪表，一般为三条引线，其中，一条接点火开关，另一条搭铁，第三条接传感器。

7. 信号系统接线规律

信号系统主要包括转向信号、危险警告信号、制动信号、倒车信号和喇叭信号等。它们都是由驾驶人根据道路交通情况向其他车辆和行人发出的，带有较强的随机性。一般靠自身开关控制，如制动信号由制动踏板联动控制；倒车灯由变速杆倒档轴联动控制，均无须驾驶人特意操作。而喇叭按钮多设在转向盘上，驾驶人手不离转向盘即可发出信号。

转向信号灯和危险警告灯的特点如下。

（1）转向信号灯的特点与电路接法

1）转向信号灯特点：转向信号灯（通常简称转向灯）一般具有一定的闪频，国标规定为60～120 次/min；转向灯前后左右都设有（某些轿车侧面也设有一个转向灯），功率为 21～25W。

2）转向灯电路接法：因为转向灯是在点火开关处于工作档（ON）时使用，所以转向灯与转向灯开关以及转向闪光继电器均经过危险警告灯开关的常闭触点与点火开关串联。

（2）危险警告灯的特点与电路接法

1）危险警告灯的特点：危险警告灯主要用于本车有故障或危险而不能行驶，本车有牵引它车的任务，需要引起它车注意，以及本车需要优先通行，需要它车避让等场合。因此，危险警告灯可在发动机不工作时使用，此时无须接通点火系统及仪表警告灯。

2）危险警告灯的接线方法：专门设有危险警告开关，它是一个多刀联动开关。在断开点火开关连接的同时，接通蓄电池接线，其闪光器及光源电源直接来自蓄电池，并将闪光继电器的输出端与左右转向灯连在一起。即在闪光继电器动作时，左右转向灯及指示灯同时闪光发出危险信号。

8. 电子控制系统接线规律

（1）电子控制系统的基本接线规律

1）电子控制电路必须受点火开关的控制。

2）必须有各种传感器随时输入工况信号。

3）电控系统的执行器受控制器控制，且具有自诊断功能。

（2）控制器控制的两种模式

1）开环控制模式。如燃油喷射系统的开环控制，当 ECU 接收到输入信号以后，仅根据预先已经设置好的程序予以响应，而对于氧传感器信号则不予监控。开环控制的工况有暖机工况、减速工况、节气门全开工况等。

2）闭环控制模式。ECU 对于氧传感器信号实施监控，通过反馈使得 ECU 控制的喷油脉冲宽度得到理想空燃比，以实现最佳燃油经济性和低排放。闭环工况有怠速工况、巡航工况等。

三、汽车电路识图方法

1. 识读整车电控系统电路图的基本方法

1）要了解整车电路图与局部电路图的关系，善于化整为零，进行电路图分解。首先，要抓住汽车电路图单线并联制基本特点，按照各个系统不同功能及工作原理，将复杂的整车图分解为相对简单的独立子系统图，分别进行分析。

2）要熟悉电器图形符号和接线柱标记，并认真阅读图注。能够利用通用符号迅速识别线路中的设备。通过图注迅速了解该电路所包含元器件名称、数量、用途、位置和线路走向，这样有利于抓住重点，进而掌握各个元器件间的控制关系。

3）要熟悉线路的配线规律和颜色标记。一定要先阅读各系统的配线说明，因为电路走向是根据不同配线装置进行划分的。同时要了解配线颜色，记住各种颜色的字母标记。这样，即使线路的跨距很远，也能找到其线路的连接关系。

4）以控制元件和开关为纽带。一个主开关往往汇集许多导线，以开关为纽带可顺藤摸瓜，快速获得如下许多信息：① 首先是关于开关共有几个档位，各档位的功能和工作状态是什么，在不同档位时，有哪些接线柱可以通电，哪些接线柱不能通电；② 其次是电源通过什么路径到达该开关的，中间是否经过其他开关或熔断器；③ 开关各个接线柱分别控制哪些元器件，每个被控元件作用是什么，等等。

5）以电流回路原则为突破口。任何用电器要正常工作的前提条件是必须与电源（蓄电池或发电机）的正、负两极构成一个完整的回路。以电流回路原则为突破口，就是要分析和找出某个用电器具体回路。普遍电流走向规律是从电源正极→导线→熔断器→导线→开关→用电器→导线→搭铁→再回到同一个电源的负极。

6）要熟悉继电器的特点及其工作状态。在分析电路图时，还要十分注意继电器工作特点，即把它看成是由两部分电路所组成的。一部分是由线圈工作的控制电路，另一部分是由触点工作的主电路，且主电路中的触点只有当在线圈电路中有工作电流通过时才能动作。同时注意，电路图中所画出的继电器是处于失电状态的。

2. 识读局部电路图的要点

（1）识读电源系统

1）首先找出电源（蓄电池）与起动机之间的连接（包括电源总开关）。

2）然后找出充电主回路（包括发电机、调节器、电流表和蓄电池），它确立了两个直流电源之间的关系，是全车电路的主干。

3）最后找出发电机的激磁回路，激磁回路常受点火开关或磁场继电器的控制。

（2）识读起动系统

先找点火开关、起动继电器和电源开关的控制电路。有的车型点火钥匙与起动继电器（或电磁开关）有联系，有的车型还附设有预热装置，其预热、起动和供电常常合用一个开关。

（3）识读点火系统

1）先找低压电路点火控制器（或分电器）、点火线圈和点火开关。

2）再找高压电路的高压线，并按照工作次序与各缸火花塞相连。

（4）识读照明系统

1）先找车灯总开关、变光器，然后按接线符号分别找到电源火线和各种灯具。

2）照明电路的一般接线规律：前照灯与示廓灯不同时亮；前照灯的远光与近光不同时亮；仪表照明灯、尾灯、牌照灯及室内灯只有在夜间工作时才亮。

（5）识读仪表电路系统

先找组合仪表、点火开关、仪表传感器与仪表电源稳压器。仪表电路都受点火开关（或电源总开关）控制，电热式或电磁式仪表其表头与传感器并连。有的几块表共用一个稳压器或降压电阻，以获取较高的读数精度。有的仪表和指示灯同时显示一种参数，如充电、油压、油量和冷却液温度等。其指示灯是闪烁的，由一个多谐振荡器控制，同时还有蜂鸣器报警。

（6）识读信号系统

先找转向灯、制动信号灯和喇叭等。信号装置属于随时可能使用的短暂工作的电器，因此都接在经常有电的接线柱上，且仅受一个开关控制，以免影响信号发出。闪光继电器的种类很多，在电路中一般均采用串联接法。

（7）识读电控系统

对于应用电控系统较多的轿车，应将其电控系统划分为若干子系统分别识读。最常用的电控系统如燃油喷射电控系统、微机控制点火系统、自动变速电控系统、防抱死制动控制系统、动力转向电控系统、悬架电控系统、巡航电控系统、安全气囊电控系统、空调电控系统等。

（8）识读辅助装置控制系统

现代轿车车身辅助装置越来越多，如排气制动电控系统、空调、暖风、除霜等。查找辅助电器电路需熟悉其图形符号、功能、有关控制开关，再按照从电源、熔断器、控制开关到用电器的顺序进行。有的辅助电路为减少总开关电流，设置了若干继电器，其触点的闭合可能被另一个开关和控制电路所控制。

3. 轿车电控系统识图案例

【案例2-1】　轿车电源、起动电路原理图识图案例

轿车电源、起动电路原理图详见图2-31及其注解。

电路图读图的基本方法

　　1) 与30号火线接线柱相连接的用电器包括与蓄电池正极直接接电的元器件,如减荷主继电器K$_1$、发动机控制继电器K$_{20}$、防盗警报控制器A$_2$、时钟P$_1$、收音机A$_4$、拖车电源插座X$_1$、冷却风扇电动机M$_2$、喇叭继电器K$_3$、危险警告灯开关S$_{14}$、室内灯E$_3$、和雾灯继电器K$_5$等线路(以上除K$_1$外,本图中均未画出);

　　2) 与15号火线接线柱相连接的用电器包括充电指示灯H$_1$、点火线圈附加(降压)电阻R$_1$、点火模块A$_8$、发动机控制继电器K$_{20}$、急速断油电磁阀Y$_1$、低油压警告灯H$_3$、转速表P$_2$、冷却液温度表P$_3$、燃油表P$_4$、喇叭继电器K$_3$、制动灯开关S$_{16}$、倒车灯开关S$_{17}$等线路。

　　3) 点火起动开关S$_2$的工作过程分为以下3档。

　　①P为断开档(OFF),此时只有30号线与57a接线柱接通,以接通驻车示宽灯(示宽灯还受开关S$_{22}$D的控制)。

　　②当1档(0N)接通时,30号下与15号线和15X接通,15X同时接通减荷主继电器K1。

　　③当2档(起动ST)接通时,30号线除了与15号线和15X仍然接通外,还接通50接线柱,50号线往下接通起动机的磁场线圈,以使其起动。

　　4) 电源电路系统的接线方法:

　　①双电源九管交流发电机G$_1$与蓄电池G$_2$并联。

　　②通过30号线连接蓄电池的正极和发电机的电枢正极B+。

　　③蓄电池的负极与发电机电枢的负极(B-)也连接在一起,蓄电池的搭铁开关S$_1$同时也是发电机的搭铁开关。

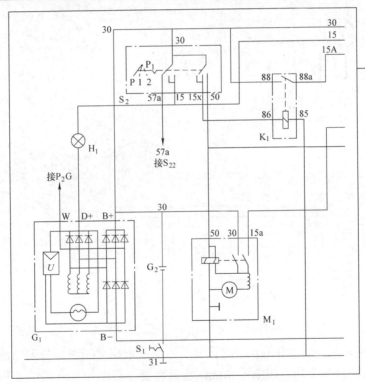

图2-31　某轿车的电源和起动电路原理图

G$_1$—交流发电机　G$_2$—蓄电池　H$_1$—充电指示灯　K$_1$—减荷继电器　M$_1$—起动机

S$_1$—蓄电池开关　S$_2$—点火起动开关　S$_{22}$—驻车灯开关

四、典型电控系统电路识图分析案例

【案例2-2】　大众车系电控系统电路识图基本方法

　　大众汽车电路图符号说明详见图2-32及其注解。

大众汽车电路图符号说明

1) 接电源正极的火线及导线表示法：30为直接与电源正极相连的常相线；15接点火开关给小功率电器的供电线；X受点火开关控制给大功率电器供电线；导线用截面积数字和颜色表示，如"1.5白"表示截面积为1.5mm²的白色导线。

2) 继电器、熔断器表示法：J_2为转向继电器，位于中央线路板12号位置上；S_4为熔断器，位于中央线路板4号位置上，红色表示10A；K_6为报警闪光装置指示灯。

3) 搭铁线表示法：①为蓄电池搭铁线；②③④为中央线路板搭铁线；⑦为尾灯线束搭铁线；最下面一条线为电路区位号码，表示某元器件或某根导线在线路图中的位置。

4) 断线代号法的说明：黄底方框内数字"238"表示此导线要与下端第238号上方的149导线连接。238正对其线路图下端标号149。只要在下端找到标号为238的导线，则其上部的断线处必标有149。

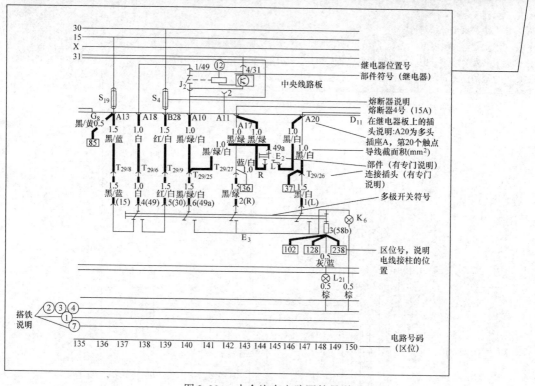

图2-32　大众汽车电路图符号说明

1. 大众车系电路图的基本特点与电路图符号说明

1）整个电路采用纵、横排列法，将同一系统的子电路采用纵向排列归纳到一起。然后将各个基本子电路，从左到右按电源系统、起动系统、点火装置、指示灯和仪表、照明设备、雾灯、报警闪光装置、信号灯、刮水器和洗涤器、双音喇叭的顺序横向排成一长列。

2）整个电气系统以中央线路板为中心，中央线路板正面用于插接继电器和熔断器，而其背面用于插接各种主线束，并用大写英文字母标注线束插接位置代号及其导线节点数字号。然后各主线束从中央线路板反面插接后再通往各个电器。

3）以分数形式标明继电器端子与中央线路板插孔的配合。在电路图的灰色区域里，画有汽车上的各种继电器，而在这些继电器的右侧都有一个黄底小圆圈，其内标数字表示该继电器插接在中央接线板上的位置。如小圆圈里标有数字"12"，表示该继电器插在中央接线板的第 12 号位置上。并用分数形式标明继电器端子与中央接线板插孔的配合。如第 12 号继电器有 4 个端子，在电路图上标有"1/49""2/49b""4/31""3/49a"，其中，分子上的"1""2""4""3"是指中央接线板上第 12 号位置上的 4 个插孔；分母"49""49b""31""49a"是指继电器上的 4 个端子。

4）采用断线带号法解决导线交叉问题。在导线的断口处，用黄底方框内标数字，表示要与其相连接的导线号。例如框内有 128，它正对着其线路图下端的标号 147。只要在下端找到标号为 128 的导线，则其上部的断线处必然标有 147，通过 128 和 147 这两个数字，便将上、下两段导线有机地连在一起。

2. 大众车系电路识图分析实例

大众系列某轿车整车电路共分为以下八个部分。

1）电源系统电路：包括发电机他励电路、发电机自励电路和发电机充电电路。

2）起动系统电路：包括电磁开关线圈电路和起动机主电路。

3）点火系统电路：包括初级（低压）电路、次级（高压）电路、点火控制器电源电路、霍尔传感器信号电路。

4）进气预热和怠速截止阀电路：包括进气预热电路、怠速截止阀电路。

5）仪表系统电路：包括润滑系统低压传感器电路、润滑系统高压传感器电路、油压指示灯电路、冷却液温度表电路、冷却液位报警指示电路、燃油泵电路、电子式发动机转速表电路。

6）照明系统及灯光信号电路：包括前照灯电路，雾灯电路，示廓灯、尾灯与驻车灯电路，行李舱照明灯电路，顶灯电路，牌照灯电路，倒车灯与制动灯电路，其他照明灯电路，转向灯与警告灯电路。

7）辅助电器电路：包括刮水洗涤器电路、电动后视镜电路、电动车门玻璃升降器电路、中央集控门锁电路、空调装置电路。

8）喇叭电路。

以下重点介绍点火系统电路的主要分电路电流的流向与主要组成元件。

点火系统分电路图中电路编号为 9～30。主要组成元件有点火线圈、分电器、点火模块、点火开关和火花塞等，其各个分电路的电流流向详见图 2-33 及其注解。

【案例 2-3】　通用车系电控系统电路识图基本方法

1. 通用车系电路图的主要特点与识图方法

（1）采用位置分区代码

通用车系位置分区代码详见图 2-34 及其注解。

（2）通用车系电路图主要特点与识读方法

1）通用车系电路图的主要特点如下。

① 电路图中标有特殊的提示符号，包括静电敏感符号，指出系统内含有对静电放电敏感的部件，提醒维修注意；安全气囊符号，指出安全气囊系统或与其相关的系统，提醒维修注意；故障诊断符号，提醒该电路在（OBD Ⅱ）检测范围内，当该电路出现故障时，故障指示灯就会亮；注意事项符号，提醒维修人员还有其他附加系统维修的信息。

② 电路图中标有电源接通说明，电源在电路图上方，通常从熔断器开始，用黑框表示，

点火系统电路分析

1) 初级(低压)电流电路的电流流向：

蓄电池正极向上→中央线路板P端子→中央线路板内部电路→中央线路板最右端P端子→点火开关30端子→点火开关15端子→中央线路板D_{23}端子→点火线圈N的15端子→初级绕组→点火线圈N的1端子→点火控制器N_{41}的1端子→点火控制器内部大功率晶体管→点火控制器2端子→电路代号10搭铁→蓄电池负极。

2) 次级(高压)电流电路的电流流向：

点火线圈N的次级绕组"+"→点火线圈15接线柱→中央线路板D_{23}端子→中央线路板A_8端子→点火开关→中央线路板P端子→蓄电池→搭铁→火花塞→分缸高压线→配电器旁电极→分火头→中央高压线→次级绕组"-"极。

3) 点火控制器的电源电流电路的电流流向：

蓄电池正极向上→中央线路板P端子→中央线路板内部电路→中央线路板最右端P端子→点火开关30端子→点火开关15端子→中央线路板A_8端子→中央线路板内部电路→中央线路板D_{23}端子→点火线圈N_{15}端子→点火控制器4端子→点火控制器内部电路→点火控制器2端子→电路代号10搭铁→蓄电池负极。

4) 霍尔传感器的信号电路接线与电流电路的电流流向：

霍尔传感器的电源线(红/黑)、信号线(绿/白)和搭铁线(棕/白)分别与点火控制器的5、6、3端子连接→将信号传给点火控制器N_{41}→控制点火控制器N_{41}内部的大功率晶体管的导通与截止→控制点火线圈N初级电路的通断。然后在点火线圈N的次级线圈感应产生高电压。

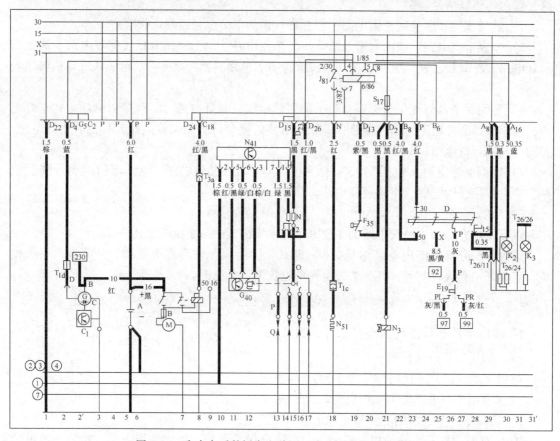

图2-33　大众车系某轿车电路图（点火系统分电路分析）

黑框中文字说明电源接通的条件。

③ 电路图中标有电路编号，各导线除标明颜色和截面积外，还有说明该电路在汽车上位置的电路编号。

通用车系位置分区代码

通用轿车电路图的一个显著特点是将车辆位置进行分区。所有的接地、直接插接器、贯穿式密封圈和接头都给定了识别代码，并与其在车辆上的位置相对应。

其车辆位置分区定义如下：

001~099：为发动机舱内附加号(仅在使用完所有100~199号后才使用)。

100~199：位于发动机舱内(全部在仪表板之前)。

200~299：位于仪表板区域内。

300~399：位于乘员舱(从仪表板到后车轮罩)。

400~499：位于行李舱(从后车轮罩到车辆后部)。

500~599：位于左前车门内。

600~699：位于右前车门内。

700~799：位于左后车门内。

800~899：位于右后车门内。

900~999：位于行李舱盖或储物舱盖。

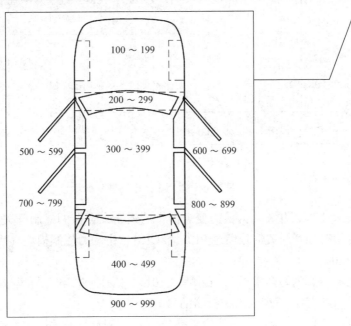

图 2-34 通用车系位置分区代码示意图

2) 通用车系电路图识读方法，如图 2-35 所示。

通用车系电路图中大圆圈内带数字表示注释符号，其含义如下。

①—"运行或起动时通电"表示该线路在点火开关处于运行或起动档时通电（电压为 12V）。

②—表示容量为 15A 的 27 号熔断器。

③—"虚线框"表示未完全表示出接线盒中的全部内容。

④—表示该导线由发动机舱盖下的熔断器接线盒的 C2 连接插头的 E2 端子引出。

⑤—符号"P100"表示贯穿式密封圈，其中 P 表示密封圈，100 为其代号。

⑥—"0.35 粉红色"表示导线截面积为 0.35mm² 的粉红色导线；"339"是车辆位置分区代号，表示该线束位于乘客室。

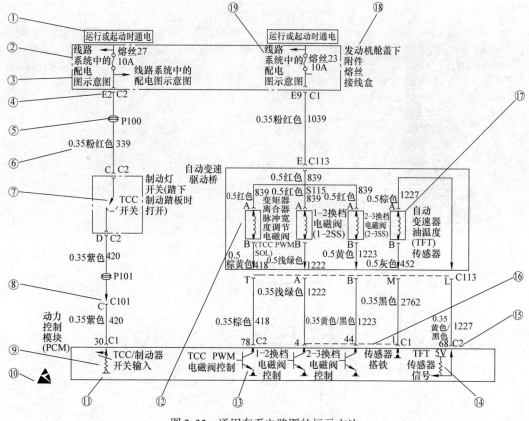

图 2-35 通用车系电路图的标示方法

⑦—表示"TCC 开关（为液力变矩器中的锁止离合器的控制开关）"，图中表示 TCC 开关处于接通状态，其开关信号经过 P101 和 C101，由动力控制模块（PCM）中 C1 插头 30 号端子进入 PCM。

⑧—表示"直列型插接器"，右侧"C101"表示连接插头的编号（其中 C 表示连接插头），左侧"C"表示直列线束插接器的 C 端子。

⑨—表示"输出电阻器"，其功能是把 TCC 和制动灯开关的信号以一定的电压信号的形式输出给动力控制模块（PCM）的内部控制电路。

⑩—表示动力控制模块（PCM）是对静电敏感的部件。

⑪—表示搭铁符号。

⑫—表示自动变速器内部的 TCC 锁止电磁阀，它控制液力变矩器内部锁止离合器的结合。它在点火开关处于点火或起动档时，通过 10A 的 23 号熔丝供电。

⑬—表示"带晶体管半导体元件控制的集成电路"。它是 PCM 内部的集成控制电路，其作用是控制电磁阀驱动电路，通过 PCM 搭铁。

⑭—表示"输出电阻"。PCM 提供 5V 稳压，通过内部串联电阻与自动变速器的温度传感器（TFT）连接，同时将 TFT 的信号传给 PCM。

⑮—表示 PCM 的 C2 连接插头的 68 端子。

⑯—用虚线表示 4、44 和 1 端子均属于 C1 连接插头。

⑰—表示自动变速器的油温传感器，它是一个阻值随温度增加而减小的 NTC 型电阻。

⑱—表示部件的名称及其所处的位置。该发动机舱盖下的接线盒位于发动机右侧。

⑲ —表示导线通往导线接线盒其他电路，是省略画法。

2. 通用车系电路识图分析案例

上海别克君威 2.5GL、3.0GS 轿车电源电路主要由交流发电机、数字式电压调节器、动力控制模块（PCM）、熔丝等组成，其电路如图 2-36 所示。充电指示灯是由动力控制模块通过 2 级串行数据总线控制的，仪表上指示灯与发电机间无直接连线。PCM 控制指示灯点亮条件：PCM 插头 C2 的 61 端子检测到发电机 L 端子搭铁。调节器控制 L 端子搭铁，当 PCM 收到此信号后再通过 2 级串行数据总线控制充电指示灯点亮。当系统电压低于 11.2V，或电压高于 16.5V，或发电机不运转，或 S 端子参考电压丢失时，充电指示灯则不会点亮。

上海别克君威2.5GL、3.0GS轿车电源系统电路图解析

1) 充电系统原理电路。① F端子是励磁脉冲数据输出端，接动力控制模块，用该数据计算发电机的脉冲频率(PWM)信号。PCM利用PWM信号控制怠速稳定。② S端子通过熔丝接蓄电池正极。③ L端子接PCM，电压调节器根据L端子输入的指令确定是否工作，当发动机正常运转时，PCM向发电机L端子提供5V电压，电压调节器向转子提供励磁脉冲；当点火开关未接通或发动机转速过低时，PCM切断向L端子的电压输出，以减少不必要的额外负荷。④ 在2.5GL车型中，F、P端子未使用(P端子是发电机转速信号输出端)。

2) 别克君威3.0GS的新型电压调节器。① 采用了数字控制技术调节转子励磁线圈的励磁电流，实际上调节器与400Hz的固定频率接通或断开励磁电流，通过改变励磁电流的通断时间间隔获得系统正常输出电压所需要的励磁电流平均值。励磁电流的大小与电压调节器发送给转子的电流脉冲宽度成正比。② 在发动机内部，电压调节器有一个直流电压输入端(DC in)和一个交流电压输入端(AC in)。直流电压输入端可以在发电机插头未连接时(S、L、F、P端子均断开)，用来为调节器提供工作电源和调节参考电压；电压调节器通过交流电压输入端感知发电机是否运转。当接通点火开关但发动机未运转时，电压调节器向转子绕组提供窄脉冲(其占空比小于5%)，只产生弱磁场；一旦发动机起动，调节器检测到交流电压输入，电压调节器向转子绕组提供宽脉冲(其占空比小于20%～90%)。

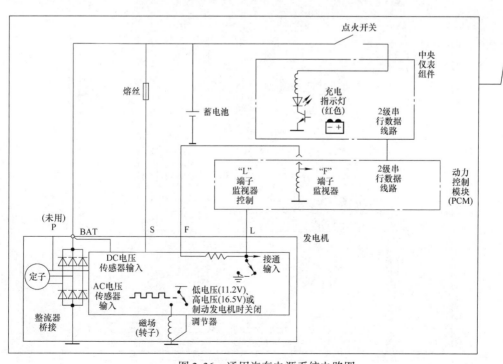

图 2-36 通用汽车电源系统电路图

【案例2-4】 丰田车系电控系统电路识图基本方法

1. 丰田车系电路图特点与识图方法

丰田车系电路图特点与识图方法详见图2-37及其注解。

丰田车系电路图的主要特点与识图方法

1) 丰田车系电路图主要特点：

①各系统电路沿长度方向横向布置，并标出其名称、区号和示意图符号(如起动系统为2区)。

②系统内部各元件从上而下纵向布置，电源线在最上方，搭铁线在最底下，并用英文大写字母标出搭铁点代号与其所在位置的文字说明。

③电器元件名称用图形符号和文字直接标出，有的还标出线路接线器及其端子号码。

2) 丰田车系识图方法： 图中用大圆圈内带数字表示注释符号，其含义如下：①—表示子系统标题，在电路图最上方用刻线划分区域，用文字和示意符号表示其下方子系统电路的名称。②—表示导线的配线颜色。③—表示与元件连接的插接器。④—数字表示插接器连接端子的编号。⑤—表示继电器盒。⑥—表示接线盒(J/B)号码，圈内数字表示接线盒号码，如3B表示它在3号接线盒内；圈旁数字表示插接器插座位置代码，如6和15表示两条配线分别在插接器的6号和15号端子上。⑦—表示与其相关联的子系统。⑧—表示配线与配线之间的插接器，带插头的配线用"≈"表示，外侧数字6表示接线端子号码。⑨—当车辆型号、发动机型号或规格变动时，用括号内内容表示不同配线或插接器。⑩—表示带屏蔽的配线。

3) 用字母表示导线颜色： B—黑色；BR—棕色；G—绿色；GR—灰绿色；L—蓝色；LG—浅绿色；O—橙色；P—粉色；R—红色；V—紫色；W—白色；Y—黄色。

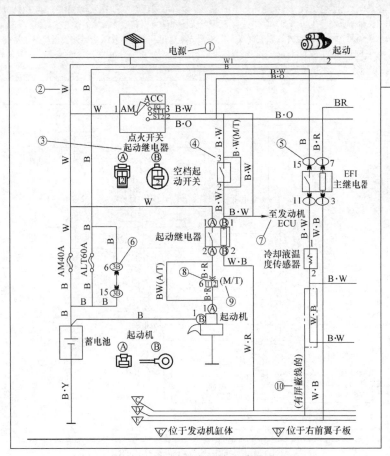

图2-37 丰田汽车电路识读方法

2. 丰田车系电路识图分析实例

丰田威驰汽车电源电路是内装式集成电路调节器（蓄电池电压检测）的整体式交流发电机，其与外部的连接如图 2-38 所示。

整体式交流发电机与外部的连接
1) 发电机B插接器有三个端子：①1号端子L从点火开关IG2开始，连接组合仪表上的充电指示灯，控制充电指示灯的亮与灭；②2号端子IG从点火开关IG1开始，经10A熔断器，给集成电路电压调节器提供工作电压；③3号端子S经7.5A和60A熔断器，检测蓄电池的端电压。
2) 发电机A插接器是交流发电机输出端，经过100A熔断器给其他用电设备供电和给蓄电池充电。

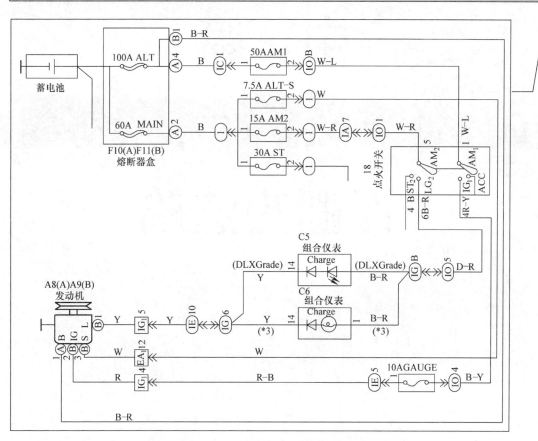

图 2-38　丰田威驰汽车电源系统电路图

中　篇

诊断方法篇

第三章　汽车电控系统故障诊断原理和方法

第一节　汽车电控系统故障概述

一、汽车电控系统电路常见故障类型

汽车电控系统电路常见故障一般包括电子元器件失效、线路故障和各种单元电路的易发故障等，分述如下。

1. 电子元器件失效

（1）元器件击穿

元器件击穿包括过电压击穿、过电流击穿和热击穿。击穿现象有时表现为短路形式，有时表现为断路形式。晶体管击穿也是一种主要故障现象。有的晶体管因自身热稳定性差而导致类似于击穿的故障，称为热击穿或热短路。因电路故障引起的过电压击穿和过电流击穿一般是不可恢复的。

据统计，由于介质击穿造成的损坏大约为电子元器件失效的85%，而其中约70%的击穿发生在新车上。同时，电容器的击穿又常常会烧坏与其串联的电阻元件。

（2）元器件老化

元器件老化是指其性能老化。它包含许多现象，如晶体管漏电增加、电阻值变化、可变电阻不能连续变化、继电器触点烧蚀等。对于继电器，往往还存在绝缘老化、线圈烧坏、匝间短路、触点抖动甚至无法调整初始动作电流等故障。

（3）元器件内部连接故障

连接故障主要指电子元器件内部松脱、接触不良、潮湿、腐蚀等引起的短路和断路现象。此类故障一般与元器件自身无关。

2. 线路故障

（1）断路

断路是指由于导线连接端松脱、接触不良或导线折断所引起的故障。

（2）短路

短路是指导线绝缘损坏而导致导线间相互接触，或开关、接线盒、灯座等外接线的螺钉松脱而造成导线线头相碰，以及导线头部与搭铁相碰等。

（3）漏电与搭铁

漏电与搭铁是指由于电器绝缘不良、绝缘层老化、破损或导线受潮而导致导线的相线与金属机体相碰。

3. 各种单元电路的易发故障

（1）电源和起动系统故障

电源和起动系统故障包括：蓄电池接线柱锈蚀接触不良，尤其以蓄电池负极接车身搭铁的部位最常见；起动机接线柱和电流表的接线柱接触不良；总熔断器损坏；以及起动继电器触点烧蚀和蓄电池存电不足等。

（2）点火系统故障

点火系统故障包括熔断器损坏、火花塞漏电、断电触点烧蚀，以及火花塞间隙失准（正常间隙应为 0.35 ~ 0.45mm）等。

（3）充电系统故障

充电系统故障主要现象为不充电。其常见原因包括电压调节器触点烧蚀（机械式调节器）、电流表接线柱接触不良，以及熔断器损坏而造成的励磁电流中断等。

（4）照明系统故障

照明系统故障包括断线和搭铁不良，以及因线束插接器插件内触片锈蚀而造成接触不良等。

（5）电路熔断器故障

电路熔断器故障主要有熔断和接触不良。对熔断器熔断应找出原因、排除故障后方能接通电路。

（6）其他单元电路故障

其他单元电路故障包括断路、短路和漏电。

1）断路：由于导线折断、连接点松动或接触不良而引起的断路，或因搭铁线松动或接触不良而断路。

2）短路：由于导线绝缘破坏并互相接触而造成的短路，开关、接线盒、灯座等外接线螺钉松脱而造成的两线相碰，以及接线时操作不慎而使两线接头相碰等。

3）漏电：漏电的主要原因有电器绝缘不良、连接导线受潮、绝缘层老化或破损等。

二、汽车电控系统电路故障所导致的整车性能故障

因汽车电控系统电路故障所引发的整车性能故障有如下九种主要类型。

（1）整车性能异常

即汽车动力性和经济性差。主要表现在汽车最高行驶速度明显偏低、汽车加速性能差；汽车燃油消耗量和机油消耗量大；汽车乘坐舒适性差，振动和噪声明显加大；汽车操纵稳定性差，易跑偏，车头摆振；制动跑偏，制动距离长或无制动等。

（2）汽车使用工况突然出现异常

汽车使用中突然出现某些不正常现象，如发动机突然熄火、踩制动时车辆无制动、行驶中转向突然失灵。更有甚者，如汽车爆胎和汽车自燃起火等症状表现比较明显。其发生的原因比较复杂，主要是汽车内部故障未引起注意，逐渐酿成突发性损坏。

（3）汽车驾驶异常

汽车驾驶异常表现为汽车不能按驾驶人的意愿进行加速行驶、转向和制动，可以觉察到

汽车操纵机构和执行机构故障。除对加速踏板、制动踏板、离合器踏板和转向盘及其传动机构进行检查和调整外，还应对汽车进行全面检查，找出故障，维修正常后才能继续使用。

（4）汽车过热

汽车过热表现为汽车各部分的温度超出了正常使用温度范围，以散热器"开锅"表现最为明显。变速器过热、后桥壳过热和制动器过热等都可以用手试或用水试法检查出来。若是长时间高负荷所致，暂停工作一段时间即可。若是内部机构故障，应及时诊断和排除故障。

（5）汽车零部件的异常响声

汽车使用中故障往往最易以异常响声（俗称异响）的形式表现出来。有经验者可以根据异响发生的部位和声音的不同频率和音色判断汽车故障。一般发动机响声比较沉闷，并且伴有较强烈的抖振时，故障比较严重，应停车、降低发动机转速或关闭发动机来查找故障原因。有些声音一时查不出来，应请有经验的人员查找。

（6）汽车发生渗漏

汽车渗漏表现为燃油渗漏、机油渗漏、冷却液渗漏、制动液渗漏、转向机油渗漏、润滑油渗漏和制冷剂渗漏等，以及电气系统漏蓄电池液等。汽车渗漏极易引起汽车过热和机构损坏。如漏转向机油容易引起汽车转向失灵，漏制动液容易引起制动失灵等。

（7）发动机排烟颜色异常

发动机排气烟色是发动机工作的外观表现。发动机排气呈蓝色，表明发动机烧机油；发动机燃烧不完全排气呈黑色，应更换燃油或调整点火正时；发动机排气呈白色，表示燃油中或气缸中有水，应检查燃油或检查发动机。

（8）汽车散发出烧焦的异味

汽车行驶中最忌发生异味，有异味首先要判断是否是汽车异味。汽车异味主要有制动器和离合器上的摩擦材料发出的焦臭味、蓄电池电解液的特殊臭味、导线烧毁的焦煳味等。在某些时候能够嗅到漏机油的烧焦味，需要注意。

（9）汽车部件外观变形或损坏

应注意检查汽车轮胎气压异常、车架和悬架损坏、车身损坏等不正常现象，这些现象可能影响到汽车行驶安全，如汽车重心偏移、振动严重、转向不稳定和汽车跑偏等。

三、汽车故障的分类

汽车故障按其性质和状态的不同可分为如下几种类型。

（1）按工作状态分类

按工作状态分类，可分为间歇性故障和永久性故障。间歇性故障有时发生，有时消失；永久性故障是指故障出现后，如果不经人工排除，它将一直存在。

（2）按故障程度分类

按故障程度分类，有局部功能故障和整体功能故障。局部功能故障是指汽车某一部分存在故障，这一部分功能不能实现，而其他部分功能仍完好。整体功能故障是指整个汽车的功能不能实现。

（3）按故障形成速度分类

按故障形成速度分类，有渐变性故障和急剧性故障。渐变性故障发展较缓慢，故障出现后一般可以继续行驶一段时间后再修理。急剧性故障是故障一经发生后，工作状况急剧恶化，不停机修理汽车就不能正常运行。与急剧性故障相类似的一种故障叫突发性故障，在突发性故障发生的前一刻没有明显症状，故障发生往往导致汽车功能丧失，甚至危害人身、车辆安全。

（4）按故障产生的后果分类

按故障产生的后果分类，有危险性故障和非危险性故障。突发性故障和急剧性故障属于危险性故障，常引起汽车损坏，乃至危害车辆、人身安全，是汽车故障诊断与预防的重点。渐变性故障属非危险性故障，故障发生后一般可以修复。

故障分类的方法很多，上述故障的分类是相互交叉的。随着故障的发展，一种类型的故障可以转化为另一种类型的故障。

四、汽车电控系统故障产生的主要因素

1. 外部环境因素

针对汽车电控系统而言，导致其常见故障的主要外部因素有如下四个方面。

（1）温度与湿度变化

温度变化包括两个方面，即外界环境温度变化和电器本身工作温度变化。它与电器设备工作时间长短、布置位置以及电器元件自身发热与散热条件密切相关。就电器元件而言，高温是造成过热损坏的主要原因。此外，高湿度也会使得电器元件绝缘性能下降，造成元件或线路的短路。

（2）电源电压波动大、脉冲电压强

汽车电器系统电压波动可分为两种：一种是正常范围内波动，如从蓄电池端电压到电压调节器能起作用的电压之间；另一种为过电压，过电压又分为非瞬变性过电压和瞬变性过电压。过电压对电器元件的危害极大。

1）非瞬变性过电压：主要是由于发动机调节器失灵或其他原因而引起发电机励磁电流未经调节器而使得发动机电压升高到非正常值。如不及时排除，则整个充电系统会一直处于高压状态，致使蓄电池电解液沸腾和电器烧毁。

2）瞬变性过电压：是指某种原因引起瞬时过电压。主要分为以下三种情况。

① 停车关闭点火开关而引起瞬时过电压。

② 切换电感型负载而引起瞬时过电压，如喇叭、各种电动机和电磁离合器等。会引起高频振荡，其峰值可达 200V 以上，但维持时间较短，约为 $300\mu s$。可能引起元器件误动作，主要对具有高频响应的控制系统，如电控汽油喷射等有影响。

③ 运行中发电机与蓄电池间导线突然松脱，或在无蓄电池情况下突然断开其他负载而造成发电机端电压升高，最高可达 100V 以上且可维持 0.1s 左右，造成元器件误动作或损坏。

（3）电磁干扰

任何因素激发出的电磁振荡都会通过导线以电磁波形式发射出去，因而对其他电子系统产生电磁干扰。故发动机 ECU 等电子设备必须具有良好的屏蔽。若屏蔽遭到破坏，便会导致工作异常。

（4）其他使用环境因素

汽车是在野外露天等不断变化的环境里工作，不适的条件都会使汽车使用工况发生变化，容易发生故障，尤其是道路不平时，汽车振动颠簸严重，易受损伤。如振动与剧烈冲击、尘埃与有害气体侵蚀等，均易造成电子设备的机械损坏，如脱线、脱焊、触点抖动、搭铁不良，以及接触不良、绝缘性能下降等。

2. 内部元器件质量因素

针对汽车电控系统而言，导致其常见故障的主要内部因素有如下三方面。

（1）零部件本身质量缺陷或质量差异

汽车制造的特点是零部件大批量和由不同厂家生产，因此不可避免地存在质量差异。

（2）电控系统内部包含的易损件寿命短

汽车设计时，因各种功能要求不同，不同零部件有不同的寿命。如汽车上工作在恶劣环境下具有相对运动关系的摩擦副零部件，就设计为可以更换的易损件；如发动机轴承、气门、活塞与活塞环、制动摩擦片、火花塞、熔丝等均为寿命较短的易损件。

（3）汽车消耗品不达标或质量差异

汽车消耗品主要有燃油和润滑油等。质量差的消耗品会造成燃烧室积炭、运动接触面超常磨损等，严重影响汽车使用性能并容易导致发生故障。

3. 人为因素

（1）驾驶操作技术水平和日常维护保养技术水平

驾驶技术对汽车故障的产生有一定影响。汽车使用管理、日常保养不善，不能按规定进行走合和定期维护，野蛮起动和野蛮驾驶等都会导致汽车早期损坏和故障频发。

（2）维修技术和故障诊断技术水平

汽车故障广泛地存在于汽车的制造、使用、维护和修理工作的全过程。出了故障要做出准确诊断，及时排除。但不会修不能乱修，不懂不能乱动，以免旧病未除，新病又发。特别对于现代汽车，高新技术应用变化无穷。在汽车使用、维护、故障诊断和维修作业中，要求汽车使用、维修工作人员结合自己的业务，不断学习、了解和掌握汽车相关新技术，熟练掌握汽车故障诊断技术；做到有了故障要早发现、早排除，才能减少故障与事故的发生，保障汽车安全行驶。

第二节 汽车电控系统故障诊断基本原理

一、汽车电控系统故障基本术语

汽车电控系统故障基本术语主要有接地点、开路、短路以及电气触点损坏等。

1. 接地点

接地点的检测方法见图3-1及其注解。

2. 开路

开路故障的检查见图3-2及其注解。

3. 短路

短路故障的检查见图3-3及其注解。

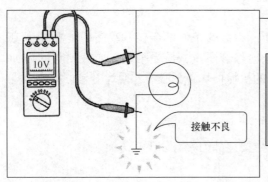

图 3-1　接地点的检测

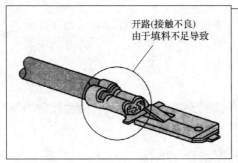

图 3-2　开路故障的检查

图 3-3　短路故障的检查

4. 电气触点损坏

故障记录表明，电气触点损坏时常发生在各种 ECU（如发动机 ECU、安全气囊 ECU、变速器 ECU、组合仪表 ECU、网关 ECU、车载网络 ECU、舒适系统 ECU 以及灯光距离调节 ECU 等）内部。

检查方法：拉拽插头以检查其是否完全插到位，查看触点有无损坏；检查接口插孔，若方形插孔变圆形，说明使用了错误的检查探针，将触点撑得过大。

二、汽车基本电路故障诊断方法

1. 汽车基本电路故障排除的主要项目和方法

汽车基本电路故障排除的主要项目包括电压检测、电路通畅与电阻检查以及短路检查等。

（1）电压检测

电压检测见图3-4及其注解。

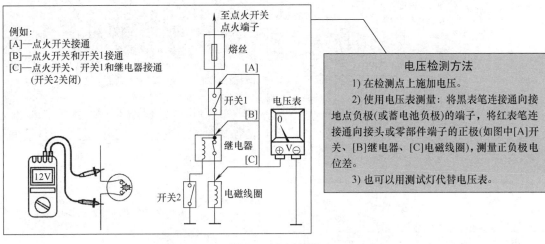

例如：
[A]—点火开关接通
[B]—点火开关和开关1接通
[C]—点火开关、开关1和继电器接通
　　（开关2关闭）

电压检测方法

1）在检测点上施加电压。

2）使用电压表测量：将黑表笔连接通向接地点负极（或蓄电池负极）的端子，将红表笔连接通向接头或零部件端子的正极（如图中[A]开关、[B]继电器、[C]电磁线圈），测量正负极电位差。

3）也可以用测试灯代替电压表。

图3-4　电压检测

（2）电路通畅与电阻检查

电路畅通与电阻检查见图3-5及其注解。

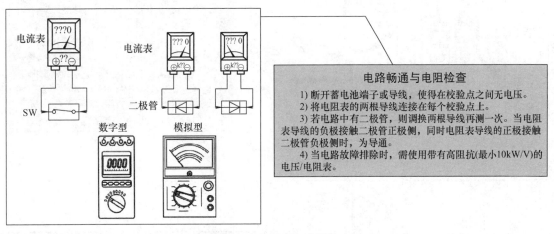

电路畅通与电阻检查

1）断开蓄电池端子或导线，使得在校验点之间无电压。

2）将电阻表的两根导线连接在每个校验点上。

3）若电路中有二极管，则调换两根导线再测一次。当电阻表导线的负极接触二极管正极侧，同时电阻表导线的正极接触二极管负极侧时，为导通。

4）当电路故障排除时，需使用带有高阻抗（最小10kW/V）的电压/电阻表。

图3-5　电路畅通与电阻检查

（3）短路检查

短路检查方法见图3-6及其注解。

2. 供给电路的电压及故障排除方法实例

下面以图3-7所示照明系统为例，介绍供给电路的电压以及故障排除的方法。

1）当开关关闭时，供给电路电压情况见图3-7及其注解。

2）当开关打开时，供给电路电压情况见图3-8及其注解。

3）接触不良的情况，见图3-9及其注解。

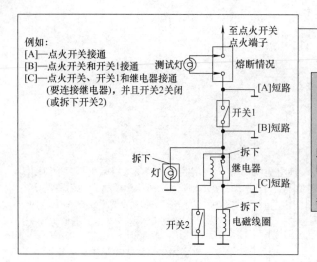

例如：
[A]—点火开关接通
[B]—点火开关和开关1接通
[C]—点火开关、开关1和继电器接通
　　（要连接继电器），并且开关2关闭
　　（或拆下开关2）

短路检查方法

1) 拆除熔断器的熔丝，断开熔丝的所有负荷。

2) 连接一个测试灯来代替熔丝，并点亮。

3) 断开并重新连接插接器，同时观察测试灯，短路现象将出现在测试灯点亮时的插接器和测试灯熄灭时的插接器之间。

4) 沿车体方向轻微摇动有问题的导线，以此方法找出短路的确切位置。

图 3-6　短路检查方法

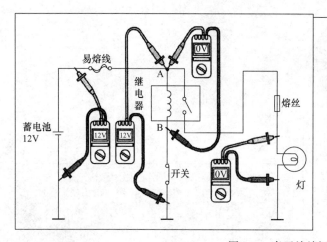

当开关关闭时

1) 由于继电器线圈内无电流通过，故继电器触点保持断开状态，所以照明灯不亮。此时电压供给情况：电压供给熔丝、继电器线圈、开关与继电器的触点。

2) 此时测量电压值，当电压表与电路图中火线或零线任意一条相连接时，其读数始终显示为12V。这是因为，在无电流通过的情况下，蓄电池电压等量分配在由开路部位终止的区域内。但当测量A点与B点间电压时，显示为0V。这是因为，12V电压已经等量加于A点和B点。

图 3-7　当开关关闭时

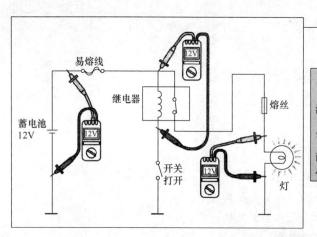

当开关打开时

1) 电流通过继电器线圈，使得继电器触点吸合，电流流入照明灯将照明灯点亮。

2) 当电流流入电路时，给照明灯两端施加电压，产生电位差。

3) 在该电路里继电器线圈和照明灯均有其内电阻，而且它们串联，线束、熔丝、熔断器、开关和继电器触点也均有其电阻，但是这些电阻值较小，通常被忽视。

图 3-8　当开关打开时

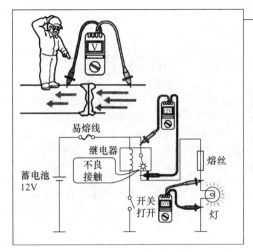

接触不良的情况
1) 若电路中出现接触不良的情况，则电流不能顺利流入该区域内，故相当于产生了额外的电阻。
2) 当继电器触点出现接触不良现象，假定该触点因接触不良而产生了额外的电阻，当电流流过该处时增加了2V的电压，因此，此时照明灯只能接受到10V的电压，故使得照明灯变暗。

图3-9　接触不良的情况

4）以前照灯故障（不亮）为例，简述基本电路故障排除方法，详见图3-10及其注解。

基本电路故障排除方法
1) 各个部分电压测量结果：供电压12V，继电器线圈电压12V，前照灯电压12V。
2) 故障诊断：以上测量结果与开关打开状态下的电压测量结果相同。此种情况(前照灯不亮)系前照灯无电流通过的结果，即灯泡内部的灯丝处于开路状态。
3) 通过检测电压有助于判断电路是否损坏。由上述诊断过程可以引出如下结论：在不测量各项电阻或各部分电流的情况下，仅仅通过电压测量也可以判断电路是否损坏。

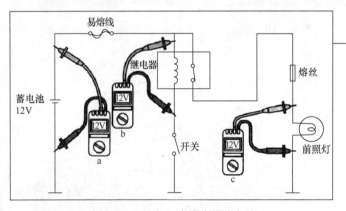

图3-10　基本电路故障排除方法

三、由ECU控制的电控系统故障排除步骤与方法

ECU系统在工作过程中，有众多电路与ECU连接，ECU控制着整个系统，很难发现故障并进行故障排除。但是只要遵循如下正确的检查流程，便可以尽快确定故障发生的部位。

ECU控制的电控系统故障排除步骤与方法详见图3-11及其注解。

1. 电源系统电路检查方法

电源系统电路检查基本方法详见图3-12及其注解。

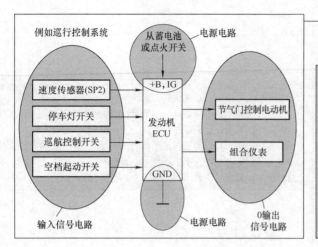

图 3-11　故障排除步骤与方法

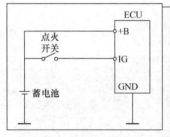

图 3-12　电源系统电路检查基本方法

2. 输入/输出信号系统电路检查方法

以照明系统故障诊断为例说明输入/输出信号系统电路检查基本方法，详见图 3-13 及其注解。

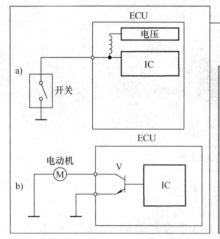

图 3-13　输入/输出信号系统电路检查基本方法

3. 通过换件进行故障排除的方法

（1）换件法简介

在故障排除过程中，对各种存在故障的元器件是否导通的检查以及在蓄电池加压情况下的检查往往不易取得直接的令人满意的结果，此时可以采取更换新件查看故障情况的方法。

在以上情况下，若用已知能够正常工作的同类的标准零件替换被检查零件，如果替换后系统运转正常，则被替换零件可判断为有故障。

换件法不是唯一的，但换件法是在不易检查的情况下的最终故障排除方法。若装置检查是可以进行的，则不必使用换件法。

（2）更换 ECU 的前提条件

判断 ECU 失效的方法是，只有当连接 ECU 的全部电路经过检测被判定为正常而系统故障仍旧存在时，才能最终判定为 ECU 故障。

ECU 工作可靠，很少出故障，一般只有经过重新确认（其接头已经正确连接且线束已经正确搭铁）的情况下，最后才进行 ECU 的更换。

ECU 的修复基本上是不可能的，因此，只能在故障排除过程的最后采取将其更换的方法。

四、电控汽油机汽车故障诊断的总体思路

电控汽油机汽车是机械液压系统、内燃机系统、普通基本电路系统以及 ECU 电控电路系统四种基本系统相结合而形成的复杂综合体。因此，其故障诊断的基本原理就是要将保障这四种系统均能正常工作的基本条件与汽车所发生的具体故障情况密切结合，进行有针对性的具体分析与综合，查明故障原因与部位并加以排除。

而保障以上四种系统正常工作的基本条件又是从汽油机的燃烧原理、普通电路正常流通原理以及 ECU 控制电路的控制原理这三种基本工作原理而派生出来的。

1. 保障汽油机正常工作的原理

保障汽油机正常工作即在内燃机压缩行程接近终止点前，以强有力的电火花，将能够满足某种汽车工况所需的不同浓度混合比的可燃混合气点燃，然后爆炸的气体产生高压推动活塞做功。由此原理便可派生出保障内燃机正常工作的下述四个基本条件：

1）气缸的压缩压力正常。

2）可燃混合气的浓度混合比达到汽车某种使用工况的要求。

3）电火花能量达到要求。

4）点火提前角达到要求。

根据这四个条件来查找发动机相关系统的故障怀疑点（零部件具体部位）。此项检测属于非电控系统故障检查范畴，应与电控系统相区分。

2. 保障普通基本电路正常工作的原理

即四无条件：无接地点不良、无断路、无短路、无电气触点损坏。根据此"四无"来查找相关基本线路的电路故障点（怀疑部位）即可。

3. 保障 ECU 控制电路正常工作的原理

ECU 控制原理即 ECU 从开关、传感器等接收输入信号，通过计算与比较，然后当满足一定特殊条件时，发出指令驱动执行器动作。由此导出 ECU 控制电路的检查流程：

1）首先检查输入 ECU 的信号是否正常，以及 ECU 输出到执行器的信号是否正常，同时检查执行机构的工作情况。如果信号正常，执行机构的工作也正常。

2）其次检查相关连接线路（电源线与搭铁线）是否正常，同时检查传感器部分。

3）最后检查 ECU。

综上所述，在电控系统故障排查中，心中应始终牢记"三把尺子"：

1）保障汽油机正常工作的"四项基本条件"：气缸的压缩压力正常、可燃混合气的浓度混合比达到汽车某种使用工况的要求、电火花能量达到要求、点火提前角达到要求。

2）保障普通基本电路正常工作的"四无条件"：无接地点不良、无断路、无短路、无电气触点损坏。

3）ECU 控制电路的检查程序。

将此"三把尺子"与汽车具体故障实情密切结合，边查边试，具体分析，辩证排除故障。

第三节　汽车电控系统故障诊断基本程序和安全注意事项

一、电控系统故障诊断基本程序

准确而迅速排除故障的前提是必须遵循正确的故障诊断程序。汽车电控系统故障诊断的基本程序分为以下十个基本步骤，详见图 3-14 及其注解。

汽车电控系统故障诊断基本程序

1) 问诊(倾听和验证用户意见)。 仔细询问故障发生的时间、场所、现象、周期、频率、当时的具体情况、导致故障的初步原因、是否经过拆卸和检查，以及对于车辆行驶性能带来的影响等。

2) 进行外观目视检查。 打开发动机舱盖目视检查机件有无缺损。首先发现并消除从外部能看得见的故障，如管件有无脱落，导线、插接器有无松脱，是否存在漏油、漏水、漏气、漏电现象。怠速运转是否平稳等。应着重检查以下几个方面：一是空滤器滤芯是否被脏污堵塞；二是真空软管是否老化破损，软管各处接头连接是否可靠；三是电控系统导线连接情况，有无松动、断开或脱落情况；四是各个传感器与执行器有无明显损坏；五是发动机空转情况下其进排气歧管和氧传感器是否存在泄漏现象等。必要时进行路试。通过直观检查，印证用户故障描述的准确性，为仪器检查做准备。

3) 进行自诊断测试(读码-清码-运行-再读码)。 连接故障诊断仪，检查是否存有故障码，偶发性和永久性故障码都要记录，然后清除故障码。起动发动机，使冷却液温度达到80℃以上，将转速升到高速运转几秒钟，达到故障再现条件后，再次查询并记录故障码。

4) 分析故障码。 从维修手册查阅故障码产生原因、影响与排除方法。然后再进行判断。当ECU中未存储故障码时，应当考虑发动机未被ECU监测的非电控部分是否存在故障，并做相应检查。

5) 阅读数据块。 数据块可提供发动机运转状态的实时数据。如冷却液温度等会首先达到数据块的条件。对于数据块中超出规定值的数据，应参照维修手册查明原因。

6) 进行仪器检测。 常用检测仪器包括万用表、燃油压力表、真空表、气缸压力表、尾气分析仪、点火正时灯、喷油器检测清洗仪以及示波器等。选用仪器的原则主要是能迅速地查明故障原因。

7) 进行基本项目检查。 基本项目检查内容包括对蓄电池电压、发动机起动情况、发动机怠速运转情况、空滤器堵塞情况、进气歧管与气缸密封情况、点火正时、燃油压力、高压线跳火与火花塞技术状况等。此时要求发动机冷却液温度达到80℃以上，同时应关闭所有附加电气设备，且必须在散热器风扇未起动时进行检查调整。目前大部分电控发动机均采用直接点火系统(DIS)，故其基本点火角为固定式的，不需要调整。但点火正时的检查与调整则是不可缺少的项目。

8) 通过深入诊断查明故障原因与故障部位。 针对主要故障现象进行全面且深入的检查，分析故障原因。

9) 使用故障征兆表诊断。 征兆表列出了故障征兆、怀疑部位和诊断次序。若经过基本检查仍未发现问题，而故障确实存在，就应按照表中给定诊断次序检查和排除故障。

10) 通过换件或维修将故障排除并进行验证。 用诊断仪查阅原故障码是否消失、数据块是否恢复正常。最后经试车或路试验证故障是否彻底消除、电路是否完全恢复正常。

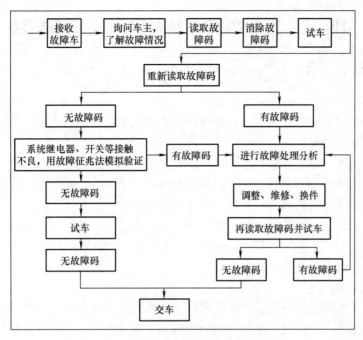

图 3-14　汽车电控系统故障诊断基本程序

二、电控系统故障诊断安全注意事项

1）若检修中需要断开蓄电池时，应先记住密码和读取故障码。在拆、装蓄电池之前，应确保点火开关或其他开关都已经断开。拆卸蓄电池时总是先拆下负极电缆；装上蓄电池时总是最后连接负极电缆，且其极性不能接反，否则将导致半导体元器件损坏。

2）拆装微处理器时务必先关闭点火开关，应避免微处理器掉落，且避免将其放在高温和磁性环境中。

3）绝不容许用万用表或电阻表的 R×100 以下的低电阻档测量小功率晶体管，以免过电流烧坏该小功率晶体管。且在拆卸晶体管时应最后拆卸基极；而在更换晶体管时则应首先接入基极。在测试过程中，应使用高阻抗仪表，不容许用测试灯测试任何微型单片机和传感器。

4）在拆卸或安装电子元件时，应先切断电源，且要使用恒温或小于 75kW 的电烙铁。为了不致烧坏元件，其端子距离焊点应在 10mm 以上。

5）在测试点火系统时，不容许将高压线或点火线圈直接搭铁试火，应接火花塞试火。

6）在进行焊接时，或温度超过 80℃时，应先拆下对温度敏感的元件（如 ECU 和继电器等）。

7）更换烧损的熔丝时，必须采用规格相同的熔丝，切忌使用比规定容量大的熔丝。

8）与尖锐金属边缘磨碰的电线束应用胶带缠起来，确保线束不被破坏或被夹住，接插牢固。

9）靠近发动机等振动零部件的线束应用卡子固定，并将松弛的线束拉紧，以免振动造成线束与其他部件接触而导致短路。

10）应掌握仪表板中各个仪表、开关、显示灯的功能、作用及其含义，养成文明操作习惯，轻拿轻放电子元件，切忌随意乱扔乱放，切实保证电控系统使用过程中的安全。

第四节 汽车电控系统故障诊断基本方法

一、十种基本方法

1. 常规经验检查法与专项仪器检查法

检查方法分为常规经验检查法和专项仪器检查法两大类。

（1）常规经验检查法

常规经验检查即指不需要采用专用的检查仪器和专用的工具，主要凭直观以及某些简单的工具就可以进行的检查，能够很快看出故障的部位以及进行快速处理。常规检查也称直观经验诊断，即主要通过人的感官对汽车电控系统故障进行问、看、听、摸、闻、试、比等进行诊断的过程。例如空气滤芯、汽油滤芯、节气门是否脏污；故障灯是否正常，蓄电池电压是否正常；是否有三漏（漏气、漏水、漏电）；各种插头（插座）接触是否良好；导线是否脱落；各个熔丝和继电器是否正常等。

（2）专项仪器检查法

专项仪器检查法即需要使用专用仪器和专用工具，并需配合专业维修技术资料进行比较的复杂故障检查方法。专项仪器检查法细分为通用仪器诊断法、故障码分析法、数据流分析法、波形分析法等。一般而言，其检查项目主要包括检查燃油压力是否正常；检查各类传感器是否正常；检查各类执行元件的工作情况是否正常；检查 ECU 与传感器和执行器上的连接情况是否正常；检查 ECU 各个端子的电压是否正常；最后检查 ECU 本身工作是否正常（即检查 ECU 的内部电路是否正常）等。

2. 采用万用表或利用车上现成仪表诊断法

根据汽车上的电流表、冷却液温度表、机油压力表及汽油量表等仪表指针走动的情况，即可判断出故障的状况。一般地说，冷却液温度表、机油压力表、汽油量表只进行单向指示，所以也只能进行单向的故障判断。由于电流表接在整个电器系统的公共电路上，利用它可以判断仪表电路、照明电路、点火电路等的故障。

如打开点火开关，电流表无指示，其他的仪表也无动作，说明故障出在蓄电池到电流表之间。若打开点火开关，打开起动机开关，电流表指针在 3~5A 之间摆动，说明点火系统低压电路工作正常；若电流表指针打到底，说明起动机开关或电路有搭铁现象。

用万用表的电阻档测量电子元器件所呈现的电阻值，根据所测量的电阻值大小，即可判断出该元件是否存在故障。对现代汽车上越来越多的电子设备来说，仪表诊断法有省时、省力和诊断准确的优点，但要求操作者必须具备熟练应用万用表的技能，以及能准确地把握汽车电子元件的原理、标准数据。

用万用表电阻档测量晶体管调节器的电枢、磁场与搭铁所呈现的电阻值，就能判断该晶体管调节器是否存在故障。

3. 元器件替换诊断法

元器件替换诊断法是指用已知的功能正常、规格相同、性能良好的元器件去代替怀疑有故障的元器件，通过比较判断故障原因的一种方法。替换后可能出现以下三种情况：第一，若经过替换后故障消失，则可基本判断被替换元器件已经损坏。第二，若替换后故障仍然存在，则可判断该元器件基本正常，而故障不在此处，应继续深入检查故障的其他原因。第三，若替换后故障有所好转但并未完全消除，则可判断故障可能有多种原因，需进一步分析查找。

如当按下喇叭按钮时，喇叭不响，若怀疑喇叭继电器有故障，则可用一只性能良好的喇叭继电器进行替换。换装后若喇叭发出声响，即表明原喇叭继电器有故障。对于难以诊断且故障涉及面大的故障，可利用换件法来逐步缩小故障范围。

如高压火花弱，若怀疑是电容器故障时，可换用良好的电容器进行试火；若火花变强，说明原电容器损坏，否则应继续查找。

4. 正确区分电控系统故障与非电控系统故障诊断法

在诊断电控发动机故障之前，必须正确区分故障的性质，即该故障是属于电控系统本身的故障，还是属于非电控系统的故障。

（1）发动机 ECU 监控范围

发动机 ECU 只能监控发动机的电子元件部分，而无法监控发动机的全部，尤其是无法监控发动机机械部分故障。电控发动机的 ECU 不能监控的典型情况如下。

1）ECU 不能监控电动汽油泵的进口滤网、燃油滤清器管路的堵塞，进油管或回油管被挤扁而形成的供油不畅或混合气过稀等故障。

2）ECU 不能监控空滤器进口或滤芯堵塞或节流等原因而引发空气流量变化的故障。

3）ECU 不能监控气缸压力的高低，或各个气缸压力的均匀度。也不能监控真空助力器的真空进气真空度管路的泄漏或节流。但 ECU 能够监控歧管压力传感器的真空度，并会记录其故障码。

4）ECU 不能监控搭铁不良以及端子（插脚）损坏，但会产生由于此种情况所导致的故障码。

因此，电控系统的故障不一定都是由于电控系统所引起的，也可能由于非电控部分引起。故首先应区分是电控系统本身引起的故障，还是非电控系统部分引起的故障。一般而言，在无故障码的情况下应先查找非电控系统的故障；而在有故障码的情况下，则应先查找电控系统的故障。

（2）发动机机械系统故障的基本规律

一般而言，若发动机出现故障却未显示故障码或发动机故障警告灯未点亮，基本可以断定属于发动机机械部分故障。而机械故障大都发生在以下情况：

1）火花塞或高压线本身的故障。

2）空滤器堵塞。

3）曲轴箱强制通风装置阀门堵塞或管路堵塞。

4）进气管附近漏气或真空管漏气等。

常见的发动机比较重大的机械系统故障主要包括：点火正时故障（如正时齿轮记号出错）、配气相位失准、配气机构故障（如气门弹簧断裂、液压挺柱堵塞），还包括曲柄连杆机构故障（如气缸与活塞环配合间隙过大、发动机轴瓦发响、发动机窜油）等。

（3）重点检查项目

在排除电控系统比较疑难或重大故障之前应重点检查的项目主要包括：

1）检查各类熔丝是否完好无损。

2）检查空滤器和汽油滤清器，查看其滤芯及其周围是否堵塞或有脏物、杂质，必要时应清洗或更换。

3）检查各真空管路是否渗漏、堵塞或连接不良，真空软管有无老化破损。

4）检查各缸压力是否正常（是否在标准范围内）。

5）检查喷油器是否堵塞或有脏物，喷油器的喷油压力是否在标准范围内（否则应进行调整）。

6）检查各个传感器和执行器有无明显的损伤；电控系统导线的连接情况是否良好，有无松动、断开或脱落等现象。

7）在发动机运转情况下，检查排气歧管以及氧传感器处是否有泄漏，燃油管道有无渗漏，并倾听有无异响。

5. 根据电控发动机正常工作三要素分析诊断法

（1）电控发动机正常工作三要素

电控发动机正常工作三要素指的是发动机无故障运行的三项基本前提条件：

1）发动机的机械技术状况正常。主要是要求提供足够的压缩压力，即实际缸压不低于标准缸压的75%，且各缸压力差不大于0.3MPa；要求进气管无漏气；要求发动机怠速运转时的进气管真空度能够稳定在500mmHg左右（1mmHg＝133.322Pa）。

2）正确的点火时刻与足够的火花塞能量。点火时刻过早或过迟，均会影响发动机功率下降，严重时甚至无法起动。

3）在不同工况下能够提供恰当的不同浓度的混合比，以保证发动机具有良好的起动、怠速与加速性能。即要求在怠速与小负荷时能够提供空燃比约为12的浓混合气；在一般中等负荷时能够提供空燃比在16～17的较稀混合气，以获得好的经济性；而在大负荷情况下，能够提供空燃比约为13的浓混合气，以保证发动机的动力性；此外，在冷起动以及加速情况下，尚能提供附加的燃油量等。

（2）分析诊断法

当电控发动机出现故障而未显示故障码的情况下，可根据上述电控发动机正常工作三要素进行分析判断。其分析逻辑是，要想电控发动机正常工作，必须完全满足三要素；反之，若三要素之一二或三要素全部未能得到满足，则是其故障产生的根源。为此，本着先易后难、先简后繁，边测试、边判断、边验证的方法，最终查明故障并将其排除。

6. 综合诊断法

综合诊断法即根据传感器、ECU、执行器三者逻辑关系进行分析的诊断法。

（1）ECU控制的基本原理

首先ECU接收各个传感器送来的信号，经过比较与计算处理，然后向各个执行器发送控制信号。据此，判断某个ECU系统工作是否正常，可不管其ECU内部如何控制与动作，只要紧紧抓住ECU与传感器、执行器三者逻辑关系与连接关系进行检测即可。

（2）发动机ECU控制的基本信号

发动机ECU控制的基本信号主要包括三类，即点火正时、喷油开始时刻，以及喷油持续时间长短。

（3）综合诊断法检查的基本顺序

1）首先检查输入ECU的信号是否正常，以及ECU输出到执行器的信号是否正常，同时检查执行机构的工作情况。

2）其次检查相关连接的线路是否正常，同时检查传感器部分。

3）最后才检查 ECU。

7．ECU 控制系统电路故障的诊断法

ECU 控制系统电路故障的特点是比较复杂、类型多样，分述如下。

（1）ECU 对传感器和执行器控制的方式与控制的内容

1）ECU 控制的方式。对大多数电控系统，打开点火开关后，各传感器、执行器正极就被接通。而 ECU 是通过接通负极的方式对它们进行控制的（也有少数系统是通过接通正极来对传感器和执行器进行控制的）。故在故障排除过程中，如当温度传感器输出电压过低，或其他传感器输出电压过高时，应当首先检查 ECU 接线板上该传感器的搭铁线接触是否良好，传感器导线有无短路或断路等。

2）ECU 控制的内容。ECU 控制的内容主要包括：燃油喷射控制、点火系统控制、怠速控制、冷却风扇控制、速度控制、空调压缩机控制，以及充电控制等。

（2）熔丝故障的检查方法

维修电控系统时，应先检查与此相关的熔丝是否正常，这样可以少走弯路。

【案例 3-1】 帕萨特 B5 熔丝检查方法

1）打开左侧车门，卸下仪表板一侧的熔丝盒盖。拆卸时需用熔丝盒盖上的专用夹子。

2）熔丝熔断，说明相关线路有搭铁不良故障，应逐一检查该熔丝所负责的电器及其线束。如果在没有查明原因前就更换熔丝，熔丝会很快被再次熔断。

3）熔丝颜色与其规格的对应关系是：红色的为 10A，蓝色的为 15A（负责 ECU），黄色的为 20A，白色的为 30A。

（3）继电器故障的检测方法

继电器是防止流过该继电器控制电路的电流过大的一种保护装置。当电流超过设定值时，继电器触点会自动断开，达到保护所连接控制电路的目的。

1）继电器的检测方法。继电器的检测方法分为外观检测和加热检测。

① 外观检测主要检查继电器的触点有无烧蚀。

② 加热检测法通过加热检测热稳定性不好的点火继电器。检测时用热风机给继电器加温，在温度上升后检测继电器的触点能否吸合，或直接用发光二极管检测点火系统低压电路是否有电。

2）继电器故障原因分析。热稳定性不好的点火继电器在工作过程中，随着工作温度升高，长时间吸合后会发热，使点火线圈的电磁吸力减弱，开关触点断开后无法吸合，从而造成点火系统没有电源电压，导致发动机熄火等故障。而当温度降下来后，点火继电器又恢复正常的电磁吸力，故开关触点在冷却后又可以吸合，点火系统重新接通电源，又可以恢复工作。因此，会出现冷车时行驶正常，热车后突然熄火而无法立即起动的故障。

（4）ECU 版本错误所导致的故障

在更换发动机控制单元时，一定要仔细查看 ECU 版本型号。即使车辆型号相同，但具体生产批次不同，ECU 版本型号就有可能不同。

（5）发动机 ECU 搭铁线不实导致的故障

当发动机 ECU 上游的某个传感器或执行器搭铁线不实时，会导致该传感器或执行器工作电阻加大，使工作电流减小，从面使其工作不正常。具体表现为控制单元上喷油器搭铁线不实，会造成喷油脉宽减小，导致混合气过稀，从而引发一系列故障；控制单元上节气门位置传感器搭铁线不实，会造成节气门位置传感器输出电压过高，使用自动变速器的汽车就会出现一档升二档严重滞后，没有三档和四档；搭铁线不实还会造成电路中拉弧放电。

（6）控制单元模/数转换器转换错误所导致的故障

下面通过实例说明。

【案例3-2】 一辆设计最高车速为170km/h的轿车，但实际车速最高只有120km/h

1. 故障分析

该车使用的是手动变速器，所以可排除变速器的因素。

发动机故障指示灯没有亮，也没有故障码，可排除传感器故障的可能性。

读取数据流，发现尽管里程表显示车速为120km/h，但数据流显示车速为170km/h。

2. 故障原因

根据断油控制原理，当汽车车速达到最高车速时，ECU就会干涉，进行断油控制，使车速控制在170km/h内。里程表显示和驾驶人感觉车速都是在120km/h，但数据流显示车速为170km/h，说明模/数转换器转换错误。

更换ECU后再查看数据流，与里程表显示吻合，最高车速恢复正常显示。

注意： 更换ECU后必须重新匹配。

例如ECU与防盗系统必须相匹配，故更换ECU后必须重新进行匹配。具体匹配操作方法是先向厂家查询新换ECU的防盗密码，然后用故障诊断仪更换防盗密码。

例如，用大众汽车V. A. G1552诊断仪进行匹配的操作方法是，首先输入更换的防盗密码，然后按10-50键输入原车防盗密码，再按21-06键结束输出。

（7）用排除法诊断ECU故障的方法

下面通过实例说明该方法。

【案例3-3】 某使用自动变速器的轿车挂档时，无论是前进档还是倒车档，所有的档位都有换档冲击现象

1. 故障分析

此车在行驶中没有换档冲击，可以首先排除主油压过高的故障。

检查拉索凸轮式节气门操纵机构的拉索在怠速时有旷动量，检查真空软管没有破裂，检查主油压电磁阀和节气门位置传感器在怠速时输出电压正常。根据上述三个方面的情况，可以排除在传感器和操纵机构方面的故障。

2. 故障原因

经过检查，排除了所有可能产生换档冲击的因素后，最后确定故障应在变速器ECU上。经更换变速器控制单元后试车与路试，故障得以排除。

8. 模拟技术诊断法

模拟技术诊断法是通过创造相似的环境与工作条件来再现故障，然后经过验证和分析确定故障部位并加以排除的方法。模拟技术诊断法可分为以下三种。

（1）环境模拟法

汽车电控系统的某些故障发生在特定的环境中，这是由于电子元件对于环境条件（如振动、发热、受潮等）特别敏感。环境模拟法又分为振动法、加热法和水淋法三种。

1）振动法。通过在水平和垂直方向对插接器、配线、零件与传感器等的振动，来观察原有故障是否重现的方法叫振动法。此种方法适合于时有时无的故障或者是当车辆停下来后故障就不再出现的情况。

利用振动法应特别注意检查是否有虚焊、松动、接触不良、触点烧蚀、导线断裂等情况；同时应注意不可用力过大，以免损坏电子元器件。

2）加热法。对有故障的零件进行电热吹风，以再现原有故障的方法称为加热法。该方法适用于电子元器件因受热而引发故障的情况。

注意：加热的温度不得超过 60℃；而对于 ECU 中的零件则绝对不能加热。

3）水淋法。通过喷水的方法，再现原有故障的方法称为水淋法。该方法适用于电子元器件因雨天或洗车之后或高温环境下发生故障的情况。

注意：在喷淋之前对电子元件应予以保护，喷水角度应朝向空中，并使水滴自由下落，不可直接喷向电子元件，或将水喷在散热器前面间接改变温度与湿度。

（2）增减模拟法

增减模拟法就是利用油路、电路中通过增减负荷的方法模拟油路与电路的故障状态。

1）增加法。当怀疑故障可能是由于油路负载过大而引起，而故障状态又不明显时，可用增加油路负荷的方法进行模拟验证，以使得故障重现。而对于电路中由于负荷过大而引起的故障，则可以采用接通用电设备（如鼓风机、空调、冷却风扇、前照灯等）来增加负荷，以重现故障。

2）减少法。当故障是由于某一局部电路短路而引起负荷过大烧断熔丝时，可采用减少负荷的方法进行模拟诊断。方法是断开部分电路，然后用万用表测量电阻、电压或电流（用的最多的方法是测量电流），观察总电流的变化，即可诊断出故障的大致范围（若断开某一被怀疑的电路后，总电流立即降低到正常值，则表明故障就在此电路中）。

（3）输入模拟法

该方法是将电路参数（电阻、电压）输入到相关元器件来进行模拟验证诊断，有如下两种。

1）电阻法。即用电阻元件代替某些电阻式传感器进行模拟验证的方法。电阻法的连接方式为串联，故电阻法也称串联法。例如，怀疑冷却液温度传感器有故障时，可用一只与其电阻值相近的电阻，串联在该传感器的插接器上来进行模拟验证。

2）电压法。采用外接电压的方法来代替某些被怀疑有故障的传感器进行模拟验证的方法叫电压法。由于电压法的连接方法是采用并联，故电压法也称并联法。

9. 故障诊断表法

现代汽车各种装置和系统过于庞大、复杂，给维修带来不便。为方便维修，有些汽车厂家在修理手册中提供故障诊断表（又称故障征兆表），为故障分析提供了极大的帮助。

故障诊断表以汽车表现出的故障现象为纵线，以可能引起该故障的系统、电路为横线制成表格，其中标出可能产生故障的元件、部位、检测内容等，以利于有针对性地进行故障判断。经逐项检查，排除疑点，最终即可确定故障部位。当经过外观检查和基本检查未发现问题而故障又确实存在，或当发动机出现故障而其自诊断系统显示正常代码或不显示故障码时，就应查阅该车型维修手册的故障诊断表。表 3-1 是某车型发动机电控系统故障诊断表（部分）。

表 3-1　某车型发动机

征兆	怀疑部位	开关状态信号电路	点火信号电路（火花试验）	过低主氧传感器/空燃比过高①	冷却液温度传感器电路	进气温度传感器电路	副氧传感器电路①	空气流量传感器电路	节气门位置传感器电路	起动机信号电路	爆燃传感器电路	空档起动开关电路	EFI主继电器电源	备用电源电路	喷油器电路
不能起动	发动机不能转动												3		
	起动机带不动发动机														
	无初始燃烧		2									1			5
	燃烧不完全		5		9			6							6
起动困难	发动机转动缓慢														
	常温起动困难		13		11	14			1						8
	冷态起动困难				9	10			1						4
	热态起动困难				10	11			1						5
怠速运转不好	开始怠速不正确	1													
	怠速转速太高	1										5	4	6	
	怠速转速太低	3			9			7				4		8	6
	怠速运转不柔和	1	7	18	17			3						13	4
	缺火（怠速不稳）	1			7			3				4			
驾驶性能不良	加速时发抖/加速性差	1	6					2							3
	回火				4	5		7	6						9
	消声器放炮	1			7	8		10	9						5
	发动机喘振	1			8	9									6
	爆燃										2				4
发动机失速	起动不久后失速				6			2							
	在踩下加速踏板后失速	1						2							
	在松开加速踏板后失速														1
	在A/C工作时失速														
	从N位换到D位时失速											1			
	旋转转向机构时失速														
	起动或停机时失速														
其他故障	燃油消耗过多			18	6	7	19	8					17		13
	发动机过热														
	发动机过冷														
	机油消耗过高														
	机油压力太高														
	机油压力太低														
	起动机运转不停														
	蓄电池经常放电														

① 仅欧洲、澳大利亚规格汽车。

② 仅指带防盗系统汽车。

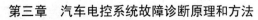
电控系统故障诊断表

空档起动开关	点火线圈	火花塞	分电器	加速踏板拉杆	冷却风扇系统	动力转向急速提升装置	气缸压缩不良	松开制动踏板后制动器仍抱死	变速器故障	防盗和门锁控制ECU②	发动机机械部分和其他故障	发动机和变速器ECU
1										2		
	1										2	
		4									6	
	2	4	3				8				12	13
	1										3	
	4	6	5				7				15	16
	5	7	6									11
	6	9	8									15
												3
												7
												11
	10	12	11				8				19	20
											9	10
	7	9	8	12				13	10		14	15
											10	11
	2	4	3								12	13
		5	4								10	11
		3									6	7
												4
												3
						1						
									1			
	9	10	4	5			11	3	20		21	22
					2						3	
					1						2	
											2	
											2	
											1	
												1

如表中所列第一项发动机不能转动，第一步应先检查表3-1中所列的空档起动开关，第二步检查防盗和门锁控制ECU，第三步检查表3-1中所列的EFI主继电器电源。只要按照故障诊断表给定的故障诊断次序到指定的部位去检查，总能查出故障并将其排除。所以故障诊断表是十分实用和有效的。

10. 辩证分析处理故障码与故障关系法

故障码与故障的关系比较复杂，可细分为如下四种情况。

（1）有故障码，确有故障

有故障码，确有故障且故障症状明显，例如冷却液温度传感器和位置传感器；有故障码，确有故障但故障症状不太明显，例如进气温度传感器。

（2）有故障码，不一定有故障

有故障码，不一定有故障，例如空气流量传感器后面的进气歧管上的真空软管脱落，导致额外的空气由此处进入气缸，使得正常混合气过稀，发动机工作无力。但此部分空气未经过ECU检测，结果使得混合气燃烧后在排气中含有大量剩余氧气，但又经过氧传感器反馈给ECU，于是ECU对混合气进行相应的加浓。由于氧传感器一直在给混合气加浓，自诊断系统则误诊断为传感器故障。这充分说明：虽有故障码显示，但不一定故障码所指示的系统就一定有故障，即可能出现误诊。一般而言，可能引起氧传感器出现故障码的原因如下：燃油压力调节器损坏、真空软管脱落或热线式空气流量传感器脏污、进气系统漏气、空滤器堵塞等。

还有一种情况，即历史故障码尚未消除。ECU中存储的故障码有两种：当前故障码和历史故障码，应加以区别。其方法如下：①读出故障码，但起动后"CHECK"灯熄灭，表明ECU未检测到当前发动机故障，读出的故障码是历史故障码，清除即可。②读出几个故障码，但起动后"CHECK"灯常亮，表明ECU已检测到当前发动机故障，先记下这几个故障码，然后再清除，再起动运行发动机。

（3）无故障码，但有故障，控制系统不一定正常

例如冷却液温度传感器20℃时标准阻值为2~3kΩ，80℃时标准阻值为200~400Ω，但实际情况在80℃时阻值为几千欧，此时，ECU误认为是冷车，于是增加喷油量，结果造成混合气过浓，热车难以起动且油耗高（实际上，此时ECU将80℃时阻值几千欧误认为是冷车，由于几千欧的阻值，对于冷车属于正常范围内，所以无故障码）。由此可见，当无故障码而传感器或开关信号不一定正常的情况下，应该采用故障诊断仪读取发动机的数据与标准数据比较的方法来检查传感器或开关信号是否正常。

又如，电控发动机怠速不稳，或行驶中发动机运转不够稳定，但自诊断系统却无故障码显示。此时一般应首先对空气流量传感器和进气歧管压力传感器进行检查，因为这两个传感器的好坏将直接影响喷油器的喷油量，从而导致发动机怠速不稳或行驶中发动机运转不稳。

（4）故障码不一定反映具体的故障部位

例如，冷却液温度传感器信号电压过低，有如下四种可能：冷却液温度高、冷却液温度传感器故障、ECU故障、信号电路对搭铁短路。此时，故障码仅仅表明发动机存在故障，而不能准确反映故障的具体部位。

二、利用电路图排除电控系统故障的基本方法

利用电路图故障排除程序与方法如下。

1）了解与检查线束和连接装置位置。根据电路图确认导线接头的编号与具体位置。

2）确认插接器端子的排列。根据插接器编号，确认插接器的形状，并参考各种插接器确认其端子的号码。

3）确认与其他相关部件的连接情况。从整车电路图索引中找到与目标部件相关的系统名称，并观察了解该系统的电路。

4）根据插接器号码、部件名称等找到目标部件，并确认与其他相关部件的连接情况。

5）将有故障的部件从车辆上拆下，然后对每个部件进行检测。

6）根据整车电路图检查线束，包括开路、短路、接触不良等。

7）有效地进行故障排除，确认熔丝与连接在熔丝上的元器件以及熔丝和连接在车体接地上的元器件之间的关系，同时还确认接地点位置以及接线盒的内部电路等。

第五节　发动机典型故障诊断方法

一、发动机起动故障

发动机起动故障分为两类：发动机不能正常起动；发动机能起动，但转速不正常。

在设计排除发动机起动困难故障的程序时要注意以下两点。

1）起动发动机重要的因素是充分的起动速度和发动机的三要素（点火、燃油和压缩系统）。因此，应针对重点进行系统性检查，以找出故障所在的位置。

2）有效地使用发动机 ECU 的诊断功能，进行故障排除。

故障诊断流程如下。

1. 起动情况检查

1）起动发动机需要一定的转速，检查中要判断是否能够保持发动机起动所需要的速度。

发动机起动所需的最低转速：汽油机 $60 \sim 120r/min$，柴油机 $50 \sim 150r/min$。

2）达到足够的转速后，继续检查发动机三要素。

3）具体检查方法：如果由于起动系统有故障无法达到足够的转速，那么即使发动机情况正常也无法起动。用一辆同型号车检查发动机的正常转速，然后与用户的车辆进行比较。

2. 更换蓄电池后的起动情况检查

在一些情况下，由于出现如下恶性循环而无法找到故障原因：①发动机不起动；②起动车辆时需要很长时间；③蓄电池无电力（放电）；④转速不够。在这些情况下，首先更换蓄电池，然后检查转速和起动性能。如果蓄电池更换之后发动机起动仍然不正常，无法达到足够的转速，则检查起动系统和发动机的转动阻力。

3. 检查发动机转动阻力

发动机转动阻力检查可能出现如下四种情况。

1）发动机转动不正常，可能是由两个原因造成的：起动系统故障、发动机转动阻力

过大。

2）若发动机转动阻力正常，起动系统可能发生故障，则起动系统起动能力下降，无法获得足够的转速。

3）若发动机转动阻力不正常，则发动机转动阻力过大。

4）起动系统正常，但发动机转动阻力过大，使发动机无法获得足够的转速。

4. 与故障码输出结果的一致性检查

检查 ECU 数据，分为如下三种情况。

1）尽管诊断故障码（Diagnostic Trouble Code，DTC）输出结果显示异常，然而 DTC 所显示的故障与用户所指出的故障并不相同。在这种情况下就要检查 DTC 和问题症状之间的关系。

2）显示正常的 DTC 可以判断故障出现在无法有 DTC 显示的部位。显示 DTC，检查 DTC 输出结果与问题症状是否一致。

3）如果没有 DTC 显示，可以考虑 ECU 自身不良。在这种情况下可以判定在电源或相关部位出现了故障。

5. 对发动机起动困难的症状进行确认

"发动机起动困难"的表达并没有说出故障的原因。是否有初燃烧，或者发动机起动时间长等不同情况造成发动机起动困难的原因是不同的。在此步骤要清楚发动机起动困难的具体症状，只有这样才能缩小故障查找范围。

6. "三要素"检查

如果未显示 DTC，也未出现初燃烧，可以认定是故障出在"三要素"上。如果汽油机出现这种故障，"三要素"检查可以将故障原因范围缩小到点火、燃油或压缩系统。

1）点火系统：检查点火及预热系统。如果点火火花很弱或者根本没有火花，就不会显示与点火信号或相关部位有关的 DTC。因此，可以判断是点火次级系统而不是点火初级系统出现了故障。

2）燃油系统：检查燃油是否有压力，喷油器是否工作。如果燃油没有压力，可以判定故障出在喷油泵及其相关部位。

3）压缩系统：压缩压力下降可导致发动机起动困难。如果压缩压力下降，在出现发动机起动困难前就会出现怠速不良或动力不足现象。

7. 根据故障症状缩小故障原因查找范围

根据"发动机起动时间长"和"发动机起动困难"的症状缩小故障原因查找范围。

1）合适的空燃比对于起动发动机是非常重要的。空燃比对发动机稳定性的影响非常大，所以在查找故障原因时要根据故障出现时的情况首先查找那些影响空燃比的因素。

2）根据火花塞的潮湿情况判断空燃比的稀或浓，即在火花塞清洗之后，在发动机起动之前停止转动，检查火花塞的潮湿情况。如果火花塞变潮，则可判定空燃比过浓。在清洗火花塞之前，使用这种判断方法会在很大程度上受到发动机情况的影响，即使空燃比较稀，火花塞仍然会由于发动机转动时间较长或失火而变潮。

二、发动机怠速不良

因怠速不良造成问题的症状分为以下两种：发动机转动不稳，振动大；怠速异常。

在制订怠速不良故障检修程序时要注意：如果怠速出现问题，故障检修方法或故障部位视故障出现情况的不同存在很大差异。对故障发生情况进行全面的确认，以及确定故障范围是属于怠速不良是非常重要的。

发动机怠速不良故障诊断流程如下。

1. 核实怠速不良

对怠速不良的症状进行核实，怠速不良的原因视怠速不稳或怠速异常各异。所以，只有全面了解怠速不良的情况才能缩小故障原因查找范围。

1）怠速不稳：怠速不稳的症状就是发动机转动不稳，有振动。

2）怠速异常：怠速异常的症状就是发动机转速不在规定范围之内。具体情况有怠速过高、怠速过低、转速波动、第一怠速过低、发动机负荷变化时转速下降等。

3）发动机怠速转动时，如果维修技师无法找到故障原因，可以将故障车与同车型的另一辆车进行比较，然后根据比较结果做出判断。

2. 与 DTC 输出结果的一致性检查

尽管 DTC 显示异常，然而 DTC 所显示的故障与用户所述的故障并不相同，此时要检查 DTC 与问题症状之间的关系。

1）显示正常的 DTC：可以判断故障出现在无法有 DTC 显示的部位。

2）显示不正常的 DTC：检查 DTC 输出结果与问题症状是否一致。

3. 断缸检查

通过断缸检查判断这种故障是影响某个气缸还是对所有气缸都有影响。

1）如果这种故障只影响某个气缸，则检查这个气缸的发动机"三要素"。

2）如果这种故障对所有气缸都有影响，则检查空燃比。

4. 检查汽油机的"三要素"

如果这种故障只影响某个气缸，可以认定发动机的"三要素"之一发生了故障，也就是说点火、燃油或压缩系统发生了故障。

1）点火系统：如果点火时火花小或根本没有火花，就不会显示点火信号或相关部位的故障码。因此，可以判断是点火次级系统而不是点火初级系统出现了故障。

2）供油系统：检查喷油器是否工作。

3）压缩系统：使用气缸压力表测量压缩压力。

5. 检查空燃比

如果这种故障对所有气缸都有影响，则要检查空燃比。

6. 根据怠速异常情况，缩小故障原因查找范围

1）如果怠速过高或不稳，考虑是否进气量过大；如果怠速过低，则进气量太小。在这种情况下检查怠速，可以缩小故障原因查找范围。

2）如果怠速过高或不稳定，可能的原因如下：①怠速控制阀（Idle Speed Control

Valve，ISCV）系统：ISCV 故障、ISCV 控制系统（ECU、线束）故障、冷却液温传感器范围/性能问题。②发动机系统：节气门系统故障（节气门未完全关闭）、进气系统漏气。

3）如果怠速过低，可能的原因如下：①ISCV 系统：ISCV 故障、ISCV 控制系统（ECU、线束）故障、冷却液温度传感器范围/性能问题。②发动机系统：节气门系统故障、进气系统堵塞、发动机转动阻力提高。

三、发动机失速与"喘抖"

1. 故障原因

（1）发动机失速的原因

在很多情况下可出现发动机失速现象：①怠速运转时，发动机转速不稳定导致发动机失速；②车辆遇到红灯时，加速踏板松开发动机失速；③加速或爬山时，发动机动力减弱发动机失速。多数时候重现发动机失速的症状是非常困难的。在诊断故障时为了重现这一症状维修技师有必要询问用户以确定在什么情况下发动机失速。发动机失速后会经常发生起动困难或怠速不良现象，这是故障检修中又一个要点。

（2）发动机"喘抖"的原因

发动机"喘抖"被认为是发动机失速造成的一个轻微症状。但是这种症状只是暂时现象，所以出现这种症状后，要马上对车辆进行快速准确的检查。至于造成这种现象的原因，大体上有两种：①发动机机械故障，如气门黏滞；②发动机电气故障，如电子燃油喷射（Electronic Fuel Injection，EFI）系统，或变速问题。在处理此类问题时要多从几个角度认识这种故障。

2. 故障诊断流程

（1）与 DTC 输出结果的一致性检查

1）即使 DTC 输出结果显示异常，也有可能 DTC 所显示的故障与用户所指出的故障并不相同。在这种情况下要检查 DTC 和问题症状之间的关系。

2）如果 DTC 输出结果和问题症状一致，那么有以下两种情况：①如果这种症状连续出现，可以判定 DTC 显示的部位出现故障；②如果这种症状并未出现，有必要在这种故障发生时利用故障再现法，对车辆进行检查。例如，当汽车"喘抖"时，使用"诊断试验模式"确定出现瞬间故障的部位，然后缩小故障原因查找范围。

（2）使用 ECU 数据缩小故障范围

故障出现时，通过检查 ECU 数据，对 ECU 数据进行分析，然后判断能否缩小这种传感器范围/性能问题，或执行器的故障范围。

（3）症状出现条件确认

发动机的失速或"喘抖"出现的条件各异。在这里采用与症状相符的故障检修法可以有效地缩小故障原因查找范围。

1）发动机失速后再起动困难：当这种症状出现时，按照"发动机起动困难"的故障检修程序检查车辆。

2）发动机失速后能够再起动，但出现怠速故障：如果发动机由于怠速过低而熄火，按照"怠速故障"检修程序检查车辆。

3）实施故障再现法，触发症状发生。如果使用故障再现法使故障再现，那么可以判定故障出现在采用故障再现法的部位。对该部位进行检查，将故障范围缩小到该部位。

4）发动机失速，但无怠速故障与发动机再起动困难故障。这种症状的出现只是瞬间的，因此观察这种症状相当困难。但是当这种症状出现时，如果检查下列各项，就能将故障原因缩小到供油系统或点火系统。

① 能够清楚地判断故障出在点火系统是非常困难的事情，所以先将故障范围缩小到供油系统。在确认该系统没有故障后，使用故障再现法检查点火系统的各个零件和接头。

② 将故障原因缩小到供油系统。

a）检查燃油压力。当这种症状出现时，检查燃油有没有压力。如果燃油有压力，则继续检查喷油器和喷油控制及相关部位；再检查点火系统。如果燃油没有压力，则继续检查燃油压力供给系统（包括燃油泵和燃油泵控制系统）。

b）检查空燃比。当这种症状出现时，使用手持式测试仪，根据氧传感器电压检查空燃比。

③ 如果不能将故障范围缩小到点火系统或供油系统，则可以检查一下发动机控制系统以外的其他系统，如变速、发动机机械原因，以及检测仪未发现的空燃比过浓或过稀的原因等。

④ 使用转速表缩小故障范围。在路试中，当故障症状再现时，可以通过观察转速表指针的下降幅度来判断故障是否出现在初级点火系统。如果初级点火系统出现故障，则转速表指针的下降幅度非常明显。

具体方法如下：当发动机出现"喘抖"现象时，检查转速表指针的转动情况。检查标准：如果转速表的指针剧烈下降，表明初级点火系统出现了故障，如果转速表的指针缓慢下降，表明初级点火系统以外的其他部位出现了故障。提示：对于配有 ECU 对曲轴位置传感器信号（Ne 信号）做计算，并将发动机转速信号传递给转速表的系统，不能对该系统实施此项检查。

四、发动机动力不足

1. 故障现象和诊断注意事项

（1）故障现象

1）加速性能差。汽车可以平稳地行驶，但是不能完成加速操作。节气门开度变化时动力没有反应。

2）动力不足。爬坡时车辆不能获得足够的加速。当节气门完全打开时动力不足。

（2）诊断注意事项

诊断动力不足时要注意以下几点：

1）知道用户所指的故障现象是什么，他想让你做什么。

2）为了准确地对故障车进行检修，要对用户进行充分的诊断提问。如果车辆仍然出现故障码，那么在这种症状再次出现时，检查数据并创造一个类似于故障症状出现时的条件和环境，这对于重现问题症状是非常重要的。

3）根据测试仪的数据及其他一些数据做出判断有很大的难度时，可以进行路试。

在进行路试时要注意以下几点：

① 驾驶一辆与故障车同型号的车，将其与故障车进行比较。

② 让两三人参与此项路试，然后根据大家的观点做出一个综合客观的判断。

③ 如果可能，要和用户一起进行路试。

④ 检修动力不足症状时，对整车进行评价是非常重要的。这就是说，不仅要对发动机，还要对传动系统、制动系统等进行评价。

2. 故障诊断流程

（1）与 DTC 输出结果的一致性检查

即使 DTC 输出结果显示异常，也有可能 DTC 所显示的故障与用户所指出的故障并不相同。在这种情况下就要确认 DTC 和问题症状之间的关系。

（2）车辆状况检查

1）基本检查。除了实际驾驶，很难确认诸如动力不足等问题的症状。为了更有效地进行检修，要在路试前对车辆进行基本检查。基本检查就是对用户指出的症状进行确认前对车辆进行的一种检查。在检查过程中，要检查车况，做记录，然后在不改变车况的前提下进行路试。

2）通过路试对故障症状进行确认。

① 和用户一同驾驶车辆进行路试。

② 若不能和用户一起进行路试，则要参照从用户处得到的信息及建立在定格数据基础上的症状发生条件进行路试。

③ 对系统进行确认，判断这种症状是不是一种故障；判断 DTC 输出结果、车辆检查结果及故障之间是否一致。

④ 在路试过程中，如果能使用每一个 DTC 的功能找出故障原因，那么故障诊断会变得很容易。如果以检查模式进行路试，发现故障原因的可能性就会大增。将 ECU 数据存储在设备中，进行路试，然后分析故障出现时的 ECU 数据。这些程序可以发现 DTC 不能输出的异常，例如传感器范围/性能问题或执行器的故障。动力不足的症状视故障原因的不同具有不同的特点。因此，在路试过程中，要牢记故障原因和故障症状特点是非常重要的。

（3）使用 ECU 数据缩小故障查找范围

故障发生时通过检查 ECU 数据的方法来分析 ECU 数据，判断能否将 DTC 无法检测到的传感器范围/性能故障以及执行器故障的原因缩小在一定范围内。

（4）根据路试结果确定故障排除的方法

对故障症状进行核实时不能带有任何主观成见地判断故障原因。在一些情况下故障原因不仅出在发动机控制系统上，而且还会出现在机械部分或传动系统相关部位等。

五、发动机燃油消耗过高

1. 故障原因

经常性燃油消耗增加是由于车辆使用情况与路面条件造成的，而不是车辆本身的故障问题。因此，准确了解用户的使用习惯与要求是很重要的。此处介绍造成燃油消耗增加的几个可能因素。

1）何时开始：了解发动机暖机与空调使用之间以及车辆条件的变化与故障之间的关系。

2）与什么相比：找出用户比较的目标车辆与用户车辆之间的不同，查明引起燃油消耗增加的原因。

3）如何使用：根据用户的使用情况查找燃油消耗增加的原因。

4）如何测定：查明引起用户出现计算错误的原因。

2. 故障诊断流程

（1）何时开始

1）燃油消耗的季节性变化：夏季使用空调时，燃油消耗就会增加。增加程度取决于受温度和湿度所影响的空调负荷。冬季燃油消耗也会增加，因为为了发动机暖机，高怠速运行的时间要比平常长一些。

2）燃油消耗会随着时间的变化而变化：积炭在燃烧室中积累很长一段时间后会出现爆燃现象。控制爆燃就会延迟点火正时，从而使燃油消耗增加。如果点火正时延迟5°，燃油消耗大约增加6%。当一辆全新的汽车大约行驶到5000～10000km时，燃油消耗会降低5%～10%，这是由于发动机、传动系统、轮胎等摩擦减少的缘故。

3）燃油消耗急剧变化："同去年相比，燃油消耗增加了许多""燃油消耗突然间就增加了"，以上都可能是故障现象。

（2）与什么相比

1）发动机的不同。

① 通常，发动机排量大，汽车燃油消耗也较大。

② 尽管发动机具有不同特性，但在正常使用范围内燃油消耗几乎是相同的。在低速时转矩较大的发动机和高速时转矩较大的发动机中，低速时转矩大的发动机的传动比较小，在这种情况下，可以说能够降低燃油消耗率。

③ 如果发动机安装了涡轮增压器，由于起动和加速时涡轮增压器的反应较慢，驾驶人就要比其他情况下更加频繁地踩下加速踏板。因此，涡轮增压器运行时，开始加速度要比平时大一些，所以燃油消耗也会增加。

④ 发动机特性曲线所示的最小燃油消耗率是指节气门完全打开时的最小燃油消耗率。它不总是与正常使用范围内的燃油消耗相等。

2）汽车重量的不同。当汽车重量较大时，燃油消耗也增加。当汽车在平路上以恒定的速度行驶时，车重的增加对燃油消耗的影响不大。但是，当反复起动、加速和爬坡时，车重对燃油消耗的影响很大。

3）车身造型的不同（空气动力学）。空气阻力的增大与车速的二次方成正比。因此，低速行驶时，空气阻力不影响燃油消耗。但高速行驶时，它会大大增加燃油消耗。

4）变速器和传动比的不同。

① 通常，当传动比小时，发动机泵气损失量减少，燃油消耗降低。

② 一辆手动变速器车辆与一辆自动变速器车辆进行比较：

a）在低速行驶时，由于变矩器滑差，自动变速器车辆的燃油消耗要比手动变速器车辆的燃油消耗高。

b) 在高速行驶时，锁止离合器开始起作用，因此这两种车辆燃油消耗就一样了。

5) 轮胎的不同。轮胎对燃油消耗会有影响的原因在于，行驶阻力中的滚动阻力大部分都在轮胎上。轮胎滚动阻力因气压或轮胎类型的不同而不同。

6) 实际车辆与列表数据之间的不同。产品使用说明书目录中的燃油消耗是在规定条件下测量的，其行驶条件不同于用户使用车辆时的行驶条件，而燃油消耗的具体情况是由用户的行驶条件决定的，例如平均行驶速度慢、车辆停车率高、突然加速等。

①路面和环境方面的原因：温度和湿度不同，风的影响，斜坡、倾斜弯曲和坎坷路面造成速度上相当大的改变。

②车辆方面的原因：车重不同；保持节气门开度恒定是困难的，即使是在持续行驶过程中也一样。

(3) 如何使用

即千变万化的用户使用情况。

1) 发动机暖机和行驶距离。发动机长时间暖机会浪费燃油。发动机冷机时，需要的燃油就更多。而且高怠速会导致高速空转。基于这些因素，当行驶距离短时，发动机处于冷机状态下的行驶时间就增大，燃油消耗也会增加。为了降低燃油消耗，就应尽可能地减少发动机暖机时间。即使是在冬季，也要在冷却液温度指示表开始动时（冷却液温度在 40～50℃）停止暖机。

2) 装载情况和乘员数量。如果装载量与乘员数量增加，重量就会加大，燃油消耗也会增加。

3) 使用空调。当空调压缩机打开时，就会消耗发动机动力，从而使燃油消耗增加。温度和湿度越高，压缩机运转率就会越大。因此，温度较高时在拥挤的路面上行驶，燃油消耗会增加 20%～30%。

4) 电流负荷。交流发电机的负荷会随着使用电量的增加而增大，因此燃油消耗也会增加。

5) 在城市中和拥挤的路面上行驶。在这种路面上行驶会增加燃油消耗。

6) 行驶速度。在公路上车辆以恒速高速行驶时，燃油消耗通常也会增加。通常，如果车速从 100km/h 降低到 80km/h，燃油消耗会降低 10%～30%。

7) 起动和加速。快速起动或突然加速会比正常情况下消耗更多的燃油。通常，快速起动或突然加速会消耗行驶大约 100m 所消耗的燃油量。

8) 换档操作。通常，如果车辆行驶性能良好，例如没有爆燃现象等，使用更高档位并降低发动机转速会降低燃油消耗。

(4) 如何测定

即计算方法。

许多用户是以满油箱的方法计算燃油消耗的。然而，以这种方法计算可能会导致不同的结果。因此，对以下几点加以注意是必要的。

1) 加油方法不同。车辆行驶后加油时，加油量应该与行驶前的相同。然而，车辆倾斜度、加油的人、加油速度等是不同的，所以所加的油量也会有所不同。因此，燃油消耗的计算结果也不一样。

2）加油时间的选择不同。如果只消耗掉少量油后就加油，行驶距离很短，这种行驶条件下的燃油消耗可以计算出来。另一方面，如果在油箱几乎没油时才加油，行驶距离长，而且车辆也经历过各种行驶条件，因此燃油消耗的计算结果应该是总结果的平均值。

3）计算时应采取的科学方法。为了准确计算燃油消耗，就要在诊断性提问的基础上进行道路试验。试验使用一个燃油消耗测量仪和附在上面的便携检测器，然后记录车辆在不同路面条件和行驶方法下的燃油消耗变化数据。

六、发动机机油消耗过高

1. 故障原因

在运转过程中，发动机机油一定会减少。发动机机油流往发动机各部件，以及对部件进行润滑的通道，包括通往油底壳和燃烧室的通道，或是进入排气装置中而不流回到油底壳的通道。进入燃烧室和排气装置的发动机机油会燃烧掉。

（1）机油减少的几种途径

1）润滑气缸壁的机油进入燃烧室。

2）机油从气门杆与气门导管间缝隙进入到燃烧室。

3）机油与气体一同被吸入到燃烧室中。

4）润滑涡轮增压器轴承的机油从压缩机一侧流入燃烧室，从涡轮一侧流入排气装置。

（2）影响机油消耗量的因素

1）发动机故障导致进入燃烧室机油量增加。

2）机油系统维护不当导致发动机出现故障。

3）机油消耗量的变化取决于对车辆的使用习惯与驾驶方法。

（3）测量机油油量的要点

1）检查时间的选择。①发动机刚刚停止运转后，机油并未完全从气缸盖返回油底壳。因此，油位低。同样，注油时机油也需要时间才会到达油底壳。结果，若注油后立即检查，油位也会低。②如果机油温度高，机油会膨胀，因此油位会高。因未充分加热，机油温度低，黏稠度高，从气缸盖返回油底壳的油量减少，油位会变低。

2）检查位置。车辆停在不平的位置时，油底壳中的油面倾斜，不能测得准确的油位。

2. 测量机油消耗量

（1）汽车倾斜度不同

汽车倾斜度不同、机油温度和从气缸返回的油量不同，油底壳中的机油液位就不同。

油位检查条件：①车辆停放在水平面上；②暖机（冷却液温度 80℃）；③发动机停机后 5min。

（2）计算周期的确定

根据机油消耗量和顾客一个月行驶的路程来计算测量的周期。

（3）使用量筒

使用量筒准确测量注入的机油量。

（4）必须精确测量机油

顾客机油消耗量的测量差距大，稳定性差，因此，必须精确测量机油消耗量。必须依据测量结果判断机油消耗量是否合适。

3. 机油老化和发动机内部磨损

如果不定期更换机油和机油滤清器，机油就会逐渐老化。如果油液老化，不仅油的消耗量增加，而且发动机内部的磨损也会加速，从而机油消耗会进一步增加。

（1）机油老化

如果燃烧产生的氧化物、磨料碎屑、排气湿气等混入机油中，油液就会老化，机油的净化或润滑性能降低。

（2）发动机内部的磨损

如果机油老化，就会产生"油泥"等物质，发动机内部的磨损就会加速，就会出现经由活塞环和气门导管的机油损失。

4. 导致机油消耗增加的原因

（1）装载条件

如果乘员和物品数量或重量增多，发动机负荷就增大，从而踩加速踏板的频率比平常更高，所以压缩压力和燃烧压力变得更高，发动机机油的油耗量增加。

（2）使用发动机制动时的机油损失

应用发动机制动时，真空压力高，所以进入燃烧室的机油油量增加，因此机油消耗也增加。

（3）高发动机转速

发动机转速增大时，活塞移动得更加迅速，所以活塞环刮掉飞溅到缸壁内部的润滑油就更加困难。此外，曲轴使用掉的油量也会增加，而且油的供给也会增加，油耗量增加。

（4）带涡轮增压器车辆的情况

带有涡轮增压器的汽车会比不带涡轮增压器的汽车消耗更多的机油。

七、发动机异常响声

1. 不正常的机械声音

发动机包含有许多部件，每个部件都是以滑动或转动来运转的。毫无例外地，滑动或转动部分会有间隙。当该间隙比技术条件中规定的大时，就会听到不正常的声音。发动机磨损引起的声音具有以下特点。

（1）不正常的机械声音发生的条件

1）发动机冷机时，声音大。

2）机油黏度不够时，声音大。

3）液压低时，声音大。

4）加速时，声音大。

5）载荷大时，声音大。

（2）声音类型

1）滑动声：物体在一起摩擦时发出的声音。

2）碰撞声：碰撞所发出的声音。

3）其他声音：通常是指模糊复杂的声音。

4）怠速时的声音。

5）规定的发动机转速范围内的声音。

6）各种不同发动机转速范围内的声音。

2. 不正常的声音和不正常燃烧引起的噪声

（1）爆燃

加速过程中会产生高音调的碰撞声音。活塞和气门受到不利影响，发动机可能会损坏。主要原因如下。

1）燃油质量差：燃油的辛烷值比要求的低。

2）点火时间提前：如果点火时间提前，就会发生突然燃烧，所以会出现爆燃。

3）火花塞故障：过热的火花塞成为一个灼热点，导致提前点火。火花塞的合适温度：450～950℃（自洁温度）。

4）燃烧室中的积炭：如果炭在燃烧室中累积，它就会阻止散热，从而导致发动机过热。热的部分形成灼热点，导致提前点火。

5）空气燃油混合率低：车辆在高速和负载大的情况下，如果空气燃油混合率低，就容易出现爆燃。

6）超载运行：发动机载荷过大时，容易出现爆燃。

7）爆燃现象出现时，如果车辆仍继续行驶，会出现如下故障：①过热；②发动机过热导致部件损坏；③由于热效率降低，燃油消耗量增加；④火花塞、活塞和气门熔毁；⑤缸垫破损。

（2）熄不了火

这是自燃产生的一种现象。这种现象是由于曲轴或飞轮的惯性使燃油吸入时产生的。过热的火花塞能够使燃烧室中未燃烧的气体和积炭点燃，甚至在点火开关关闭时也能够成为一个加热源。对于EFI发动机，不会出现熄不了火的现象。

熄不了火的主要原因如下：

1）不适当的燃油，燃油的自燃温度或辛烷值低。

2）进气温度高，被压缩的混合气变得比自燃温度高。

3）高压力压缩（高速、高载荷运行），燃烧温度和燃烧室壁温都很高。当压力大时，压缩空气燃油混合物温度也会变高。

4）燃烧室内积炭：炭在燃烧室内积累时会妨碍热量散发导致发动机过热。过热部分成为一个灼热点。

5）火花塞故障：火花塞过分燃烧，变成一个灼热点。

6）怠速高：节气门完全关闭时进气量大。

7）发动机过热：燃烧室部件的温度升高。

8）点火正时延迟：最高燃烧温度降低，但是燃烧时间变长，排气温度升高。排气门周围的温度升高，成为自燃的加热源。

（3）消声器"放炮"

可燃混合气在燃烧室中没有完全燃烧的情况下被排出会产生消声器"放炮"现象，即未燃烧的气体在排气系统内受阻，爆炸燃烧。

　　主要原因有可燃混合气过浓、点火正时延迟、不点火等。

　　（4）回火

　　回火现象在发动机冷机状态下起动车辆和发动机暖机过程中加速时容易出现。主要原因如下。

　　1）可燃混合气过于稀薄，燃烧变慢，燃烧时间变长。如果在膨胀行程中燃烧不充分，而且还继续进行下一个进气行程，"提前点火"现象就会出现。

　　2）出现灼热点。由于过热出现灼热点时，可燃混合气就会在进气行程中被点燃，可燃混合气就会在进气歧管中燃烧，从而出现回火现象。

　　3）气门正时和点火正时不恰当。

第四章　汽车电控系统故障自诊断方法

第一节　汽车故障自诊断概述

一、汽车故障自诊断的基本概念

故障自诊断测试（又称解码）是指利用专用故障诊断仪与 ECU 进行通信，或以其他特定的方式触发 ECU 的控制程序运行，以便读取故障码和 ECU 内部的控制参数，进而检测各种传感器和执行器及其控制电路的工作状态是否正常的一种故障诊断方法。目前常采用解码的方法有人工诊断和利用诊断仪器进行诊断。利用诊断仪器进行诊断又分为读取故障码和读取数据流两种方法，而后者更为准确。

二、汽车故障诊断仪的工作原理、功能与连接方法

汽车故障诊断仪是在读码器基础上发展起来的检测仪器。它除了读码、清码功能外，还具有显示诊断代码内容的功能，即具有解码功能。使用汽车故障诊断仪无须再从维修手册中查取诊断代码含义，使用起来更为便捷。汽车故障诊断仪是唯一能与 ECU 直接进行信息交流的故障诊断仪，其工作原理、功能与连接方法详见图 4-1 和图 4-2 及其注解。

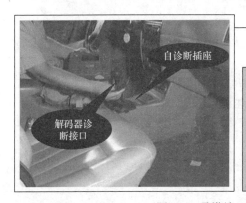

自诊断插座

解码器诊断接口

解码器的工作原理与功能

1）工作原理： 解码器通过其诊断接口与汽车ECU自诊断插座相连接，并在一定协议支持下与汽车ECU进行互相通信、交流各种信息，从而获取ECU工作的重要参数。

2）主要功能： ①方便而可靠地读取故障码；②清除故障码；③读取数据流；④元件动作测试；⑤其他辅助功能。

图 4-1　桑塔纳 2000 自诊断插座与解码器诊断接口

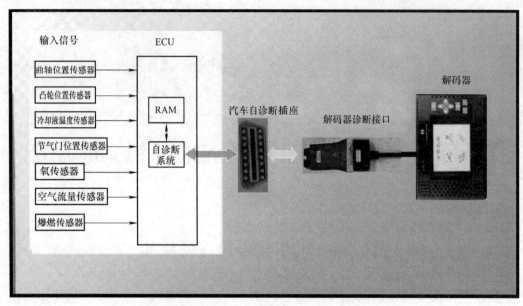

图 4-2　解码器与 ECU 的故障自诊断插座的连接方法

第二节　OBD－Ⅱ随车故障自诊断系统

一、OBD－Ⅱ随车诊断系统概述

汽车随车故障自诊断系统目前已经发展到第三代。OBD－Ⅱ（On Board Diagnostic System－Ⅱ）是第二代随车计算机自诊断系统的缩写，简称故障自诊断系统。它是由国际机动车工程师协会（Society of Automotive Engineers，SAE）制定并经美国环境保护机构登记的一套汽车标准，从 1996 年起，已经成为全球所有汽车制造厂商全面采用的国际通用标准。它要求各汽车厂家必须提供统一的诊断模式、统一的诊断座和统一的汽车故障诊断码，以便只用一台诊断仪就可诊断所有型号的汽车。

1. OBD－Ⅱ系统的基本特点

1）采用全球通用故障诊断模式和具有统一的 5 位故障码表示方法，以及统一的 16 孔检测插座。

2）系统可提供故障状态提示、故障码和与汽车运行状态相关技术参数，并具有记忆和重新显示故障的码功能。用故障诊断仪器可直接、迅速读取和清除故障码。

3）系统具有行车记录功能，能记录车辆行驶过程中的有关参数，能监控汽车排放控制系统。

4）解码器与车辆间采用标准通信规则。串行数据通信协议采用 ISO 9141 和 SAE 两个标准。如欧洲统一标准——7 号和 15 号端子；美国统一标准——2 号和 10 号端子。

2. OBD－Ⅱ故障自诊断系统的功能

ECU 内部自诊断系统的功能如下。

1）ECU 内部故障诊断电路能在汽车运行过程中不断监控电控系统各个元件的工作。

2）当发现电子元件有故障时：

① 能自动启动故障运行程序。

② 将故障以代码的形式存储在 ECU 的 RAM 中。

③ 通过故障指示灯发出故障警告信号。

OBD‑Ⅱ故障自诊断系统的功能主要有如下四项。

（1）发出报警信号

由 ECU 控制各种指示和报警装置，一旦控制系统出现故障，该系统能及时发出信号，以提示驾驶人汽车有故障。自诊断系统通过故障指示灯（Malfunction Indicator Lamp，MIL）闪烁时间的长短和次数来显示故障码，如果有多个故障信息，MIL 将按由小到大的顺序依次闪烁。其中的代码所表示的故障，可以查阅维修手册。可以利用仪表板故障指示灯和发动机故障警告灯读取故障码。

（2）存储故障码

系统将故障信息以设定的数码（故障码）形式存储在存储器中，以便帮助维修人员确定故障类型和范围。

（3）失效保护功能

失效保护功能是指在电控系统工作时，当微处理器（Central Processing Unit，CPU）检测到某些传感器、执行器或控制电路出现故障而失效时，会自动用存储在 ROM 中的事先设定好的标准信号来替代故障信号，以保持控制系统继续工作和确保发动机能够继续运转。

另外，当某些特别重要的传感器信号或电路发生故障且有可能危及发动机安全运转时，失效保护功能则会使 ECU 立即采取强制措施切断燃油喷射，使发动机停止运转，以确保车辆安全。具有自诊断功能的发动机控制系统一般都具有失效保护功能。

（4）启用备用系统功能

启用备用系统功能是当控制系统 ECU 发生故障时，自动启用备用系统（备用集成电路），按设定的信号控制发动机转入强制运转状态，使汽车能够维持基本行驶，以便把汽车开到最近的维修店，故也称为回家系统。

1）备用系统的特点：当启动备用系统后，备用系统根据控制所需的几个基本传感器信号，按照固定程序对执行元件进行简单控制。它只能根据起动开关信号（STA）和怠速触点信号（IDL）将发动机工况简单地分为起动、怠速和非怠速三种，并按照预先设定的固定数值输出喷油控制信号和点火控制信号。因此，备用系统不宜长时间使用，应尽快对汽车进行检修。

2）备用系统启用的条件。当自诊断系统判定发生下列故障之一时，在接通故障指示灯搭铁回路的同时，将自动启动应急备用系统：ECU 中的中央微处理器、输入/输出（I/O）接口和存储器发生故障，ECU 无点火信号输出，以及主要传感器信号故障。

3. 故障诊断通信接口

故障诊断通信接口（Total Diagnostic Communication Link，TDCL）即 OBD‑Ⅱ故障诊断插座，是现代电控汽车上用来诊断故障的接口，自诊断插座的端子直接与汽车 ECU 相连。解码器利用诊断接口与汽车自诊断插座匹配相连，互相进行数据交流。各车型自诊断插座接口形状、安装位置不相同，使得解码器的诊断接口也各不相同。部分车型自诊断插座与诊断接口如图 4-3、图 4-4 所示。

图 4-3 捷达自诊断插座与诊断接口

图 4-4 尼桑风度自诊断插座与诊断接口

（1）OBD－Ⅱ系统诊断插座的结构

OBD－Ⅱ系统诊断插座结构为 16 脚标准诊断插座，参见图 4-5。

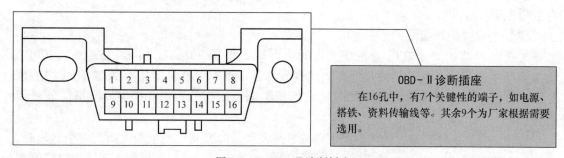

OBD－Ⅱ诊断插座
在16孔中，有7个关键性的端子，如电源、搭铁、资料传输线等。其余9个为厂家根据需要选用。

图 4-5 OBD－Ⅱ诊断插座

（2）OBD－Ⅱ诊断插座各端子代码及其含义

OBD－Ⅱ诊断插座各端子代码及其含义参见表 4-1。

表 4-1 **OBD－Ⅱ诊断插座各端子代码及其含义**

端子代号	含　　义	端子代号	含　　义
1	供制造厂使用	9	供制造厂使用
2	SAE－J1850 资料传输	10	SAE－J1850 资料传输
3	供制造厂使用	11	供制造厂使用
4	车身搭铁	12	供制造厂使用
5	信号回路搭铁	13	供制造厂使用
6	供制造厂使用	14	供制造厂使用
7	ISO－9141 资料传输	15	ISO－9141 资料传输
8	供制造厂使用	16	接蓄电池

（3）OBD－Ⅱ的手工读取方法

1）丰田车系的手工读取方法如图 4-6 所示。

2）通用车系的手工读取方法：将 16 端子与 5、6 端子跨接，用仪表的"CHECK"灯闪烁读取故障码。

3）福特车系的手工读取方法：将 13 与 6 端子跨接即可。

4）克莱斯勒车系的手工读取方法：将点火开关置于"ON"位置后，等待 5～10s，待"CHECK"灯闪烁后，读取故障码。

5）三菱车系的手工读取方法：发动机，1、5 跨接；自动变速器，4、6 跨接。

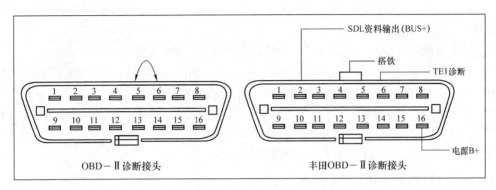

图 4-6　丰田 OBD - Ⅱ 的手工读取方法

（4）OBD - Ⅱ 系统诊断代码的组成与具体结构

OBD - Ⅱ 自诊断系统诊断代码由 1 位英文字母和 4 位数字组成，具体结构见表 4-2。

表 4-2　OBD - Ⅱ 系统的诊断代码的组成与具体结构

用英文字母表示	用 数 字 表 示			
第 1 位	第 2 位	第 3 位	第 4 位	第 5 位
表示诊断代码的系统划分	表示诊断代码的类型	表示故障的系统识别		
B　车身系统	0　由 SAE 定义的通用诊断代码	1　燃油或进气系统故障	两位数字组合在一起使用，表示对具体故障的代码界定	
		2　燃油或进气系统故障	SAM 把不同传感器、执行器和电路分配了不同区段的两位数代码，以便使诊断代码表示的故障更为具体	
C　底盘系统	1　由汽车厂家定义的扩展诊断代码	3　点火系统故障	在区段内，两位数中最小数字表示通用故障，即通用故障码；最大数字表示扩展故障，即扩展故障码。扩展故障码较通用故障码提供了更为具体的故障信息，如电压高或低、信号超出范围、响应太慢等。使诊断代码提供的故障信息更为具体，诊断的针对性更强	
		4　排气控制系统故障		
P　动力系统	2　随系统划分 B、C、P、U 的不同而不同。在 P 系统中，2 或 3 由 SAM 留作将来使用；在 B 或 C 系统中，2 为汽车生产厂家保留，3 由 SAM 保留	5　速度控制系统故障	例如通用公司的诊断代码用"P0116"表示冷却液温度传感器电压信号不良，用"P0117"表示冷却液温度传感器电压信号太高，用"P0118"表示冷却液温度传感器电压信号太低。"P0116"为通用故障码，"P0117"和"P0118"为扩展故障码。因此，扩展故障码比通用故障码反映的信息更具体、针对性更强	
		6　ECU 或输出电路故障		
U　未定义	3	7　变速器控制系统故障		
		8　变速器控制系统故障		
		9　SAM 未定义		

二、三种车型的故障自诊断系统简介

1. 奥迪汽车故障自诊断系统

奥迪的 V6 发动机采用 MPFI（多点燃油喷射）系统，其自诊断系统内有 30 种不同故障存储在 ECU 中。其特点如下。

1）如果故障存在超过一定的时间，则该故障以稳定的形式被存储在存储器中。

2）如果在一定时间内曾经出现的故障不再出现，则此故障被认为是偶发性故障。如果发动机起动 50 次，该故障仍然没有再次出现，则此偶发性故障将会被自动清除。

3）在关闭点火开关 150min 后，ECU 进入自保持阶段，如果在此期间对燃油喷射和点火系统进行检修，接着应调出已经被存储的故障码并加以清除。调出被存储的故障码需要用专用的仪器——V. A. G5051/2 型故障码阅读器。

2. 克莱斯勒汽车故障自诊断系统

克莱斯勒汽车公司电控系统简称 SBEC，当汽车出现故障时，相应故障信息以代码形式存储于 SBEC 中。

每次打开点火开关，"CHECK ENGINE"指示灯都将闪亮几秒钟，以示该指示灯工作正常。如果 SBEC 接收到来自各种传感器的信号不正常或者根本接收不到信号，则仪表板上的"CHECK ENGINE"指示灯将亮起，说明发动机有故障，需要检修。

进入自诊断状态的方法：将点火开关在 5s 内开关 3 次，即 ON→OFF→ON→OFF→ON→OFF，此时仪表板上的"CHECK ENGINE"指示灯将闪烁，由此可显示出所存储的故障码。

故障码清除方法：可用专用仪器 DRB Ⅱ 清除故障码。或将点火开关 ON/OFF 5 次，故障码即清除。

3. 凯迪拉克汽车故障自诊断系统

凯迪拉克汽车具有较强的自诊断功能，它通过空调控制面板上的按钮和显示器分别显示发动机的故障码、工作参数和工作状态。

第三节　故障自诊断的测试方法

一、读取与清除故障码

1. 读取故障码及有关操作

调取故障码时，首先要使系统进入工作状态。对于不同厂家的汽车，进入工作状态的方法也不同，大体有以下几种。

1）利用跨接线读取故障码。在故障码调用之前，要用跨接线将诊断码输出接头和搭铁线跨接，打开点火开关后，显示器件将显示故障码。

2）利用点火开关读取故障码。将点火开关按照规定的次数开、关若干次，即可进入读码状态。如克莱斯勒公司生产的汽车只需将点火开关进行"ON—OFF—ON—OFF—ON"开关动作，系统即进入故障码显示状态。

3）利用诊断开关调取故障码。有些汽车仪表板或控制装置上设置有诊断开关，当需要

调取故障码时，只要打开开关即可由显示器件上读到故障码。如丰田汽车公司生产的克瑞斯达（Cressida）和超人（Super）轿车进行故障码调用时，先将点火开关置于"ON"位置，同时按下"SELE"和"INPUT"两个键，保持至少3s，自诊断系统即进入工作状态；稍后按下"SET"键，至少保持3s。如有故障，即会出现故障码显示。

4）利用仪表板上某些开关键的第二功能调取故障码。有的系统中故障码的显示是通过仪表板上的控制开关进行操作的，通过不同键的组合操作可以进入故障码显示状态。例如通用汽车公司的凯迪拉克轿车是利用空调控制面板上的控制开关进行故障码调用的：首先将点火开关置于"ON"，再同时按下"TEMP"和"OFF"键，系统即可进入工作状态。

2. 清除故障码的方法

清除故障码的方法是切断电子控制系统的电源。最一般的做法如下。

1）用解码器中的清除故障码程序清码。

2）取下电子控制系统的熔丝约30s。

3）直接拆下蓄电池的负极搭铁线30s。但由于有些汽车上还有其他电子控制装置需要电源维持工作，若断开蓄电池负极，会造成这部分装置出现问题或信息丢失。例如汽车音响会由于断电而锁机，不掌握密码则无法将该装置重新启动。因此，清除故障码时最好按照维修手册中所指示的方法进行。清除故障码后，经过运行，如警告灯不再亮，则说明故障得到排除。若运行后警告灯仍然点亮，说明故障没有被彻底排除或还存在其他故障，此时需要重新调取故障码并排除故障。

3. 进入故障自诊断测试状态的方法

在对发动机ECU控制系统进行人工故障自诊断测试时，首先要进入故障自诊断测试状态。进入故障自诊断测试状态的方法大致有以下几种。

（1）用诊断跨接线短接故障检测插座中的相应插孔

1）丰田车系。用诊断跨接线将故障检测插座中的TE1端子和E1端子短接。

2）三菱车系。用诊断跨接线将OBD-Ⅱ16端子故障检测插座中的1号端子搭铁，或用诊断跨接线将12端子故障检测插座中的10号端子搭铁，或用诊断跨接线将12端子故障检测插座中的10号端子搭铁。

3）本田车系。用诊断跨接线将两端子故障检测插座的两个端子短接。

4）大宇车系。用诊断跨接线将故障检测插座中的A和B端子短接。

5）五十铃/欧宝车系。短接3端子故障检测插座中的1和3端子、12端子故障检座中的A和B端子。

（2）利用发光二极管显示故障码

有些汽车上用一个或多个发光二极管来显示故障码，这些发光二极管一般装在ECU上，有的装在故障检测插座上，也有的是用自制带330Ω电阻的发光二极管跨接在故障检测插座上。

1）采用1个发光二极管显示故障码。采用1个发光二极管显示故障码时，其显示方式与利用发动机故障指示灯显示故障码的方式相同。

2）采用两个发光二极管显示故障码。采用两个发光二极管显示故障码时，一般使用两种不同颜色的发光二极管。红色发光二极管闪烁的次数代表故障码的十位数码，绿色发光二极管闪烁的次数代表故障码的个位数，如日产千里马和公爵王等轿车即采用这种方式。

4. 利用故障检测仪读取和清除故障码的具体方法

现代汽车发动机控制系统的控制电路上都设有专用的故障检测插座，通过线路与 ECU 相连接。只要将汽车制造厂家提供的该车型专用的故障检测仪或通用型的故障检测仪的检测插头与汽车上的故障检测插座相连接，然后打开点火开关（ON），根据故障检测仪的操作说明就可以很方便地从故障检测仪的显示屏上读出所有存储在 ECU 中的故障码。查阅该车型的维修手册，就可以知道相关故障码所表示的故障内容和可能的故障原因。下面以大众 V. A. G. 5052 型故障检测仪在上海桑塔纳 2000 GSi 轿车发动机控制系统中的应用为例，说明利用故障检测仪读取和清除故障码的具体方法。

1）检查蓄电池电压应大于 11.5V；各熔丝正常；发动机接地线正常。

2）打开位于变速杆前面的故障检测插座的盖板。

3）将 V. A. G. 5052 故障检测仪用 V. A. G. 5051/3 电缆线连接到位于变速杆前面的故障检测插座上。故障检测仪屏幕显示：请输入"发动机电子系统"的地址码。

4）打开点火开关，输入"发动机电子系统"的地址码"01"，按"Q"确认。故障检测仪屏幕显示：按"→"键。按"→"键后，屏幕显示：请输入"查询故障存储"代码。

5）输入"查询故障存储"代码"02"，按"Q"键确认，在屏幕上首先显示出故障的数量或者"No Fault Recognized"（没有故障）。

6）如果没有故障，按"→"键；如果有 1 个或几个故障，按"→"键逐一显示各个故障码和其文字说明。最后按"→"键。屏幕显示：请输入"清除故障存储"代码。

7）输入"清除故障存储"代码"05"，按"Q"确认，屏幕显示：按"→"键。

8）按"→"键后，屏幕显示：输入其他功能代码或结束检测。

9）若要进行其他功能测试，此时输入相应功能的代码即可进行。如果要结束检测，则输入"结束输出"代码"06"，再按"Q"键即可。

5. 常见车系的故障码读取与清除的方法

（1）维修完毕后必须清除故障码

维修完毕后必须清除故障码，否则，故障码仍旧在 ECU 中存储着，故障指示灯仍将发亮，导致驾驶人不知是否还有故障（不知是出现新的故障，还是旧的故障码）。因此，维修完毕后必须将存储在 ECU 中的故障码清除掉，才算维修工作结束。

（2）常见车系的故障码读取与清除的方法

一般而言，只要拆下蓄电池连接线或拆下通往 ECU 的熔丝，并保持断电 30s 以上，即可清除 ECU 中存储的故障码。但某些发动机却不适用此种断电消码的方法。由于车辆防盗、音响以及石英钟等的内存（包括防盗密码）也是存储在随机存储器中的，若采用断电消码，便会将这些内存也一起清除掉。因此，一般应按照车辆维修手册规定的方法清除故障码，不可随意采取断电消码。常见车系的故障码读取与清除的方法详见表 4-3。

表4-3 常见车系的故障码读取与清除的方法

车　系	读取方法	显示方式	故障码清除方法
日产车系	跨接插座	故障灯	特定程序
	ECU上"TEST"开关	ECU上显示灯	
丰田车系	跨接连线	故障灯	拆下蓄电池负极
本田车系	跨接	故障灯	拆下蓄电池负极
	ECU上灯和专用开关	点火档时灯闪烁次数或灯亮的数量	拆下蓄电池负极
马自达车系	跨接指示灯	灯闪烁次数	特定程序
大宇车系	跨接导线	故障灯	拆下蓄电池负极
三菱车系	跨接指示灯	灯闪烁次数	拆下蓄电池负极
五十铃和欧宝车系	跨接	故障灯	拆下蓄电池负极
通用车系	跨接导线	故障灯	拆下蓄电池负极
	空调控制板按键	显示屏显示	特定程序
克莱斯勒车系	点火开关通断	故障灯	拆下蓄电池负极
福特车系	跨接显示灯	闪烁次数	拆下蓄电池负极
宝马车系	点火开关点火档	故障灯	拆下蓄电池负极
奔驰车系	百分比表	摆动状态	特定程序
	跨接显示灯	灯闪烁次数	特定程序
奥迪车系	跨接导线	故障灯	特定程序
	跨接显示灯	灯闪烁次数	特定程序

二、数据流分析

1. 数据流检测方法和步骤

1）数据流检测条件：冷却液温度不低于80℃；数据流检测时散热器风扇不允许转动；空调应该关闭；其他用电设备应该关闭；故障存储器中应该没有故障存储。

2）连接V. A. G. 5052故障检测仪，并让发动机怠速运转。选择地址代码"01"，进入"发动机电子控制系统"。

3）屏幕显示：输入"读测量数据块"功能代码"08"。输入后按"Q"键确认。

4）屏幕显示：输入相关的显示组号（如000）。输入后按"Q"键确认。

5）屏幕即显示相关数据块。如输入"基本功能"的显示组号，按"Q"确认，屏幕即会显示相关内容。

2. 大众、奥迪车系自动变速器系统数据流分析

大众、奥迪车系自动变速器系统数据流分析见表4-4。

表4-4 大众、奥迪车系自动变速器系统数据流分析

显示组数	显示组号	内 容	测试条件	测 量 值	维修方法
01	3	变速器转速	发动机运转，处于行驶状态	最小：100 r/min 最大：取决于传动比	启动诊断故障码存储器
	4	挂档	发动机运转，处于行驶状态		启动诊断故障码存储器
02	1	实际换档特性曲线 S1 = 经济型 S2 = 跑车型 S6 = 暖机状态	行驶状态	最低：S1 最高：S6	如果变速器油温低于71℃，那么每次起动发动机后会启动 S6 约1min后，它将会变速至换档特性曲线 S1～S6 段
	2	节气门数据	停车状态： ① 节气门关闭位置 ② 节气门全开位置	0～100% 99%～100%	1. 当加速踏板从节气门关闭位置踩至节气门全开位置时，百分比读数稳步增加 2. 诊断故障表 DTC0051 和 00638
	3	变速器转速	行驶状态	最低：100 r/min 最高：取决于变速比	启动诊断故障码存储
	4	挂档	行驶状态	最小：1；R 最大：4	启动诊断故障码存储
03	1	制动器灯开关 F	工 作 不工作	制动 —	1. 诊断故障码表，DTC00526 2. 进行电气测试
	2	换档锁止电磁阀 N110	停车状态： 工作、不工作	P/N 起作用 P/N 不起作用	1. 诊断故障码表，DTC01236 2. 测试换档锁止电磁阀 N110
	3	车速	行驶状态	km/h	1. 速度传感器指示速度测试值可能稍微会有不同 2. 必要时，检测速度传感器
	4	电源端子15	停车状态	最小：9.0V 最大：15.0V	1. 进行电气测试步骤3 2. DTC 表中

（续）

显示组数	显示组号	内　容	测试条件	测 量 值		维修方法
04	1	ATF（自动变速器油）温度	发动机运转，停车状态	最低：−35℃ 最高：+148℃		1. 进行电气测试 2. DTC 表，DTC 码 00300
	2	变速杆位置（多功能 TR 开关 F125）	变速杆处于	P	P	1. 测试多功能 TR 开关 F125，显示数据组 04 2. 进行电气测试，检查测量值是否与仪表板组内的显示值一致 3. 必要时，调整变速杆拉索
				R	R	
				N	N	
				D	D	
				3	3	
				2	2	
				1	1	
				中间位置	Z	
	3	多功能档位（TR）开关 F125	停车状态	变速杆位置	L1 L2 L3	1. DT 表，DTC00293 2. 测试多功能档位（TR）开关 F125 3. 进行电气测试 4. 必要时，调节变速杆拉索
				P	100	
				R	110	
				N	010	
				D	011	
				3	111	
				2	101	
				1	001	
				处于发生故障情况下	000	
	4	发动机停机（停止点火）	行驶状态 发动机转速信号正常 接通端子 20 低输出 断开端子 20 高输出	发动机紧急停机		1. 诊断故障码表，DTC00545，18192 和 18193 2. 进行电气测试 3. 只在必要的情况下，才更换变速器 ECU J217
05	1	电磁阀 1 N88	行驶状态：工作、不工作	M1、M		1. 诊断故障码 DTC00258 2. 进行电气测试
	2	电磁阀 2 N89	行驶状态：工作、不工作	M2、M		1. DTC 表,DTC00260 2. 进行电气测试
	3	电磁阀 3 N90	行驶状态：工作/不工作	M3、M		1. DTC 表,DTC00260 2. 进行电气测试
	4	挂档	显示数据组成，显示字段 4			

（续）

显示组数	显示组号	内　容	测试条件	测　量　值	维　修　方　法
06	1	换低档 开关 F8	换低档： 作用、不作用	换低档	检查换低档开 关：进行电器测试
	2	节气门开度 （节气门开启角度）	处于停车状态：节 气门关闭位置、节 气门全开位置、在发生 故障情况下改变开 度值	0%～1% 99%～100% 30%	1. 当节气门从关 闭位置打到全开位 置时，开度百分数 值稳步增加 2. DTC 表，DT- C00518 和 00638 3. DTC 表，DT- C00518 和 00638
	3	节气门 工作循环	处于停车状态：节 气门关闭位置、节气 门全开位置	较小：30% 最小：8% 较大：70% 最大：90%	1. 当节气门从关 闭位置打到全开位 置时，代表开度百 分数值稳步增加 2. DTC 表，DT- C00518 和 00683
	4	减速/行驶信号	行驶状态：减速	减速	在下坡行驶期间 （制动）
			行驶模式		在正常行驶期间 （发动机提供动力）
07	1	发动机转矩	行驶状态	最小：0N·m 最大：280N·m	发动机转矩由变速 器 ECU 根据燃油消 耗和发动机转速信号 计算而得
	2	发动机转速			显示数据组 01， 显示组号 1
	3	节气门开度值			显示数据组 06， 显示组号 2
	4	燃油消耗信号（1）	行驶状态	ms	DTC 表，DTC00549
08	1	变矩器的转矩增加	行驶状态	最小：1N·m 最大：2.5 N·m	受液力变矩器的 影响，发动机转速 增加
	2	发动机转速			显示数据组 01， 显示组号 1
	3	挂档			显示数据组 01， 显示组号 4
	4	防滑控制	行驶状态	行车：加速防滑调整 （ASR）作用	在 ASR ECU 发出 指令时才启动
				停车：加速防滑调整 （ASR）不作用	

（续）

显示组数	显示组号	内　容	测试条件		测 量 值	维修方法
09	1	变速杆位置				显示数据组 04，显示组号 2
	2	转速				显示数据组 03，显示组号 3
	3	定速控制 GRA	行驶状态	便利设施工作	GRA 装置	
				便利设施关闭		
	4	空调换低档	行驶状态	运行	空调压缩机关	在强迫降档之后才启动
				停止	空调压缩机开	
10	1	左前轮转速	行驶状态		最低：30 r/min 最高：无	读取诊断故障码
	2	右前轮转速				
	3	右后轮转速				
	4	左后轮转速				
11	1	车上诊断系统信息	故障灯熄 故障灯亮		0 1	故障指示灯的含义
			离合器控制机构 关闭： 开 关		0 1	识别"离合器控制机构"
			暖机循环关闭： 开 关		0 1	冷起动后，车身、发动机和变速器控制与催化器快速预热
			识别发动机起动： 不识别 识别		0 1	
	2	空置				
	3	空置				
	4	空置				

第四节　汽车故障诊断仪的使用方法

汽车故障诊断仪又称检测仪、解码器、读码器、诊断计算机、诊断 ECU 等。

一、汽车故障诊断仪的基本功能与类型

1. 汽车故障诊断仪的基本功能

元征 X - 431 型汽车解码器的外形与功能详见图 4-7 及其注解。

2. 汽车故障诊断仪的类型

汽车故障诊断仪分为专用型故障诊断仪和通用型故障诊断仪两大类。

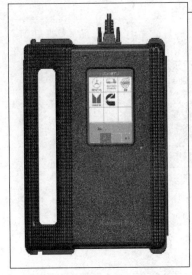

元征X-431解码器的基本功能

1) 可直接读取故障码, 不需要通过发动机故障警告灯闪烁获取。

2) 可直接清除故障码, 使发动机故障警告灯熄灭。

3) 能与汽车ECU中的微机直接进行交流, 显示电控发动机数据流, 使电控系统工作状况一目了然, 为诊断故障提供依据。

4) 能在静态或动态下, 向电控系统各执行器发出检修作业需要的动作指令, 以便检查执行器的工作状况。

5) 行车时可监测并记录数据流。

6) 有的具有示波器功能、万用表功能或打印功能。

7) 有的能显示系统控制电路图和维修指导, 供诊断时参考。

8) 可与个人计算机相连, 进行资料的更新与升级。

9) 还能对车上ECU进行某些数据的重新输入和更改。

图 4-7 X-431 解码器外形与基本功能

（1）专用型故障诊断仪

专用型故障检测仪是汽车制造厂家专门为其所生产的车辆设计制造的检测仪器, 仅使用于特定车型, 对其他车型却无法检测。目前世界各大汽车制造厂如奔驰、宝马、大众、通用等都推出了专用的故障诊断仪。这些故障诊断仪具有强大的功能, 包括整体测试、读取故障码、清除故障码、读取车辆运行参数、执行器激活检测、电控单元编码、电控单元升级、远程援助、电控单元列表确认、万用表功能、示波器功能、诊断指引、电路图查询、技术资料查询等。

大众汽车公司生产的汽车故障测试仪如图 4-8 和图 4-9 所示。

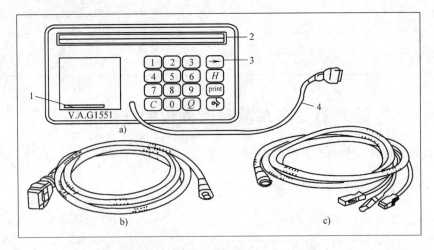

图 4-8 大众公司的解码器 V. A. G1552

a）V. A. G1552 解码器 b）16 端子测试线束 V. A. G1552/3 c）2 端子测试线束 V. A. G1552/1

1—打印纸输出口 2—显示屏 3—输入键盘 4—测试线束

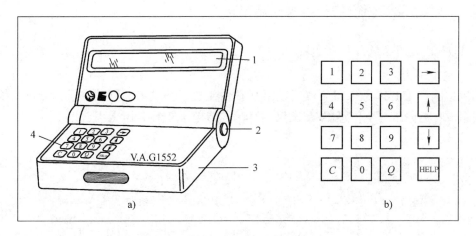

图 4-9　大众公司 V. A. G1552 结构

a) V. A. G1552 故障测试仪结构　b) V. A. G1552 的键盘

1—显示屏　2—测试线束插座　3—程序卡插口盖板　4—输入键盘

（2）通用型解码器

通用型解码器是检测设备厂家为适应检测诊断多种车型而设计制造的解码器。它存储有几十种甚至几百种不同厂家、不同车型汽车电控系统的检测程序、检测数据和故障码等资料，并配备有各种车型的检测接头，可以检测诊断多种车型，适合于综合型汽车维修企业使用。市场上常见的通用型解码器的型号见表4-5。

表 4-5　常见的汽车通用型解码器生产厂家及其型号

生产厂家	通用型解码器型号
美国耐宝（Snap - On）公司	MT2500 解码器（红盒子）
美国欧瓦顿勒工具	OTC 系列解码器
德国博世（BOSCH）公司	KTS300/500 解码器
深圳元征	电眼睛
深圳车易通	车 e 通
广西三元	修车王

3. 大众故障诊断仪的一般操作步骤

1）选择测试卡和合适的连接电缆连接器。

2）连接故障诊断仪。

3）选择测试地址和功能。

4）进行测试。

二、典型故障诊断仪的特点与使用方法

1. 431ME 通用型故障诊断仪

（1）基本结构

通用型国产 431ME 故障诊断仪（电眼睛）由主机、测试卡、测试主线、测试辅线和测试接头组成，并附带一个传感器/测试仪。其基本结构详见图 4-10 及其注解。

431ME（电眼睛）的基本结构

1) 主机。由显示屏、操作键、上端两个9针(PIN)测试接口、下端一个测试卡插孔组成。上端两个9针接口，左侧的接口与测试主线连接，右则的接口与个人计算机相连。

2) 测试卡。共有12块测试卡。其中，A01～A05为亚洲车系测试卡，可测丰田、本田、日产、现代等车系；B01～B04为欧洲车系测试卡，可测大众、奥迪、奔驰、宝马等车系；C01为美洲车系测试卡，可测通用、福特、克莱斯特等车系。D01OBD-Ⅱ为OBD-Ⅱ数据流测试卡，并具有字典功能。F01为传感器模拟/测试卡，用于模拟和测试传感器。

3) 测试主线。用于连接汽车诊断插座和解码器。

4) 测试辅线。包括双钳电源线、点烟器线、万用-1线、万用-2线和飞线。

5) 测试接头。共有15个测试接头，包括大众/奥迪4PIN接头、宝马20PIN接头、奔驰38PIN接头、丰田17PIN接头、本田3PIN接头、三菱/现代12PIN接头、通用/大宇12PIN接头、OBD-Ⅱ16PIN接头和传感器测试接头等。

6) 传感器模拟/测试仪。有输出、输入、接地三个测试端口，上端的9PIN接口与测试主线连接。当进行传感器测试时，有传感器测试线的红线插入输入端，黑线插入接地端。当进行传感器模拟测试时，用传感器测试的红线插入输出端，黑线插入接地端。

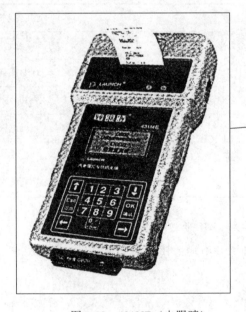

图 4-10　431ME（电眼睛）

（2）使用方法

431ME 解码器的具体使用方法分为以下 8 项步骤，如图 4-11 ~ 图 4-26 所示。

1）开机。

①选择相应测试卡(丰田车选择亚洲车系测试卡，假定为A01)，将其标签朝上插入主机下部的测试卡中。

②将测试主线与主机上端的9PIN接口相连，另一端的电源线与汽车点烟器或通过双钳线与蓄电池相接，使主机通电。

2）调显示屏亮度。主机通电后即打开仪器，并响两声，此时立即用[↑]或[↓]键调节显示屏亮度，而在进入菜单后不可再调。

3）选择测试接头。

①主机通电后进入亚洲车系诊断系统，如图4-11所示。

②按 ［确认］键后，显示A01卡可测试的车系，如图4-12所示。

图 4-11　显示亚洲车系诊断系统　　　图 4-12　A01 卡可测试的车系

③选择"丰田/TOYOTA"车系，按[确认]键，屏幕显示出该车系测试接头型式，如图4-13示。

④ 用[↑]或[↓]键阅读图中内容，按键提示选择合适的测试接头。将选择的测试接头一端与测试主线相连，另一端与车上的诊断插座相接。安装完测试卡和选择好测试接头后，就可进行测试操作了。测试操作通常分为读取系统数据流和测试故障码两大部分。 读取数据流，可以获取汽车有关传感器参数，了解汽车的运行状态。 测试故障码，可以读取汽车故障码，诊断汽车故障。

4）测试故障码。

① 在选择测试接头时，若选择"半圆型诊断座"，按[确认]键，显示测试功能，如图4-14所示。可以看出，有6项测试功能。

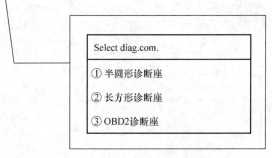

图 4-13　选择测试插头　　　图 4-14　6 项测试功能

②选择"测试故障码"功能，按[确认]键，屏幕显示"自动测试所有系统"和"选择系统测试"两项供选择，如图4-15所示。

③选择"自动测试所有系统"，按[确认]键。此时，解码器自动对被检汽车的发动机(ENG)、自动变速器(AT)、防抱死制动系统(ABS)、安全气囊(SRS)和定速系统(CC)进行检测，并自动显示检测结果。用[↑]、[↓]键和[确认]键可读取各系统的故障码及内容。

a)若选择"ENG系统"，按[确认]键，则显示出故障码，如图4-16所示。

图 4-15　两项测试操作供选择　　　　图 4-16　显示发动机系统故障码

b)选择"12"，按[确认]键，则显示出故障码所代表的故障含义，如图4-17所示。图中最下一行有"01""03"字样，其中，"01"表示第1页内容，"03"表示共有3页，用[↑]、[↓]键可阅读所有内容。

④若在图4-15中选择"选择系统测试"，按[确认]键，则显示可测试的5个系统，如图4-18所示。

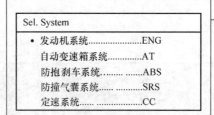

图 4-17　诊断代码 12 的含义　　　　图 4-18　可测试的 5 个系统

a)选择"ENG"系统，按[确认]键，进入测试状态，如图4-19所示。解码器即可对发动机进行测试，并显示测试结果。

b)若选择其他系统，方法相同。

5)重阅已测故障码。使用"重阅已测故障码"功能，可重新查阅实测操作时读取的故障码内容及故障分析。

①若在图4-20中选择 第②项"重阅已测故障码"，按[确认]键，屏幕显示出"已测系统列表重阅"和"选择系统重阅"两种选择，如图4-20所示。

图 4-19　正在对发动机进行测试　　　　图 4-20　两种操作方法供选择

②选择"已测系统列表重阅",按[确认]键,屏幕显示如图4-21已测系统的测试结果。

a) 如果选择"ENG"系统,按[确认]键,屏幕重新显示出发动机系统已测故障码。

b) 选择其中某一故障码,按[确认]键,屏幕显示出故障码的含义。

③若选择"选择系统重阅",按[确认]键,屏幕显示出可选择的5个系统,如图4-18所示,用[↑]、[↓]键和[确认]键,可阅读各系统故障码及故障码内容。

6) 查阅故障码。使用"查阅故障码"功能,可查阅电控系统所有故障码或查阅已读取的故障码。

①若在图4-14中选择"查阅故障码",按[确认]键,如图4-19示显示出5个系统。

②在选择某系统后,屏幕显示出"依照故障码顺序查阅"和"输入故障码查阅"两项选择,如图4-22所示,可用[↑]、[↓]键和[确认]键选择其中的一项。

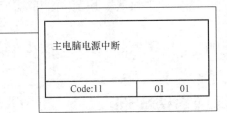

图4-21 已测系统的测试结果

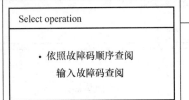

图4-22 两种操作方法供选择

③如果选择"依照故障码顺序查阅",按[确认]键,屏幕可能显示出故障码11的内容,如图4-23所示。按[→]键,可查看下一个顺序号的故障码内容。

④如果在图4-23中选择"输入故障码查阅",按[确认]键,屏幕显示出"请输入故障码",如图4-24所示。按主机上的0~9数字键,即可输入故障码,按[→]键可更改数字,按[确认]键可查出该故障码对应的故障内容并指导修车。

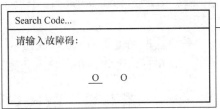

图4-23 故障码11的内容

图4-24 请输入故障码

2. X-431通用型故障诊断仪

下面以案例来介绍X-431的使用方法。

【案例4-1】 奥迪A6怠速的调整方法

1. 故障现象

一辆奥迪A6轿车,在节气门清洗完毕后,怠速转速偏高,达到1200r/min,用X-431汽车故障诊断仪检查的结果是怠速调整超出范围。

2. 故障排除方法

1) 连接X-431。

2) 打开点火开关。

3) 选择X-431的"大众车系",选择"奥迪A6普通模式",清除故障码。

7) 清除故障码。使用"清除故障码",可自动清除故障码或人工清除故障码。清除故障码前,应读取一遍所有故障码。清除故障码后,应再读取一遍所有故障码,检查是否仍有故障存在。

① 在图4-14中,选择"清除故障码",按[确认]键,屏幕显示清码方法,如图4-25所示,按照屏幕提示即可清除故障码。

② 有些系统故障码的清除有特别提示时,应按特别提示操作,如丰田汽车安全气囊(SRS)的故障码清除,就有特别提示,如图4-26所示。

③ 人工清除故障码的方法有时不止一种,需要根据被测车型的情况进行选择。

8) 打印测试结果。使用"打印测试结果",可通过连接打印机将测试结果打印出来。

① 连接打印机,在图4-13中,选择"打印测试结果",按[确认]键,屏幕显示5个系统。

② 用[↑]、[↓]键,选择要打印的系统,按[确认]键,即可打印出测试结果。

[清码方法]

除防撞气囊系统以外的其他系统(拆下EFI熔丝)或(拆下蓄电池电源负极)30秒后即可清除故障码。

图 4-25　清码方法

[清除气囊故障码]

① 接上 [TOYOTA-17] 或 [TOYOTA-17F] 测试接头,按 [确认] 键。

② 数秒钟后,SRS警告灯会快速闪烁,表示SRS故障码已清除,此时应关闭点火即完成清除。

图 4-26　清除 SRS 故障码的方法

---

4) 进入通道"调整匹配",输入"000",然后点击"确认"后显示:自适应清除成功。

5) 进入"系统基本调整",在通道号输入"001",然后点击"确认",发动机转速迅速降低到 800 r/min 左右。至此,车况恢复正常。

第五节　故障自诊断方法实例

一、利用故障检测仪进行自诊断测试

【案例4-2】　利用英文版 V. A. G5052 测试仪对某轿车进行故障自诊断测试

1. 读取故障码

使用故障诊断仪测试时,蓄电池电压必须高于 11.5V;燃油喷射熔断丝正常;发动机和变速器上的搭铁线连接可靠。读取故障码的程序如下。

1) 起动发动机进行至少220s试车,以满足下列条件:①发动机必须在冷却液温度高于70℃情况下至少运转174s;②发动机至少高速运转6s;③发动机运转210s后至少再怠速运转10s;④发动机转速至少有一次超过2200r/min。

测试仪 V. A. G5052 可供选择的功能见表4-6。

表 4-6　测试仪 V. A. G5052 可供选择的功能

代　码	功　能	前 提 条 件	
		发动机停转，点火开关接通	发动机怠速运转
01	显示控制系统版本号	—	—
02	读取故障代码	是	是
03	执行机构测试	是	否
04	进入基本设定	是	是
05	清除故障代码	是	是
06	结束输出	是	是
07	控制模块编号	—	—
08	读取测量数据块	是	是
09	读取单个测量数据	×	×
10	自适应测试	×	×

2）连接故障诊断仪，其方法详见图 4-27 及其注解。

某轿车诊断插座安装位置

1）某轿车有一个标准的OBD-Ⅱ16端子故障诊断插座，安装在变速杆下端皮质护套下面，如图4-27所示。
2）进行诊断时断开点火开关，用测试线V.A.G5052/3将测试仪V.A.G5052与诊断插座连接即可。

图 4-27　某轿车诊断插座安装位置

3）接通电源进入诊断测试程序。此时显示的信息如图4-28所示。

Test of vehicle system　　　HELP	译文	车辆系统测试　　　　　帮助
Enter address word　　××		输入地址代码 ××

图 4-28　进入车辆系统测试模式时显示的信息

4) 输入"发动机控制系统地址指令"。输入"01",并单击"Q"键确认,显示如图4-29所示内容:330 907 404 为电控单元零件编号;1.8L为发动机排量;R4/5V为直列4缸5气门发动机;MOTR为燃油喷射系统名称(MOTRONIC);HS 为手动变速器;D01为电控单元软件代码(程序编号);Coding 08001为电控单元编码;WSC××××× 为服务站代码。

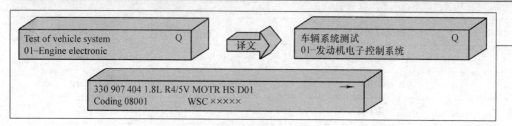

图4-29　输入电控单元地址代码"01"后显示的信息

5) 单击"→"键,直到屏幕显示输入"功能选择代码",如图4-30所示。

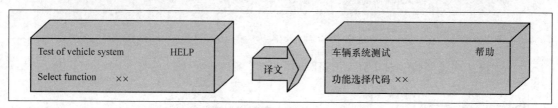

图4-30　单击"→"键后显示的功能选择信息

6) 输入(读取故障码的)功能选择代码和。输入"02",并单击"Q"键确认,屏幕显示如图4-31(有故障时显示"故障数量")和图4-32(无故障时显示"没有故障被识别")所示。

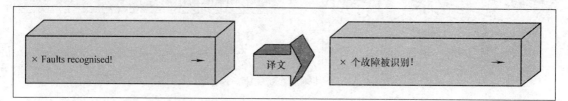

图4-31　输入功能选择代码"02"且有故障码时显示的信息

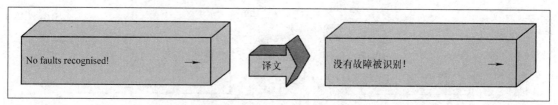

图4-32　输入功能选择代码"02"但无故障码时显示的信息

7) 单击"→"键继续运行，每个故障码的文字说明将单独显示在屏幕上，如图4-33所示。

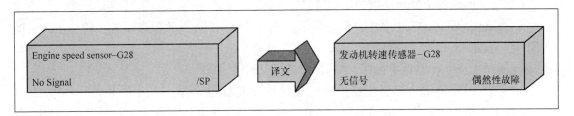

图 4-33　显示每个故障的文字说明信息

若使用 V. A. G5052 测试仪，且单击"Print"键接通打印机（"Print"键上的指示灯将发亮），将打印出一个或多个故障码及其文字说明。

2. 清除故障码

利用 V. A. G5052 测试仪清除故障码的程序如下（图4-34、图4-35）。

1) 按照读取故障码操作程序1)～5)进入诊断测试"功能选择"，如图4-34所示，输入"02"，并单击"Q"键确认。

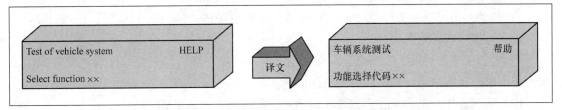

图 4-34　单击"→"键后显示的功能选择信息

2) 单击"→"键，直到屏幕显示出所有的故障码。显示输入"功能选择代码"时，输入"清除故障码"的功能选择代码"05"，并单击"Q"键确认，屏幕显示如图4-35所示。
3) 单击"→"键，直到故障码被清除。在屏幕上显示输入"功能选择代码"时，输入"结束输出"功能选择代码"06"，并单击"Q"键确认。
4) 重新试车并再次读取故障码。不得有故障码显示。

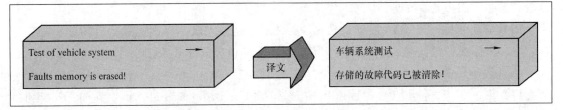

图 4-35　输入功能选择代码"05"时显示信息

【案例4-3】　别克轿车专用诊断仪 TECH2 的使用方法

TECH2 诊断检测仪由液晶显示屏、四个软键、标准键盘、车辆通信接口模块和RS－232

通信接口组成，通过更换不同的插接卡可以测试不同的车型。其操作步骤如下。

1）接通电源，仪器进入自检状态，屏幕进行"系统初始化"约4s；当仪器发出一声蜂鸣提示音后，屏幕将会显示仪器的版本信息。

2）按Enter键，进入主菜单。屏幕显示：F0 -诊断、F1 -服务程序系统、F2 -显示捕捉数据、F3 -工具选项、F4 -启用。

3）通过上下光标键选中目标，按Enter键确认。

4）选择F0功能进入车辆规格选项，通过移动光标键选择生产年份和款式。按Enter键，进入车辆系统，选择合适的类型，再按Enter键进入系统选择菜单。屏幕显示：F0 -发动机动力、F1 -车身、F2 -底盘、F3 -诊断电路检查。

5）移动光标键选择F0，按Enter键进入发动机类型选项，此时可选择3.2L V6G8或3.1L V6L82两种型号，选择前者按Enter键直接进入下述功能；选择后者按Enter键后，还要选择BUICK，按Enter键，才能进入以下功能。屏幕显示：F0 -故障码（DTC）、F1 -数据显示、F2 -特殊功能、F3 -捕捉、F4 - I/M 信息、F5 - ID 信息。

6）选DTC，按Enter，进入故障码：F0 - DTC 信息、F1 -失败记录、F2 -清码、F3 -捕捉信息。

7）移动光标键选择F0，按Enter键确定，进入以下界面：F0 - DTC 信息、F1 -查阅故障码（特殊DTC）、F2 -清除故障码后记录、F3 -诊断测试说明。

8）移动光标键选择F0，按Enter键确定，显示故障码。通过光标键翻页；或按 IN F0 对应键，可提供有关帮助信息。

9）返回7中，选择F1，按Enter键确定，进入故障查询界面，此时可通过故障码的输入，查询所指代的故障，并提供有关帮助信息。

10）返回6中，选择F1，按Enter键确定，此时可显示故障码。

11）返回6中，选择F2，按Enter键确定。屏幕显示：真的要清除码？（Y/N）按Y清除，按N取消。

12）返回6中，选择F3，按Enter键确定。屏幕显示：重新捕捉信息；重复显示；提示的确要刷新吗？（Y/N），按Y键重新捕捉，按N键重复显示。

13）返回5中，选择F2，按Enter键确定。屏幕显示：发动机、变速器。

14）移动光标键选择"发动机"，按Enter键，进入以下界面：F0 -发动机数据、F1 -催化剂数据、F2 - EGR 阀数据、F3 -氧传感器数据、F4 -仪表数据、F5 -点火数据、F6 -输出驾驶人数据、F7 -炭罐数据。

15）移动光标键选择F0发动机数据，按Enter键进入以下界面：发动机转速、理想怠速、冷却液温度、进气温度、空气流量传感器、发动机负荷等共58项内容。

16）选择其中一项，可进行测试。

17）返回5中，移动光标键选择F2"特殊功能"，按Enter键进入以下界面：发动机输出控制、变速器输出控制、燃油系统、怠速控制系统、曲轴位置变化学习功能。

18）选择发动机输出控制，按Enter键。屏幕显示：风扇继电器、故障指示灯、空调继电器、炭罐系统、EGR 阀、闭环数据、巡航控制、燃油泵、GENL 终端。

19）通过选择可进入相应功能。

【案例4-4】　读取故障码的多种触发方法

读取故障码时有下列多种触发方法。

1）跨接诊断座端子触发。即利用一根导线跨接指定的插孔，并利用"CHECK"读取故障码。这是最基本、最常用的方法，其具体操作方法见表4-7。

表4-7　跨接诊断座端子触发故障码的操作方法

车　　型	接口位置	跨接端子
丰田	佳美为圆形，在仪表板左面；其他为方形，在发动机舱	TE_1 与 E_1 端子
通用	别克12端子诊断插座	A 与 B 端子
日产	自 P142，⑭、⑫端子在发动机舱盖熔断器盒	④、⑤端子（12端子座）或⑥、⑦端子（14端子座）
本田	2端子，在杂物箱内右侧	2端子
五十铃、大发、铃木和大宇	12脚诊断插座，工具箱右下方	A 与 B 端子

2）利用诊断插座触发线搭铁触发。上述两线触发中，其中有一根为搭铁线。可见两线触发与一线触发本质上是相同的。搭铁一段时间后要断开，在触发的同时利用 ECU 上不同颜色的 LED 灯并通过 CHECK 灯读取故障码。利用诊断插座触发线搭铁触发的操作方法见表4-8。

表4-8　利用诊断插座触发线搭铁触发的操作方法

车　　型	接　　口	搭　　铁
通用、福特	EEC4 + 1	ST1
大发、铃木、现代、绅宝	3端子，发动机舱右减振柱后方	2号端子搭铁

3）外接 LED 灯（故障笔）触发，接线方法如图4-36所示。

4）利用点火开关触发。在规定的时间内，将点火开关连续 ON→OFF→ON→OFF→ON，自诊断系统便会被触发而输出故障码。此种方式仅适用于克莱斯勒和三菱轿车。

5）利用熔断器触发。在熔断器盒内或诊断插座上专用的熔断器插座上，插上熔断器，即可触发自诊断系统输出故障码，触发的同时直接读取 CHECK 灯闪烁所代表的故障码。适用于此种方式的车型有奥迪、大众、铃木轿车。

6）利用加速踏板触发。将点火开关置于"ON"，然后在 5s 内将加速踏板连续踩下并放开 5 次，即可触发自诊断系统输出故障码。但此种方式仅适用于宝马的一部分轿车（BMW735、535）。

7）利用电位计触发。对于日产轿车，可通过旋转控制 ECU 上的电位计（不论顺时针或逆时针方向），并按照一定的程序操作，即可触发自诊断系统输出故障码。触发的同时利用 ECU 上的不同颜色 LED 灯读取故障码。

外接LED灯（故障笔）触发方法

1）LED灯就是由发光二极管和电阻串联而成的故障笔。

2）使用时，将其两线分别与规定的诊断插座中的插脚相连接，如图4-36所示。通过LED灯的显示读故障码，且故障码是自动连续输出的。采用此种方法的车型有：① 现代轿车，为12脚接口（在熔断器旁边）接线：12与1。② 三菱轿车，为12脚接口，接线：12与1。

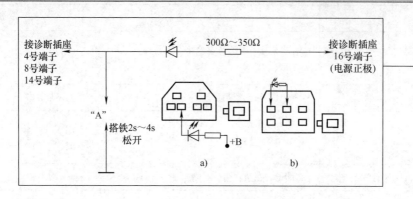

图4-36　LED灯的接线方法

a）方法一　b）方法二

8）自动触发：某些轿车具有自动触发功能。例如宝马轿车，只要打开点火开关故障码便会自动显示。又如奔驰车可用汽车万用表的百分比档直接读出故障码，称为百分比输出。

二、故障诊断仪的使用技巧

（1）要善于利用辅助套件

汽车制造厂为了方便用户检测，设计了众多专用的检测辅助套件，其中包括许多适配器和连接电缆，例如大众汽车的检测辅助套件 V. A. G1594C 中的适配电缆，可以用于检测空调压缩机及其调节阀 N280。充分利用这些辅助套件，能够又好又快地进行检测。

（2）要注意版本的选用

例如上海大众商务车（装配奔驰 M161 发动机），不能采用全英文版的进口故障诊断仪对发动机电控单元进行匹配。必须使用中文版国产故障诊断仪对发动机电控单元进行匹配。

（3）消除指示灯点亮的方法

如果由于操作失误（例如同时执行故障诊断仪的多个指令）引起某控制系统的指示灯点亮，可以通过发动机熄火并重新起动的方法来消除。

（4）ECU 接地不良对发动机起动的影响

某些汽车发生无法起动的现象，但是连接故障诊断仪以后却能够起动，拔下故障诊断仪又不能起动。其原因是电控单元的接地不良，当连接故障诊断仪以后，通过故障诊断仪构成了接地回路，所以能够起动。反过来说，如果故障诊断仪可以进入电控单元，说明电控单元的电源及接地无问题。

（5）第三代电子防盗系统的使用特点

许多轿车采用第三代电子防盗系统，其特点是防盗控制单元与仪表控制单元集成在一起，成为防盗仪表控制单元。使用故障诊断仪检测电子防盗系统时，应当输入地址码"17"从仪表系统进入，而不能输入地址码"25"从防盗系统进入。

判断汽车上安装的是第二代电子防盗系统还是第三代电子防盗系统，可以采用故障诊断仪读取发动机电控单元的版本信息，并做好记录，然后再重新读取一次发动机的电控单元版本。如果两次读得的电控单元版本相同，说明是第二代电子防盗系统。如果两次读得的电控单元版本不同，说明采用的是第三代电子防盗系统。

（6）故障仪无法清除某些车型故障码的原因

不少诊断设备（包括 X431）无法清除爱丽舍 16V 轿车的故障码，即使先做初始化，也不能清除，这可能是诊断设备需要升级的原因。

（7）宝马车系新一代故障诊断仪的新功能

使用宝马车系新一代故障诊断仪 GT1，进入 Measuring System（测量系统），可以进行元件参数测量，例如蓄电池电压、休眠电流等。

（8）使用中应注意不同厂家对同一功能有不同的称呼

由于故障诊断仪的生产厂家不同，其显示界面的名称叫法也有所不同。例如 X‑431 故障诊断仪有一项功能叫"通道调整匹配"，而在大众/奥迪车系的故障诊断仪中该功能称为"自适应"。虽然两者的叫法不相同，但是本质是一样的。这两个功能都可以完成保养灯归零、语言设置、录入已行驶里程、燃油表调整、遥控器设置、前照灯设置、自动变速器调整等项操作。

（9）具有空调系统的密封性检测功能诊断仪的优点

有的诊断仪具有空调系统的密封性检测功能，如果拥有这样的诊断仪，就不要使用空调歧管压力表组检查空调系统压力。因为从空调检修孔进行检查，容易造成孔阀的缓慢泄漏，引起制冷剂不足。

三、故障诊断仪与电控单元无法通信的原因

如果故障诊断仪与控制单元之间能够建立通信联络，说明该系统的供电和接地是正常的。但是，电控单元不能与诊断仪进行正常通信（即故障诊断仪无法进入控制系统的诊断菜单，或者在显示屏上没有显示），并不表示系统彻底损坏。

如果故障诊断仪无法进入需要测试的电控单元，需要判断是故障诊断仪的问题还是电控系统的问题，或者是连接线路的问题。常见原因如下。

1）故障诊断仪没有升级为控制器局域网络（Controller Area Network，CAN）系统，或者插入故障诊断仪的程序卡不对。

2）故障诊断仪与车上诊断插座的连接不可靠，或者诊断插座接口与控制单元之间的数据线接触不良。

3）电控单元、诊断插座的电源短路或接地线接触不良。如果检查发现某传感器电源的电压很低（应该是 5V 参考电压），且进一步检查发现电控单元电源对地短路，则电控单元

进入应急保护状态。此时，故障诊断仪不能与其进行通信。

4）CAN - H 或 CAN - L 数据线短路或断路。

5）蓄电池亏电，点火开关未接通，导致控制单元的供电不正常。

6）CAN 通信线路受到电磁干扰，此时应当检查故障诊断仪的连接电缆是否太靠近分缸高压线、点火线圈、起动机或爆闪灯等干扰源。

7）电控单元本身有故障。

8）有时连接故障诊断仪以后没有需要的功能可供选用，此时应当检查相关电控系统是否有故障码存储，如果有故障码，必须先进行维修，并且消除故障码；否则，某些功能将无法执行。

下 篇

子系统故障诊断检修篇

第五章　电控燃油喷射系统故障诊断与检修

第一节　电控燃油喷射系统概述

一、电控燃油喷射系统的总体结构原理

1. 电控燃油喷射系统的总体结构

电控燃油喷射系统的总体结构详见图5-1及其注解。

电控燃油喷射系统的总体结构

1) **电控燃油喷射系统**：由空气供给系统、燃油供给系统和燃油喷射电控系统三个子系统组成，其功能是提高汽车的动力性、经济性并降低污染。

2) **燃油供给系统**：由油箱、燃油泵、燃油滤清器、燃油分配管、油压调节器等组成。

3) **旁通空气式供给系统**：由空气滤清器、空气流量传感器、进气软管、旁通空气道、怠速控制阀、进气歧管、动力腔、节气门位置传感器和进气温度传感器等组成。

4) **燃油喷射电控系统**：由各种传感器与控制开关、执行器和电子控制单元三部分组成。

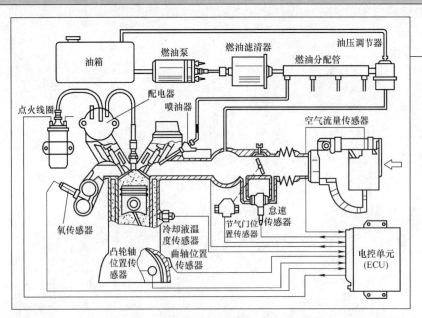

图 5-1　电控燃油喷射系统的总体结构

2. 电控燃油喷射系统的工作原理

电控燃油喷射系统基本工作原理是，当空气进入发动机进气系统时，由传感器检测其进气质量信息并输入到 ECU，ECU 根据特定的空燃比来确定发动机完全燃烧所需汽油量并对喷油器发出指令使其实现受控喷射，将经精确计算后的燃油以一定压力喷射到气缸或发动机进气道内，与相应空气形成可燃混合气。

二、电控燃油喷射各子系统的结构与功能

1. 电控燃油喷射系统的组成与功能

电控燃油喷射系统各部分的组成与功能详见图 5-2 及其注解。

电控喷射系统组成与功能
1) 进气系统提供清洁和经过计量的空气。
2) 燃油供给系统保证燃油的清洁和压力。
3) 电控单元根据各类传感器提供的信息对喷油器喷油量进行控制，以保证最佳的空燃比。
4) 排气系统进行排气消声与净化。

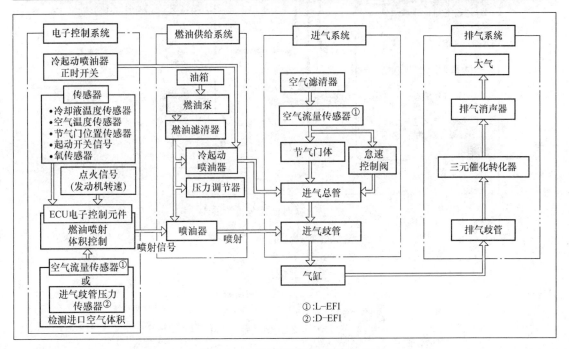

图 5-2 电控燃油喷射系统的组成

2. 燃油喷射控制系统的组成

燃油喷射控制系统组成详见图 5-3 及其注解。

三、电控燃油喷射系统的分类方法

电控燃油喷射系统的分类方法见图 5-4。

燃油喷射控制系统组成
1) 中间为ECU，其下方是故障诊断接口。
2) ECU右边是执行器，如汽油泵、喷油器、点火线圈总成含点火模块、氧传感器加热器、节气门组件等。
3) ECU左方是各类传感器，如空气流量传感器、曲轴和凸轮轴位置传感器、节气门位置传感器、进气温度和冷却液温度传感器、爆燃传感器等。
4) ECU左、右下方为各类附加信号，如点火开关信号、起动开关信号、电源电压信号、车速信号、空档安全开关信号以及空调开关信号等。

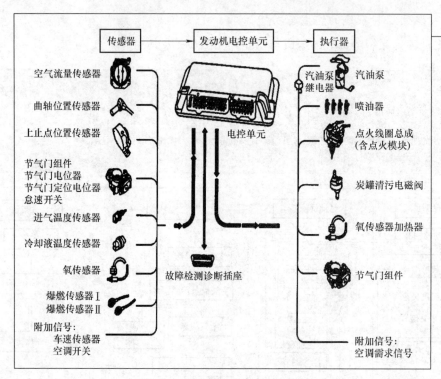

图5-3　燃油喷射电控系统的组成

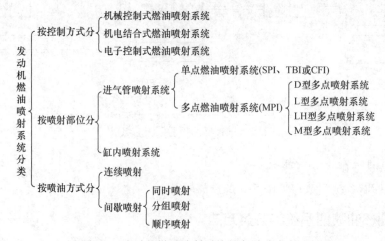

图5-4　发动机燃油喷射系统的各种分类方法

第二节　电控发动机燃油控制系统

一、燃油喷射控制系统

EFI 基本控制原理详见图 5-5 及其注解。

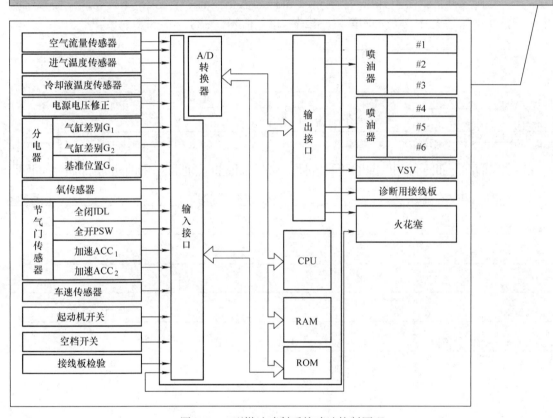

图 5-5　L 型燃油喷射系统喷油控制原理

　　电控喷射系统控制的主要项目包括喷油器控制、喷油正时控制、起动时喷油量的控制、起动后喷油量的控制以及喷油提前角和喷油持续时间的控制等。下面重点介绍喷油提前角和喷油持续时间的控制。

　　喷油提前角和喷油持续时间的控制需要综合运用发动机工作循环、曲轴位置传感器、凸轮轴位置传感器等有关部件信息进行分析，下面以实例说明。

【案例 5-1】　桑塔纳 2000GSi、3000 型轿车四缸发动机喷油提前角和喷油持续时间的控制过程

　　已知条件：设发动机转速为 1000r/min 时的喷油持续时间为 2ms，喷油提前角为 6°，其

喷油时间控制过程如图 5-6 所示。

1. 喷油提前角的控制过程

喷油提前角是指从喷油开始到活塞运行到排气上止点的时间内，曲轴所转过的角度。由桑塔纳 2000GSi、3000 型轿车凸轮轴位置传感器（CIS）和曲轴位置传感器（CPS）工况可知：

1）发动机每旋转两转（720°），其霍尔式凸轮位置传感器产生一个判缸信号，且信号下降沿在第一缸压缩上止点前 88°时产生。

2）发动机每旋转一转（360°），曲轴位置传感器产生 58 个脉冲信号，每个凸齿和小齿缺均占 3°曲轴转角，大齿缺占 15°曲轴转角。如果大齿缺信号后的第一个凸齿信号在判缸信号后产生，则该凸齿信号上升沿对应于第 1 缸压缩上止点前 81°，如果不是在判缸信号后产生，则该凸齿信号上升沿对应于第 4 缸压缩上止点前 81°（88° - 7° = 81°）。

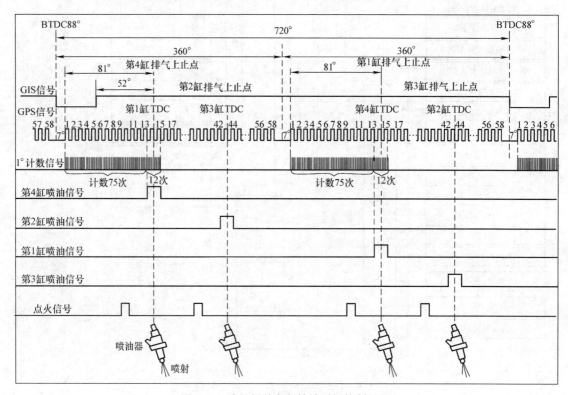

图 5-6　喷油提前角与持续时间控制过程

2. 喷油提前角与持续时间控制过程

1）当 ECU 接收到凸轮位置传感器信号下降沿时，立即判定第 1 缸活塞位于压缩上止点前 88°和第 4 缸活塞位于排气上止点前 88°，并准备对曲轴位置传感器信号计数。

2）计数将在曲轴旋转 7°（88° - 81° = 7°）后开始，当 ECU 接收到第 13 个信号下降沿时，第 4 缸活塞正好位于排气上止点前 6°（81° - 3°×13 个凸齿 - 3°×12 个小齿缺 = 6°）。此时，ECU 立即向第 4 缸喷油器的驱动三极管发出高电平控制脉冲，使第 4 缸喷油器线圈接通而开始喷油。

3）与此同时，ECU 从第 14 个凸齿信号开始计数，当计数到 43 个凸齿信号下降沿（相当于曲轴转角 180 = 3°×30 个凸齿 +3°×30 个小齿缺）时，向第 2 缸喷油器的驱动三极管发出高电平控制脉冲，使第 2 缸喷油器线圈接通而开始喷油，从而将喷油提前角控制在排气上止点前 6°。

3. 喷油持续时间的控制过程

喷油器开始喷油后，ECU 使喷油脉冲保持高电平不变，并根据内部晶振周期控制喷油时间。当喷油脉冲宽度达到 2ms 时，立即将喷油脉冲转变为低电平，使三极管截止，切断喷油器线圈电流而停止喷油。由于当发动机转速为 1000r/min 时，喷油持续 2ms 的时间相当于曲轴转角 12°，所以喷油结束时间应对应于第 15 个凸齿信号下降沿。

二、发动机空燃比反馈控制系统

反馈控制系统是指凡是系统的输出端与输入端之间存在有反馈回路的系统，即输出量对控制作用有直接影响的系统。反馈控制系统又称闭环控制系统。闭环的作用就是应用反馈调节来减小系统误差。

1. 空燃比反馈控制的目的

随着汽车油耗法规和排放法规要求的不断提高，装配空燃比反馈系统的汽车越来越多，其目的是节约燃油和降低有害物质排放量。其排气净化的效率详见图 5-7 及其注解。

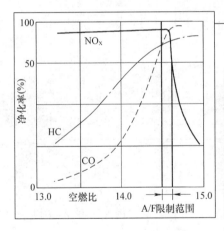

反映排气净化效果的排气净化率曲线

1）试验证明：只有当混合气的空燃比(A/F)控制在理论空燃比(14.7)附近时，三元(HC、CO、NO$_x$)催化转化器才能使 HC、H$_2$ 的还原作用和 NO$_x$、O$_2$ 的氧化作用同时进行，从而将排气中的三种有害气体转化为 CO$_2$ 和 H$_2$O 等无害物质。

2）利用氧传感器反馈的空燃比信号对喷油脉冲宽度进行反馈控制，即可将空燃比控制在理论空燃比附近，以充分发挥三元催化转化器的作用，达到净化排气的目的。

图 5-7 排气净化率曲线

2. 空燃比反馈控制系统的组成

空燃比反馈控制系统是在燃油喷射系统的基础上增设氧传感器组成的，详见图 5-8 及其注解。

三、发动机断油控制系统

断油控制是指在某些特殊工况下，燃油喷射系统暂时中断喷油器喷油，以满足发动机运行的特殊要求。发动机断油控制系统的组成如图 5-9 所示。根据断油的条件不同，断油控制分为超速断油控制、减速断油控制和清除溢流控制。

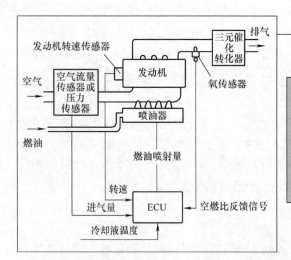

图 5-8　空燃比反馈控制系统组成

空燃比反馈控制系统组成

　　1) 氧传感器安装在排气门至三元催化转化器中间的排气管上。当安装两只氧传感器时(如凌志LS400和皇冠3.0),则在三元催化转化器的前端和后端各安装一只。

　　2) 当发动机工作时,ECU根据氧传感器反馈的信号电压来判断混合气的浓度与理论空燃比的差异,再发出控制指令对喷油量进行修正以确保排气处于理论空燃比附近。

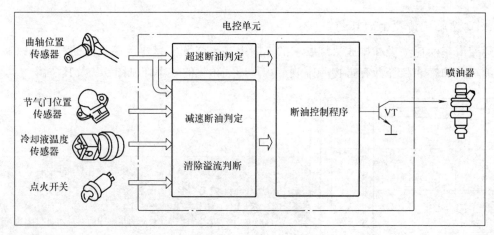

图 5-9　断油控制过程

1. 超速断油控制

超速断油控制是指当发动机转速超过允许的极限转速时,ECU立即控制喷油器中断燃油喷射的过程。发动机转速越高,曲柄连杆机构的离心力就越大。当离心力过大时,发动机就有"飞车"而损坏的危险。因此,每台发动机都有一个极限转速值,一般为6000~7000r/min。超速断油控制的目的就是防止发动机超速运转而损坏机件。超速断油的过程详见图5-10及其注解。

2. 减速断油控制

减速断油是指发动机在高速运转过程中突然减速时,ECU自动控制喷油器中断燃油喷射的过程。高速行驶的汽车当突然松开加速踏板减速时,发动机将在惯性作用下高速旋转,由于节气门已经关闭,进入气缸的空气很少。因此,若不停止供油,则混合气将很浓而导致燃烧不完全和有害气体排放急剧增加。减速断油的目的就是节油和减少有害气体排放。

减速断油的过程详见图5-11及其注解。例如,某些发动机在2500r/min正常运转时,若突然松开加速踏板，喷油器就会自动停止供油；而当其转速降到复供转速 1400r/min 时，喷油器又会自动恢复供油。由图 5-11 还可以看出：冷却液温度越低，发动机负荷越大（如空调接通），燃油停供转速和复供转速就越高。

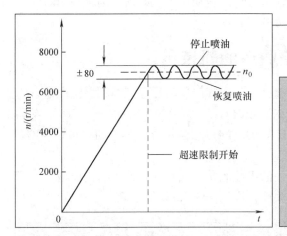

超速断油控制过程

1) 在发动机运转中，ECU随时都将曲轴位置传感器测得的发动机实际转速与ROM中预先存储的极限值进行比较。当实际转速超过极限转速80 r/min时，ECU就会发出停止喷油指令，控制喷油器停止喷油，从而限制转速进一步升高。

2) 当实际转速下降至低于极限转速80 r/min时，ECU就将控制喷油器恢复供油。极限转速值实际上是一个平均转速值n_0。

图 5-10　超速断油控制曲线

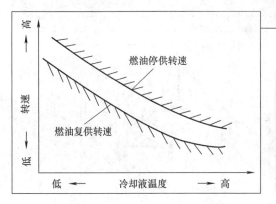

减速断油控制过程

1) ECU首先根据节气门位置、发动机转速和冷却液温度等传感器信号，判断是否满足断油条件（即节气门已经关闭、冷却液温度已经达到80℃以上和发动机转速高于燃油停供转速），若断油条件全部满足，则立即发出停止供油指令。

2) 而当喷油停止、发动机转速下降到燃油复供转速或节气门开启（怠速触点断开）时，ECU立即又发出恢复供油指令。

图 5-11　减速断油控制曲线

3. 清除溢流控制

（1）清除溢流的概念

当发动机起动时，燃油喷射系统会自动提供加浓混合气。若因某种原因多次起动未能成功，则淤积于气缸内的浓混合气就会对火花塞产生侵蚀，使其不能跳火。火花塞被混合气侵蚀的现象称溢流（或淹缸）。清除溢流是指当将加速踏板踩到底，同时接通起动开关起动发动机时，ECU 自动控制喷油器中断燃油喷射，以便排除事先淤积于气缸内的浓混合气，而使得被侵蚀的火花塞迅速干燥能够跳火的过程。

（2）清除溢流的控制条件

ECU 控制的自动清除溢流控制系统只有在以下三个条件同时满足时，才能进入清除溢流工作状态：①节气门全开（即将加速踏板踩到底）；②点火开关处于起动位置；③发动机转速处于 300～500r/min。

（3）正确的起动操作方法

由上述控制清除溢流条件可知，在起动燃油喷射式发动机时，不必踩下加速踏板，只要直接接通起动开关即可。否则，ECU 控制断油控制系统很可能自动进入清除溢流工作状态，而导致发动机无法起动。如果接通起动开关起动机运转而发动机不能起动，则可利用断油控制系统的清除溢流功能，先将溢流清除，然后再进行起动。

第三节　缸内直喷汽油机技术

传统汽油机使用的气门口喷射存在两大弊端，一是在气门口附近存在油膜湿壁现象，二是依靠节气门调控发动机负荷节流损失大。缸内直喷（Gasoline Direct Injection，GDI）发动机不仅彻底克服这两大弊端，而且具有稀薄燃烧等优异的热力学特点，其节油率可达 40%，且排气中的有害物质大幅度降低。

汽油机喷油口位置变化带来三种不同类型汽油机性能质的飞跃。汽油机结构类型与性能的发展是与汽油机喷油口位置变化存在密切相关性，详见图 5-12 及其注解。

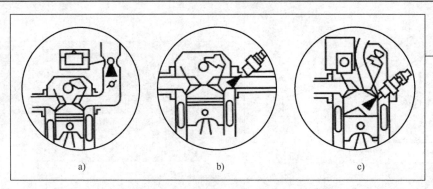

> **汽油机喷油口位置变化带来三种不同类型汽油机结构与性能质的飞跃**
> 1) 喷油口位于节气门之前，这是最原始的化油器式汽油机。
> 2) 喷油口位于进气道的进气门之前，这是传统的电喷汽油机。
> 3) 喷油口位于缸内燃烧室顶部，现代缸内直喷稀薄混合气分层燃烧汽油机。

图 5-12　汽油机喷油口位置变化
a）化油器发动机　b）电喷发动机　c）缸内直喷发动机

缸内直喷汽油机采用类似柴油机的喷油技术。通过高压柱塞泵将 10~12MPa 的高压燃油输送到位于进排气门之间火花塞附近并伸入缸内的电磁喷油器，以极细小雾状喷入缸内直接与空气混合。GDI 汽油机不仅雾化与混合效率更加优异，且燃油蒸发时吸热降低了缸内温度，故可采用更高压缩比。ECU 根据吸入空气量精确控制喷射量与喷射时间，其控制精度可达毫秒级。活塞顶部燃烧室特殊的造型迫使混合气形成强烈压缩涡流与燃烧涡流，得以实现稀薄混合气的分层燃烧，使得燃烧效率提高 20% 以上。不仅大幅度地提高了输出动力，而且有效降低了燃油消耗率与排放。

一、缸内直喷汽油机工作原理

缸内直喷汽油机工作原理从五个方面精讲如下。

1. 缸内直喷汽油机基本工作原理

缸内直喷汽油机工作原理的核心内容是在 ECU 精确控制下的超稀薄混合气的分层燃烧原理，详见图5-13～图5-15及其注解。

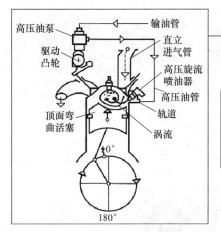

缸内直喷发动机的总体结构
GDI总体结构与缸外喷射发动机(PFI)基本相同，均由曲柄连杆机构、配气机构以及五大系统(供油系统、点火系统、润滑系统、冷却系统与起动系统)组成。

图 5-13　缸内直喷发动机工作原理

三种涡流产生的原理

1) 气缸内部涡流的运动。进气过程中，通过自立式进气管，在气缸真空吸力作用下，产生出强大的下降进气涡流，如图5-14a所示，气流惯性使得充气效率提高。下降气流又在活塞的弯曲顶面作用下，产生远比传统汽油机更强大的滚动压缩涡流，如图5-14b所示。

2) 高压旋转油雾的产生。在压缩行程的后期(此时缸压约为0.8～1.5MPa)，由ECU精确控制的高压旋流喷油器，以5～5.5MPa高压喷射出旋转油雾，被卷入滚动涡流中，迅速吸热气化，并以层状混合状态被压缩涡流席转至火花塞附近。

3) 高速强烈燃烧涡流的产生。首在压缩行程最后期，火花塞附近为极易被点燃的高浓度的混合气。而此时气缸内部的燃气呈现一种"稀包浓"的特殊状态，即稀的氧分子包围浓的烃类化合物，也就是"稀包浓"状态的高速旋转强烈燃烧涡流，如图5-14c所示。

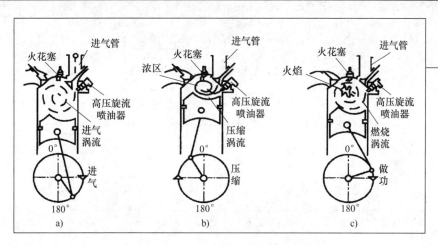

图5-14　GDI三种涡流产生的原理
a) 进气涡流　b) 压缩涡流　c) 燃烧涡流

超稀薄混合气的分层燃烧过程

1) 分层燃烧过程: "稀包浓"状态的高速旋转强烈燃烧涡流的特点是因未燃物与已燃物存在温度、密度和离心力的三种差异,在高速旋转中,会逐层地剥离与换位,即未燃物温度低、密度大和离心力大而向外分离;已燃物反之,向内部移动。整个燃烧过程的特点是由内而外稳定地彻底分层燃烧(图5-15)。

2) 分层燃烧的效果: "稀包浓"燃气涡流会与气缸壁间产生绝热层而提高热效率,加之与三种涡流和分层燃烧的综合效果与传统电喷发动机相比,输出功率和输出转矩提高了10%;节油率可达40%;空燃比可达30~40,排放中的有害物质大幅降低。

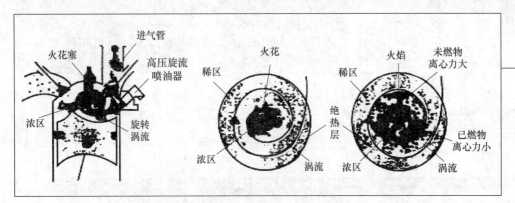

图 5-15　GDI 分层燃烧的过程

2. 不同负荷工况时的喷油方式

不同负荷工况时的喷油方式详见图 5-16 及其注解。

缸内直喷发动机不同负荷工况时的喷油方式

1)中小负荷工况时的喷油特点。 此时是在压缩行程后期喷油,且以超稀薄混合气成分为主,以实现分层燃烧过程。由于轿车70%~80%的时间在市内行驶,故其发动机大多情况均在此中、小负荷状态下工作。

2)大负荷工况时的喷油特点。 此时车辆以保证动力性为主,故采取两次喷油方式。第一次喷油是在进气行程,以适量燃油形成均匀混合气。此时可充分利用燃油气化的吸热效应来降低进气温度与提高充气效率。第二次喷油在压缩行程后期,形成浓度不匀的层状混合气,然后被火花塞点燃。因此在大负荷情况下,一个工作循环中发生两次喷油脉冲信号,且其脉冲宽度不同。

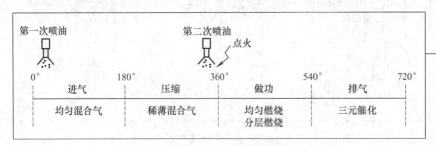

图 5-16　GDI 分层燃烧的喷油方式

3. 高压燃油泵结构原理

高压燃油泵由凸轮、柱塞、进油阀、出油阀、燃油压力调节阀 N276 等组成。其工作原理分为进油过程、回油过程与供油过程，详见图 5-17 ~ 图 5-19 及其注解。

高压燃油泵进油过程

1) 进油过程。当高压油泵的柱塞向下运动时，油缸上腔的容积不断增加并产生真空吸力。此时油泵出油阀在弹簧力作用下处于关闭状态，而进油阀在阀芯弹簧与油缸真空双重作用下右移，进油阀口被打开，燃油以 600kPa 的最高压力进入高压油腔。

2) 当油泵柱塞向下运动过程中，泵腔内部的燃油压力接近低压燃油管路系统的压力 300~600kPa。

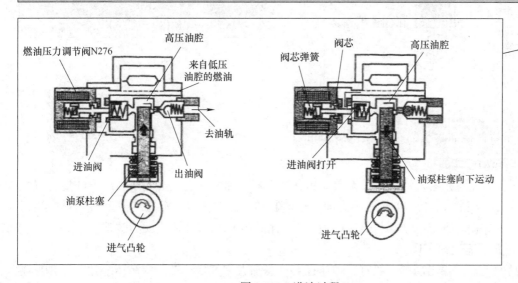

图 5-17　进油过程

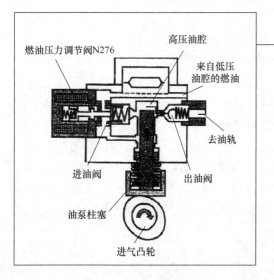

高压燃油泵回油过程

1) 回油过程。 随着高压油泵的柱塞向上运动，泵腔内的燃油受到挤压，此时出油阀仍然在高压弹簧作用下处于关闭状态，而进油阀在阀芯弹簧作用下继续处于打开状态，故泵腔内受到挤压的部分燃油通过进油口又回到低压油路系统，并以此来调节油泵的实际供油量。

2) 回油过程的特点。 回油过程在低压油路系统中产生的压力脉动会被系统中的油压衰减器与节流阀所衰减。泵腔内部的燃油压力接近低压燃油管路系统的压力 300~600kPa。

图 5-18　回油过程

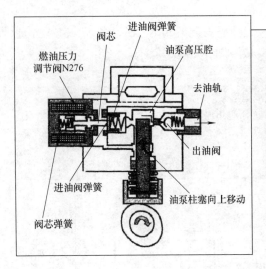

图 5-19　供油过程

4. 起动性能的提高与高压缩比的实现

（1）起动性能的提高

GDI 将燃油直接喷入气缸内，无燃油的黏结损耗。加之其火花塞处于高浓度的混合气之中，因此 GDI 仅在 1～2 个工作循环内即可迅速起动。而传统均质混合气发动机则最少也需要十几个工作循环方能起动。与传统电喷发动机相比，GDI 起动性能大为改善。

（2）高压缩比的实现

提高发动机的输出功率一般有三种途径：一是加大进气量，二是提高压缩比，三是控制与改善燃烧过程。由于受燃油质量的制约，传统电喷发动机的压缩比难以突破 10∶1 的大关，且需要使用比较昂贵的 98 号以上的汽油。而 GDI 的压缩比可以达到 12～13，且对汽油无过高要求。

5. 缸内直喷发动机的喷油控制特点

ECU 控制喷油主要有两种方式。①按工况模式控制：在中、小负荷区域，采用在压缩行程后期喷油，实现分层燃烧控制模式，以提高燃油经济性；而在高负荷区域，采用二次喷油与均质燃烧的控制模式，以满足提高转矩与功率的要求。②喷油定时控制：由于喷油定时决定了混合气的均质程度，因此也就是决定是采取均质模式，还是采取分层燃烧模式。GDI 可根据不同工况区域来确定不同的混合气生成方式。而不同的混合气生成方式对油束的要求也不相同。如在中、小负荷工况下，应将喷油推迟到压缩行程后期进行（但必须在喷油与点火之间留下足够的时间间隔，以便实现混合气的分层）。在高负荷工况下，采用变量调节与均质充量，此时应尽可能减少油束沾湿气缸与活塞的情况发生，否则会导致烃类化合物排放增加，故此时应将喷油提早到吸气行程的前期。

二、缸内直喷汽油机结构实例

奥迪 A6L 2.0T FSL 轿车缸内直喷式供油系统结构原理详见图 5-20 及其注解。

奥迪A6L 2.0T FSL轿车缸内直喷式供油系统结构原理

1) 供油系统的工作原理。 首先，发动机ECU通过油泵电路控制电动燃油泵，使低压油路的压力达到300～600kPa。单柱塞高压油泵在凸轮轴驱动下，通过高压调节器使高压油道产生5～10MPa的高压燃油，通过轨道分配管输送到各个高压旋流喷油器。

2) 燃油压力传感器的功能。 采用压敏电阻桥式电路，将轨道油压高低信号转变为电压信号输入ECU，以便ECU控制停供电磁阀，使高压油泵及时停止供油。

3) 停供电磁阀的功能。 当轨道油压达到规定值后，ECU向停供电磁阀发出停供油指令，使停供电磁阀推杆动作，推动高压泵进油阀常闭停止供油。

4) 过压阀功能。 过压阀为柱塞式溢流阀，当轨道油压高于10MPa时，泄油降压，以保护高压油道。

5) 高压旋流喷油器功能。 它采用65V高压电控制，为强劲高频量化控制方式，其频率响应性高。由于电压提高，电流大幅度减小，因而热负荷降低，有利于实现喷油器的小型化。

6) 油压调节机制。 首先供油压力与喷油压力均可调节。正常油压值范围：低压为300kPa，高压为5MPa。当冷起动时，通过调节，在50s内，低压可升到600kPa，高压可升到10MPa。

7) 采用废气涡轮增压以进一步提高充气效率与空气密度，达到明显提高动力性、经济性与排气净化性能的目的。

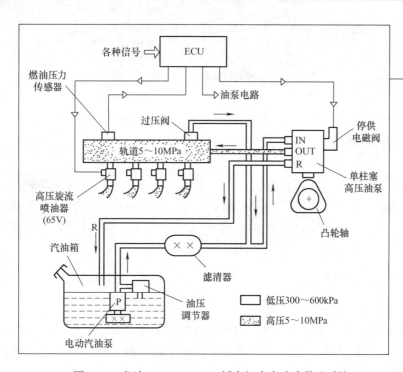

图 5-20　奥迪 A6L 2.0T FSL 轿车缸内直喷式供油系统

第四节　电动燃油泵结构原理与检测诊断

电动燃油泵的功能是向喷油器提供足够压力和足够数量的燃油。对燃油泵有两项基本要求：一是其最高油压需要470kPa左右，以保证在克服供油系统管路摩擦阻力之后，还有高于进气歧管压力250～300kPa的燃油压力；二是燃油泵的设计供油量要比发动机最大耗油量大得多。电动燃油泵结构与工作原理详见图5-21及其注解。

> **燃油泵结构与工作原理**
>
> **1）** 当点火开关接通时，直流电动机电路接通，电枢受电磁力作用而开始转动，泵转子随电动机一同转动，将燃油从油箱经输油管和油泵进油口泵入燃油泵。
>
> **2）** 当燃油泵内压力超过单向阀弹簧压力时，燃油便从出油口经输油管泵入燃油分配管总成，再分配给每个喷油器，在ECU控制下高压燃油以喷雾状从喷油器喷孔喷出。
>
> **3）** 当泵内燃油压力超过规定值(一般为**320kPa**时)，油压克服限压阀弹簧压力顶开限压阀，部分燃油返回进油口一侧，以避免油压过高损坏泵体。
>
> **4）** 当燃油泵停止工作时，在燃油泵出口单向阀弹簧压力作用下，单向阀将阻止燃油回流，以保持供油系统中的燃油压力，以便发动机下次起动时不至于缺油。
>
> **5）** 点火开关一旦接通，燃油泵就会立刻泵油1～2s，此时若发动机转速高于30r/min，油泵才会继续连续运转；若低于30r/min，油泵会立即停转，以免发动机未起动而使火花塞被浸湿溢流或淹缸。

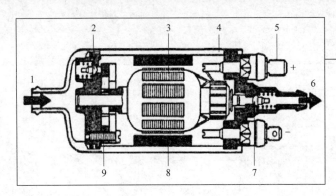

图5-21　电动燃油泵

1—进油口　2—限压阀　3—电枢　4—泵壳　5—接线插头　6—出油口　7—单向阀　8—永久磁铁　9—泵体

电动燃油泵的类型：①按泵体结构分为滚柱式、叶片式、齿轮式、蜗轮式和侧槽式5种，其中前三种较为普及。②按油泵安装方式分为外装式和内装式两种。外装式安装在燃油箱外的输油管路中，内装式安装在燃油箱内。内装式的优点是油泵不易产生气阻和泄漏，有利于燃油输送和电动机冷却，且噪声较小，故内装式成为发展的趋势。

一、滚柱式电动燃油泵

（1）滚柱式电动燃油泵的优缺点

1）由于滚柱泵是利用容积变化而对燃油压缩来提升油压的，引起油泵出口端油压脉动较大，故为减小压力脉动必须安装阻尼减振器，这使得燃油泵体积增大且必须安装在油箱外，所以滚柱泵属于外置式。

2）外置式的安装自由度大，容易设计布置。

3）滚柱与泵壳容易磨损，故对材质和加工要求高，且噪声大，使用寿命不长。

（2）滚柱式电动燃油泵的结构特点与工作原理

滚柱泵的结构原理详见图5-22及其注解。

（3）滚柱式电动燃油泵的检测与诊断

常见故障有EFI主继电器故障、燃油继电器故障、燃油电动泵不能转动、发动机转速传感器故障以及线路插接器松动或接触不良等。

1）燃油泵检测安全注意事项：必须将燃油泵浸泡于汽油中进行试验，不得"干试"。

滚柱式电动燃油泵的结构原理

1）滚柱泵利用容积变化原理来输送燃油。当泵转子随电枢轴一起旋转时，泵转子齿隙内的滚柱在离心力作用下，紧压在泵体的内表面上并随泵转子旋转而产生滑转，并在泵体、泵转子和两个相邻滚柱之间形成一个密封的腔室，由于泵转子是偏心安装在电枢轴上的，故当泵转子旋转时，该密封的腔室的容积就会不断变化，如图5-22b所示，图中左侧腔室的容积不断增大，而右侧容积不断减小。

2）在容积不断增大的"左侧"形成低压油腔，将燃油吸入泵体内。

3）在容积不断增大的"右侧"形成高压油腔，将将燃油压出泵壳外(在泵体右侧的侧面设有出油口)，随着泵壳内电枢周围的燃油不断增多且油压不断增高，当泵壳内油压高于出口单向阀弹簧压力时，燃油便从出油口经输油管，流向喷油器。

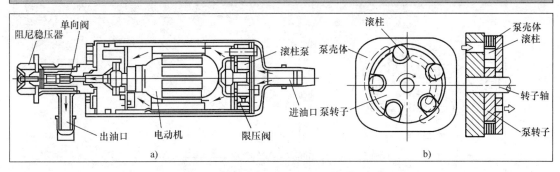

图 5-22　滚柱式电动燃油泵的结构和原理

a）滚柱泵的内部整体结构　b）滚柱泵的内部结构和工作原理

因为"干试"可能引起爆炸或烧坏电动机。其原因是，当油泵拆下后，由于泵壳内部还有剩余的汽油，故在通电试验时，一旦电刷与换向器接触不良，就会产生火花而引燃泵壳内部剩余的汽油而引起爆炸，其后果不堪设想；由于在"干试"时，密封在泵壳内部的电动机无法散热而被烧坏。

2）电动燃油泵的检修方法如下。

① 电动燃油泵的故障特点：当电控系统的电动燃油泵发生故障时，ECU 检测不到故障信息，因此利用故障诊断仪也读取不到故障码。但当蓄电池电压正常且燃油泵的熔丝也正常时，接通点火开关，在油箱附近可以听到燃油泵起动并工作约 2s 时间的声音。

② 桑塔纳 2000GSi 滚柱泵、热膜式空气流量传感器、活性炭罐电磁阀、氧传感器的加热元件均受燃油泵继电器控制。因此，若听不到燃油泵的运转声，则可断开点火开关，检查中央继电器盒 2 号位置上的燃油泵继电器及其熔丝 S5（熔断器盒 5 号位置、10A）是否良好。

③ 若熔丝 S5 良好，则插回熔丝，再检查燃油泵继电器的电压。用万用表检测继电器插座上端子 4/86 与搭铁端子 31 之间电源电压，应为蓄电池电压 12V 左右。

桑塔纳 2000GSi 滚柱燃油泵输油量检测详见图 5-23 及其注解。

二、齿轮式电动燃油泵

1. 齿轮式电动燃油泵的结构特点

齿轮泵的结构与原理详见图 5-24 及其注解。

2. 齿轮式电动燃油泵检测

齿轮式燃油泵常见故障有滤网堵塞、泵体内部单向阀泄漏和电动机故障等。

燃油泵输出油量的检测方法

1) 断开点火开关，从燃油分配管上卸下进油管，将油压表连接到进油管的一端，油压表的出油管伸入量瓶，将蓄电池正极连接到燃油泵继电器端子4上以接通油泵油路，测量时间为30s，泵油量应为490～670mL(当蓄电池电压10～12V时，油压为300kPa时)。

2) 泵油量与电源电压的关系：由特性曲线可知，油泵量与油泵电源电压成正比，且系统油压越高，泵油量也越大。

3) 若油压过高，则检查或更换油压调节器；若油压过低应检查油管是否弯折，则滤清器和油路是否堵塞。

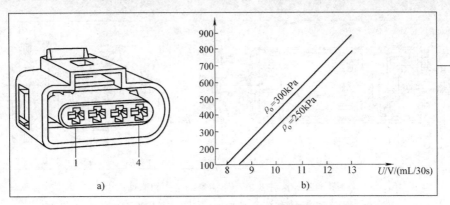

图 5-23 燃油泵插头端子位置及燃油泵输出特性

a) 燃油泵插头的端子位置排列　b) 燃油泵的输出特性曲线

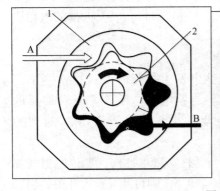

齿轮泵结构原理

1) 由主动外齿轮、从动内齿圈和泵体组成。

2) 利用容积变化来输送燃油。当电动机转动时带动主动齿轮转动，主动齿轮又带动从动齿轮转动，由于两者不同心，主动齿轮的外齿、从动齿轮的内齿和两侧面的泵壳三者之间所包容的容积在左侧进油口处周期性变大，产生真空度，使燃油从进油口被吸入。

3) 在右侧出油口处，容积周期性变小，产生的压力将燃油从出油口泵出。

图 5-24 齿轮泵的结构与原理

1—从动外齿圈　2—主动齿轮　A—进油口　B—出油口

（1）就车检测

1) 用跨接线替代蓄电池正极和燃油泵继电器第三端子，接通点火开关，但不起动发动机，打开油箱盖，倾听有无燃油泵运转的声音，或用手检查进油软管有无进油压力。若听不到燃油泵运转声，也感觉不到进油的压力，则表明燃油泵不工作。应继续进行下列项目检查。

2) 接通点火开关，但不起动发动机，测量输油管路压力。若压力正常，表明燃油泵良好；若压力偏高，一般为油压调节器故障；若压力偏低，则可将油压调节器的回油管拆下，并将接口堵住，再让燃油泵工作，同时检查输油管压力，如果此时油压正常，表明油压调节器故障，需要更换。如果更换油压调节器后油压仍偏低，则为燃油泵安全阀或油泵本体不良；若检测油压为 0，则为电动机不工作或油路堵塞。

（2）电阻检测

将蓄电池电压短暂加到燃油泵的两个端子上，如能听到油泵转子高速旋转的声音，则说明油泵正常；若油泵不能运转，可用万用表电阻档测量油泵两个端子之间的电阻，一般应为 2~3Ω。若电阻太大，说明燃油泵电动机内部接触不良或断路。

三、涡轮（叶片）式电动燃油泵

叶片泵的泵油原理类似排风扇排风原理，其突出优点是涡轮与泵壳不直接接触，故无磨损，使用寿命长（超过 5000h，若以汽车行驶平均速度 40km/h 计算，可达 20 万 km）。质量轻，约 300g；泵油压力高，可达 600kPa；出油压力脉动小，无需阻尼减振器，便于直接装入油箱以及运转噪声小等优点。故有取代滚柱泵的发展趋势。其结构与工作原理详见图 5-25 及其注解。

涡轮（叶片）式电动燃油泵的结构与工作原理

1）它由圆周带有小槽的平板叶片叶轮、泵体、单向阀、限压阀、直流电动机等组成。

2）电动机轴带动油泵叶轮高速旋转，在叶片小槽与泵体进油口处产生真空，燃油被吸入泵体内。

3）当叶轮转到出油口处时，在燃油压力和离心力的共同作用下，燃油便从出油口压出并流向电机，当油压超过单向阀弹簧压力时，单向阀阀门打开，燃油经输油管流向燃油分配管总成和喷油器。

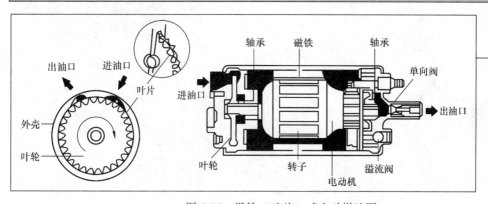

图 5-25　涡轮（叶片）式电动燃油泵

四、电动燃油泵控制电路的种类与检测方法

（1）电动燃油泵控制电路的种类

常用电动燃油泵的控制电路有如下三种。

1）具有转速控制的燃油泵控制电路，详见图 5-26 及其注解。

2）ECU 和电路断路继电器控制的燃油泵控制电路，详见图 5-27 及其注解。

3）空气流量传感器带燃油泵开关控制的燃油泵控制电路，其与 ECU 控制的燃油泵电路不同之处在于，用空气流量传感器内部的燃油泵控制开关来代替 ECU 中的晶体管。空气流量传感器带燃油泵开关控制的燃油泵控制电路详见图 5-28 及其注解。

（2）ECU 和电路断路继电器控制的燃油泵控制电路原理

ECU 和电路断路继电器控制的燃油泵控制电路原理如图 5-27 所示。

具有转速控制的燃油泵控制电路

　　1）低速控制：当发动机在中、小负荷低速运转时，ECU发出信号，接通油泵控制继电器线圈，触点B闭合，燃油泵电路串入降压电阻，使燃油泵转速降低。

　　2）高速控制：当发动机在大负荷高速运转时，ECU发出信号，切断燃油泵控制继电器线圈，触点A闭合，燃油泵电路取消降压电阻，使燃油泵转速提高。

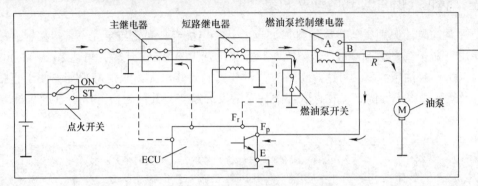

图 5-26　具有转速控制的燃油泵控制电路（电阻器式）

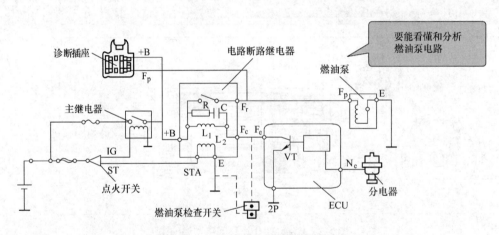

图 5-27　ECU 控制的燃油泵控制电路

　　1）预运转控制。当接通点火开关但不起动发动机时，ECU 会控制燃油泵运转 3～5s。

　　2）起动运转控制。点火开关置于"ON"，点火开关 ST 端子通电，电路断开，继电器 L_2 线圈通电，使电路断开继电器触点闭合，燃油泵通电工作并处于起动供油状态。

　　3）恒速运转控制。当发动机正常运转时，发动机转速传感器将 N_e 信号输入 ECU，ECU 控制晶体管导通，电路断开继电器 L_1 线圈通电，使电路断开继电器触点闭合，燃油泵继续保持通电工作；

　　4）停止运转控制。发动机停止运转，发动机转速传感器无 N_e 信号输入 ECU，ECU 控制晶体管截止，继电器 L_1 线圈断开，电路断开继电器触点断开，燃油泵断电停止工作。

　　5）若将检查插座中的 +B 和 F_p 连接起来，可使燃油泵运转，此方法可判断燃油泵及其控制电路的故障。

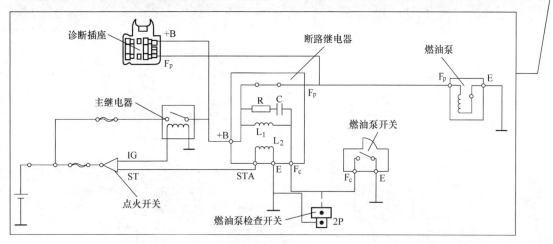

空气流量传感器带燃油泵开关控制的燃油泵控制电路

1) 发动机工作时, 空气流过空气流量传感器,流量传感器叶片摆动,使得燃油泵控制开关闭合,断路继电器中的线圈L_1通电,断路继电器触点闭合,燃油泵通电工作。

2) 发动机不工作时, 空气流量传感器无空气流过,流量传感器叶片不摆动,使得燃油泵控制开关断开,断路继电器中的线圈L_1不通电,断路继电器触点断开,燃油泵停止工作。

图 5-28 空气流量传感器带燃油泵开关控制的燃油泵控制电路

(3) 电动燃油泵控制电路的检测

以专用 ECU 控制的燃油泵控制电路图 5-29 为例说明检测方法。首先应区分故障类型是 ECU 内部故障还是 ECU 外部故障。①打开油箱盖,将点火开关置于 "ON",但不起动发动机,在油箱口处倾听有无燃油泵运转响声,若能够听到燃油泵运转 3 ~ 5s 的响声,然后又停止,表明控制系统全部正常。②若打开点火开关后燃油泵无运转响声,可用一根导线将故障检测插座内两个燃油泵检测插孔(如丰田汽车故障检测插座内的 FP 和 +B 两个插孔)短接,打开点火开关,若能听到燃油泵运转响声,表明 ECU 外部的控制电路正常,而故障在 ECU 内部,此时应更换 ECU;若仍听不到燃油泵响声,则为 ECU 外部的控制电路故障,应

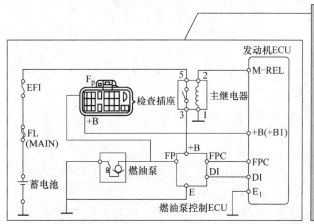

专用ECU控制式燃油泵转速控制电路

1) 发动机在起动或高速、大负荷运转时, ECU 向燃油泵ECU的FPC端子输入高电平,燃油泵ECU的F_p端子向燃油泵供给12～14V高电压,使得燃油泵高速运转。

2) 发动机在起动后低速、小负荷运转时, 发动机ECU向燃油泵ECU的FPC端子输入低电平,燃油泵ECU的FP端子向燃油泵供给约9V低压,使得燃油泵低速运转。

3) 发动机转速低于规定的最低转速(120r/min)时, 燃油泵ECU切断燃油泵。

图 5-29 丰田皇冠 2JZ – GE 型发动机 ECU 控制式燃油泵转速控制电路

检查熔丝、继电器和线路有无断路或接触不良。

五脚电动汽油泵的检测方法见图5-30及其注解。

五脚电动燃油泵继电器的检测方法

1) 有两组电磁线圈，一组由起动开关控制，另一组由ECU控制，如图5-30a所示。

2) 用万用表电阻档测量两组线圈均应导通；测量常开触点两端子(+B和FP)，不应导通，如图5-30b所示。

3) 分别在两组线圈两端施加12V电压，测量常开触点两端，应导通，如图5-30c、d所示。

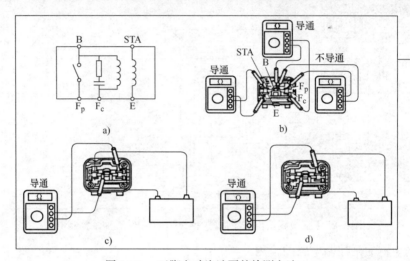

图5-30　五脚电动汽油泵的检测方法

四脚电动汽油泵的检测方法见图5-31及其注解。

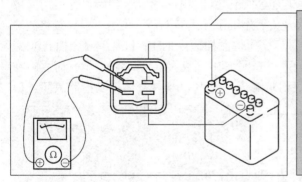

四脚电动汽油泵的检测方法

1) 两脚接继电器电磁线圈，另两脚接继电器常开触点。

2) 用万用表电阻档测量，继电器线圈两脚之间应导通，常开触点两脚间不应导通。

3) 在电磁线圈两脚之间施加12V电压，同时用万用表测量常开触点两脚之间应导通，如图5-31所示；否则，应更换燃油泵继电器。

图5-31　四脚电动汽油泵的检测方法

【案例5-2】　燃油泵不工作的就车检查方法

1) 用专用导线将诊断插座上的燃油泵测试端子跨接到12V电源上。

2) 将点火开关转到"ON"位置，但不要起动发动机（用蓄电池直接给燃油泵通电后应能听到燃油泵电动机高速旋转的响声，通电时间不宜过长）。

3) 旋开油箱盖，应能听到燃油泵工作的响声。或用手捏进油软管，应感觉到有压力。

4) 否则，应检查燃油泵线束的端子接触是否良好。或更换燃油泵。

5）若上述各项检查均为正常，则应检查燃油泵电路，包括燃油泵电路的导线、继电器、易熔线、燃油泵熔丝等有无断路。

6）拆装燃油泵时应注意：应先卸除燃油系统的压力，并关闭用电设备。拆下燃油泵后，测量燃油泵两端子之间的电阻，应为 $2 \sim 3\Omega$。

7）更换燃油滤清器纸质滤芯时应注意：每行驶 20000 ~ 40000km 或 1 ~ 2 年更换一次。安装时应注意指示燃油流动方向的指示箭头，其方向不能装反。

第五节　燃油分配管总成

燃油分配管总成又称供油总管或油架，由油压调节器、喷油器和燃油分配管组成，安装在发动机进气歧管上部。其结构详见图 5-32 及其注解。

> **燃油分配管的功能与结构**
>
> 1）燃油分配管的功能：固定喷油器和油压调节器，并将一定压力的清洁燃油分配到每支喷油器，并能防止"气阻"。
>
> 2）燃油分配管用铝合金制成方形或圆形管状。其上制作有连接油压表的接口，以供燃油压力检测之用。分配管与喷油器的连接处制有分配燃油到喷油器的小孔。
>
> 3）由于燃油泵的供应量远远大于发动机的最大耗油量，剩余油量通过油压调节器上的回油管流回油箱，并带走燃油分配管的热量，因此可有效地防止"气阻"。

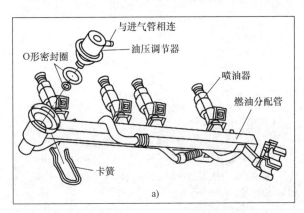
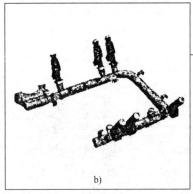

图 5-32　燃油分配管总成的结构与功能
a）四缸发动机用　b）V6 发动机用

一、油压调节器结构原理与检测

（1）油压调节器的结构

油压调节器的结构详见图 5-33 及其注解。

（2）油压调节器的功能

油压调节器有两项功能：①调节供油系统油压，使喷油器进出口压差保持恒定，即油压 P_f 与进气歧管压力 P_i 之差 $\Delta P = P_f - P_i = P_s = 300\text{kPa}$，其中 P_i 为负值，P_s 为弹簧压力；②缓冲由于喷油器喷油和油泵泵油而引起的油压波动。

（3）油压调节器的调节原理

油压调节器的调节原理详见图 5-34 及其注解。

油压调节器的结构

1) 它由膜片、回油阀、弹簧、回油管和铝合金壳体组成。

2) 阀体固定在金属膜片上，阀体与阀门之间安装有一个球阀，球阀用弹片托起，球阀与阀体之间的小弹簧使球阀与阀门保持接触。

3) 壳体上三个接头分别与进油管、回油管以及节气门至进气歧管之间的真空管连接。

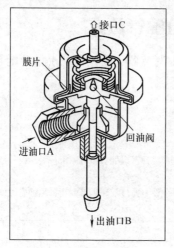
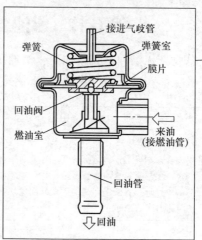

图 5-33　油压调节器的结构

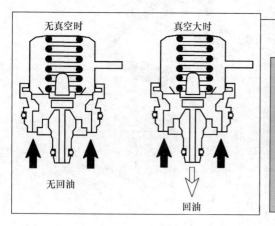

油压调节器的工作原理

1) 油压调节器实际上是一个由膜片控制的过流型溢流阀。膜片将调节器分隔为上弹簧室和下燃油室。且由膜片控制溢流阀的开度，以保持上下两室的压力平衡。

2) 当燃油室油压升高超过弹簧压力与真空气体压力的合力时，膜片向上拱曲，调节器阀门打开，部分燃油从球阀经回油口流回油箱，使燃油压力降低，当压力降低到调节器设定的控制油压时，球阀关闭，以保持从油泵单向阀到压力调节器间油路具有一定压力。

图 5-34　油压调节器的工作原理

（4）油压调节器的检测方法

燃油压力调节器主要故障是膜片破裂和弹簧张力疲劳衰减后变小。这些故障会影响喷油压差准确性和供应量，使供油不稳定、起动困难、加速无力、怠速不稳、油耗增加以及冒黑烟等。

1）油压检测。将油压表接入燃油管路，测量怠速燃油压力。当拆下调节器上的真空软管时，系统压力应升高 50kPa 左右；否则，表明燃油压力调节器有故障，应予更换。

2）工作情况检查。用一根导线跨接燃油泵的两个检查孔，打开点火开关，让燃油泵运转 10min，然后关闭点火开关，取下导线。将回油管夹紧，5min 后观察油压，让燃油泵运转 5min 后观察油压，该油压即为燃油压力调节器的保持油压。若压力降低，表明燃油压力调节器有泄漏，应予更换。

（5）油压调节器的输出特性

油压调节器的输出特性如图 5-35 所示。

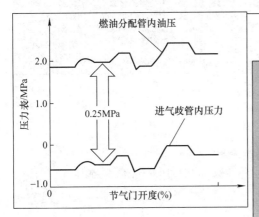

油压调节器的输出特性

1）当进气歧管内的气体压力下降时，真空度增大，膜片上移，回油阀开度增加，回油量增加，燃油分配管内油压下降，保持与变化了的进气歧管压力差值的恒定(0.25MPa)。

2）反之，当进气歧管内的气体压力升高时，真空度减小，膜片下移，回油阀开度减小，回油量减少，燃油分配管内油压升高，保持与变化了的进气歧管压力差值的恒定(0.25MPa)。

3）反映燃油分配管内油压与进气歧管压力关系的油压调节器的输出特性。其目的是保证喷油器喷油量不受进气歧管负压和供油系统油压影响，仅决定喷油器阀门开启时间。

图 5-35　燃油分配管油压与进气歧管压力之间的关系

二、电磁喷油器结构原理与检测

电磁喷油器简称喷油器，俗称喷油嘴，是一种高精度的精密部件，其功能是计量燃油喷射系统的喷油量。对其基本要求是抗堵塞性能好、燃油雾化好和动态流量范围大等。

1. 喷油器的分类

按喷油器整体结构不同分为轴针式、球阀式和片阀式三种。目前以球阀式使用最广。按喷油器电磁线圈阻值大小可分为高阻型（13 ~ 18Ω）和低阻型（1 ~ 3Ω）两种。如桑塔纳 2000GLi 为（15.9 ± 0.35）Ω，桑塔纳 2000GSi、3000、捷达 AT、GTX 为 13 ~ 18Ω（20℃），切诺基吉普车为（14.5 ± 1.2）Ω（20℃）。

2. 各类电磁喷油器的结构特点

（1）轴针式喷油器

轴针式喷油器的结构详见图 5-36 及其注解。

（2）球阀式喷油器

球阀式喷油器的结构详见图 5-37 及其注解。

球阀式与轴针式阀体比较详见图 5-38 及其注解。

（3）片阀式喷油器

片阀式喷油器的结构特点详见图 5-39 及其注解。

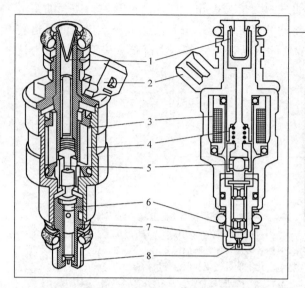

轴针式喷油器的结构

1) 喷油器由针阀、阀体、轴针、衔铁、电磁线圈、弹簧电控信号接头、滤网及喷油器外壳等组成。

2) 衔铁与针阀连为一体。它的下端为喷油口，插入进气岐管中；它的上端为进油口，与燃油分配管连接，燃油经过滤网过滤后再进入喷油嘴。

3) 控制信号接头通过导线与ECU控制端子连接，接受其喷油指令。

4) 喷油器两端分别用O形密封圈密封。

图 5-36 轴针式喷油器的结构

1—滤网 2—电控信号接头 3—电磁线圈 4—弹簧 5—衔铁 6—针阀 7—阀体 8—轴针

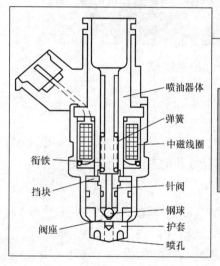

球阀式喷油器的结构特点

1) 它由带球阀的针阀、带喷孔的阀座、带线束插座的喷油器体、电磁线圈和复位弹簧等组成。

2) 球阀式喷油器的阀体由球阀、导杆和弹簧座组成。当喷油器停止工作时，弹簧使阀体复位，球阀关闭，钢球紧压在阀座上起密封作用，以防燃油泄漏。

图 5-37 球阀式喷油器

3. 电磁喷油器的检测

当喷油器发生滴漏或堵塞等故障时，ECU 一般检测不到，使用故障阅读仪也读取不到喷油器的故障信息。此时可通过下列方法进行检查。

（1）就车检测

1）喷油器工作情况的直观检查。在发动机正常运转过程中，用手捏住喷油器，如果手指有强烈而均匀的振动感，或用触杆式听诊器能听到喷油器清脆而均匀且与发动机转速成正比的喷油频率声音，则表明喷油器工作正常。反之，若听不到某缸喷油器的工作声音，则表明该气缸喷油器工作不良或不工作，应做进一步检查。

2）电阻检测。关闭点火开关，拔下喷油器的两端子线束插头，用万用表 R×200Ω 档检

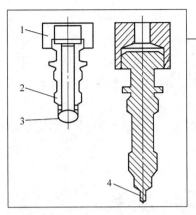

图 5-38　球阀式与轴针式阀体比较
1—弹簧座　2—导杆　3—球阀　4—针阀

球阀式与轴针式阀体比较

1) 轴针式的针阀制作在阀体上。为了保证阀体轴向移动时不发生偏移和密封良好，必须将导杆做得很长，因此质量大。

2) 球阀式的导杆为空心结构。由于球阀具有自动定心的作用，故导杆较短，重量轻，密封性好。

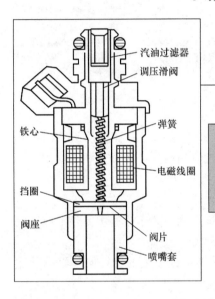

片阀式喷油器结构特点

1) 片阀式喷油器整体结构与轴针式基本相同。

2) 主要区别在于阀体部分结构不同。它由质量较轻的片阀、导杆和带孔阀座组成。

3) 优点：不仅具有较大的动态流量，而且具有较强的抗堵塞能力。

图 5-39　片阀式喷油器

测喷油器插座上两端子之间电磁线圈的电阻，应符合使用说明书的规定，一般电压驱动高阻抗喷油器电阻值应为 12～16Ω（发动机热态时，电阻提高约 4～6Ω），电压驱动型低阻抗喷油器的阻值应为 3～5Ω。桑塔纳系列轿车喷油器电磁线圈的阻值见表 5-1。

表 5-1　喷油器标准技术参数

项　目	桑塔纳 GLi	桑塔纳 2000GLi	桑塔纳 2000GSi、3000	威驰 VIOS 轿车 8A-FE 型发动机
电阻值/Ω（20℃）	15.9±0.35	15.9±0.35	13～18	14～15
发动机工作时电阻增量/Ω	4～6	4～6	4～6	4～6
30s 喷油量/mL	78～85	78～85	78～85	78～85
燃油喷雾形状	小于 35°圆锥雾状			
正常油压（300kPa）漏油量	每分钟少于 1 滴			

3）电源电压检测。分别拔下喷油器的两端子线束插头，接通点火开关但不起动发动机，用数字式万用表直流电压档检测插头上的两个端子与发动机缸体之间的电压，+B端子（高电平）应为12V左右（喷油器电源电压即汽车整车电源电压），而搭铁端子（低电平）应为0。若两个电压均为0，则表明电路不通，应当检查燃油泵继电器和燃油喷射系统的熔丝。

4）喷油量与喷雾形状的检测。丰田车系喷油器喷油量检测方法详见图5-40及其注解。

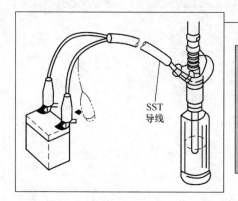

喷油器喷油量的检测方法

1）用SST连接导线将喷油器插接器两个端子+B和FP与蓄电池连接好，通电15s，用量杯测量喷油量，同时观察燃油喷雾质量。

2）每个喷油器测量2～3次。标准喷油量为50～70cm³/15s；喷油器喷油量之差小于9cm³/15s。

3）喷油量检测后脱开蓄电池连线，检查喷油器喷嘴处的滴漏情况，要求每分钟漏油不多于1滴。

图5-40　喷油器喷油量检测

5）喷油器控制脉冲的检查。分别拔下喷油器的两端子线束插头，并在该插头的两个端子之间串接调码器，然后起动发动机，调码器的发光二极管应当闪烁；否则，表明喷油器的电源电路、燃油泵继电器或ECU存在故障，应做进一步检查。

（2）离车检测

若就车检查不能查出喷油器故障，则可进一步进行离车检测。离车检测主要包括数据流喷油脉宽检测和波形检测。

1）数据流喷油脉宽检测。连接诊断仪，进入数据流功能，读取喷油器控制信号的脉宽（该数据称为数据流喷油脉宽）。

数据流喷油脉宽是ECU内部的CPU根据空气流量传感器、发动机转速传感器、冷却液温度传感器、节气门位置传感器和氧传感器等信号，经过运算、分析和判断，最后向喷油器控制开关管及其放大电路发出的具有一定脉宽的控制信号，以触发喷油器进行喷油。

2）波形检测。喷油器的驱动电路分为两种类型，即电压控制型和电流控制型。一般在一个喷油器电路中，回路的总电阻等于或大于12Ω时，采用电压控制型功率晶体管。低阻抗型喷油器则采用电流控制型功率晶体管。详见图5-41、图5-42及其注解。

波形检测方法

1）采用示波器检测喷油控制信号的波形，通过分析其喷油脉宽与波形等信息来判定喷油器的性能。

2）具体方法。起动发动机，以2500r/min转速运转2～3min，待发动机达到正常工作温度后，关闭附属电器设备，将变速杆置于停车档或空档，然后缓慢加速，并观察在加速时通过示波器测试喷油驱动电路的电压波形。

3）尽管电控单元对喷油器的控制方法不同，但其波形测试方法基本相同。电压控制型喷油器驱动器波形如图5-41所示。电流控制型（又称饱和开关型）喷油器驱动器波形如图5-42所示。若实测波形结果不符合此标准波形，则表明喷油器或喷油器控制系统存在故障，应做进一步诊断排除。

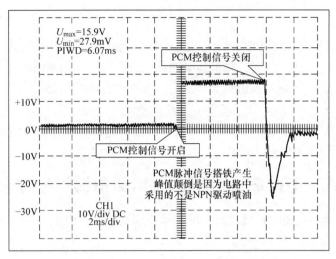

图 5-41　电压控制喷油器驱动器波形

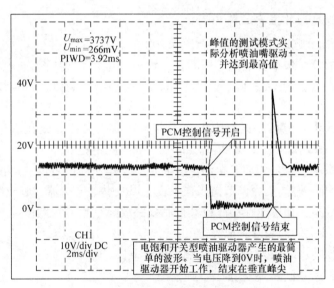

图 5-42　电流控制饱和开关型喷油器驱动器波形

【案例 5-3】　喷油器的检修方法

（1）简单检查方法

起动发动机，用听诊器（或用手触摸）检查喷油器针阀开启时的振动与声响。

（2）电阻检查

用万用表检测电阻，其低阻值应为 $2\sim3\Omega$，高阻值应为 $13\sim16\Omega$。

（3）滴漏检查

用喷油器清洗检测仪检查，在 1min 内喷油器应无滴漏现象。

（4）喷油量检查

用喷油器清洗检测仪检查，在额定压力下一定时间内的喷油量应符合使用手册规定。

（5）喷油器的清洗方法

分为以下两种。

1）人工清洗方法：在清洗前，应检测喷油器电阻。若为低阻型喷油器，则不能直接用蓄电池给喷油器通电清洗；否则，会损坏喷油器。清洗时不能给喷油器长时间持续通电，而必须采用通—断—通—断的方式给喷油器供电。当再次安装喷油器时，必须更换喷油器的橡胶密封圈。

2）仪器清洗方法。其优点是既能清洗喷油器，又能进行喷油量等性能检测。可采用不解体清洗法，或将喷油器拆卸清洗法。

第六节　电控燃油喷射系统常见故障诊断案例精选

EFI 常见故障诊断主要包括发动机不能起动或起动困难、怠速不稳或过高、发动机动力不足或加速不良以及发动机工作不稳定等。

一、发动机不能起动或起动困难

1. 发动机不能起动的主要故障原因

发动机不能起动或起动困难故障主要原因有如下五项。

1）起动系统故障：包括蓄电池电压不足、蓄电池电极桩夹松动或电极桩柱氧化严重、电路总熔断器熔断、点火开关故障、起动机故障、起动线路断路，以及线路插接器接触不良等。

2）点火系统故障：包括点火线圈工作不良导致高压火花弱或无高压火花、点火器故障、分电器的分火头故障（破裂或漏电），以及点火时间不正确等。

3）燃油喷射系统故障：如油箱缺油、燃油泵不工作或油压过低、燃油管泄漏或凹塌变形、断路继电器断开、燃油压力调节器工作不良，以及燃油滤清器过脏或堵塞等。

4）进气系统故障：如怠速控制阀或其控制线路故障、怠速控制阀空气管破裂或接头漏气、空气流量传感器上的油泵开关故障等。

5）电控单元故障：一般为 ECU 接线端子接触不良。

2. 发动机不能起动的排除方法

【案例 5-4】　一辆奥迪 A4L 轿车起动后熄火

1. 故障现象

一辆装备 CUJ 型发动机的奥迪 A4L 轿车，行驶里程为 59600km，发动机起动后故障灯点亮，随后发动机熄火。重新起动，发动机正常运行较短时间后，出现明显抖动并再次熄火。

2. 故障诊断与排除

1）接车后首先试车，验证故障属实。起动发动机，当冷却液温度升到 99℃时，车辆开始出现明显抖动，随后熄火。期间，冷却液温度上升得非常快，几乎达到了 1s 上升 1℃ 的速度。

首先连接诊断仪 ODIS 查询故障码，"01 发动机电控系统"中存储有下列故障码：

①传感器参考电压"A"过低，静态；②节气门电位计不可信信号，静态；

③由于接收到错误数值功能受限，静态；④发动机冷却液不足够，静态。

2）结合故障现象和故障码初步分析，导致发动机抖动最可能的原因是节气门故障。故拆检节气门和插头线路，未发现有异常，拔下插头后也未发现有异常。但怀疑是节气门故障，于是调换节气门，但故障未发生改变，说明节气门是正常的。故障可能与参考电压过低有关。

3）经查询资料得知，发动机 ECU 的某个端子给几个特定的传感器提供电压，这个电压被称为参考电压。参考电压是发动机 ECU 程序设计好的模拟电压，一般为 5V。参考电压分为两种：参考电压 J 和参考电压 B。此车的传感器电压 A 分配给 A35（T105/35）、A54（T105/54）、B32（T91/32）和 B33（T91/33）等端子。查询相关电路图，如图 5-43和图 5-44。

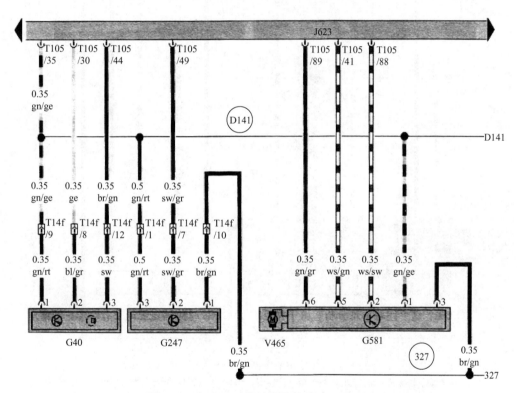

图 5-43　奥迪 A4L 发动机控制单元电路图 1

J623—发动机控制单元　G40—霍尔传感器　G247—燃油压力传感器

G581、V465—增压压力调节器总成　D141—参考电压供电 5V

4）由图 5-43、图 5-44 所示发动机控制单元电路图得知，其中 A35（T105/35）端子为以下传感器提供参考电压：发动机转速传感器 G28、进气温度传感器 G42、进气管压力传感器和发动机温度调节执行元件 N493。A54（T105/54）端子为节气门控制单元 J338 的 T6/2端子提供参考电压，T6/2 端子即为电位计传感器 1 和 2 的供电端子。A35 和 A54 是控制器程序设计好的参考电压 A。因此，怀疑是以上部件中某一个内部出现了短路现象，致使参考电压降低，从而导致节气门的供电电压不足，而无法正常工作。经测量节气门插头 T6/2 的

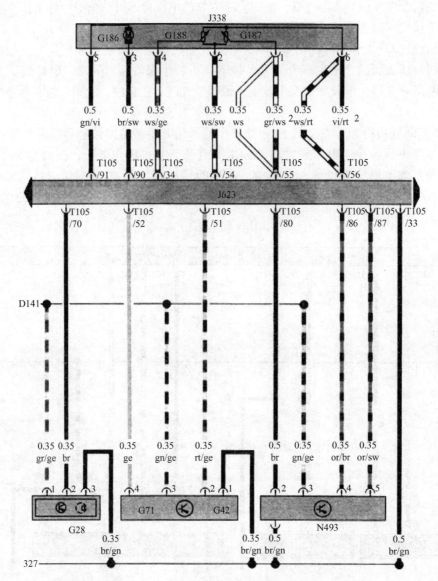

图 5-44 奥迪 A4L 发动机控制单元电路图 2

G28—发动机转速传感器 G42—进气温度传感器 G71—进气管压力传感器 J338—节气门总成
N493—发动机温度调节执行元件 327—接地 D141—参考电压供电 5V

供电电压为 1.8V，正常应为 5V 左右，说明供电电压过低。

5）依次拔下电路图中涉及的传感器插头，并再次测量节气门处供电电压，当拔下发动机温度调节执行元件 N493 时，节气门端子 T6/2 的电压变为了 5.0V，参考电压恢复正常。此时再起动发动机，运行平稳。这说明是温度调节执行元件 N493 出现了问题。分解执行元件 N493（图 5-45），发现其内部渗入了冷却液，元件已被严重腐蚀。

6）断开 N493 插头并读取故障码，"01 发动机控制单元"记录故障码由之前的 4 个，变成了以下两个：

① 冷却液旁通阀起动，断路，静态；

图 5-45 被拆解的温度调节执行元件 N493

② 冷却液不足显示传感器，电气故障，静态。

7）因温度调节执行元件 N493 和冷却液泵为一个整体，只好整体进行更换，重新订购 N493 和冷却液泵总成。测量被拆解的温度调节执行元件 N493 1、2 端子的电阻为 48Ω。更换 N493 和冷却液泵总成后，最后装机试车，一切恢复正常。

3. 维修小结

该车由于 N493 内部短路，拉低了参考电压 A 的供电电压，导致众多执行器和传感器无法正常工作，其中包括发动机转速传感器，因此发动机出现熄火故障。

遇到电路方面的故障时，一定要站在全局的高度来考虑问题，如果局限在故障本身或仅按照故障码提示来排除故障，则容易被引入歧途。

另外，也需要注意学习车辆新技术，例如奥迪 A4 第 9 代车型 B9 就取消了节温器，而使用温度调节执行单元 N493 代替节温器。如果对该技术不了解，在排除故障时也会遇到障碍而走弯路。

【案例 5-5】 一辆本田飞度无法起动

1. 故障现象

一辆本田飞度轿车在行驶中发动机突然熄火，再也无法起动。打开点火开关，指示灯一切正常。转动点火开关起动发动机，起动机转动有力且转速足够，但发动机仍然无法起动。

2. 诊断与排除

1）首先按先简后难思路，从油路检查入手。该车发动机属于电控燃油喷射系统。打开点火开关，工作 2s 后停止，发动机起动后持续工作。如此反复转动点火开关，即开 2s 后关，再开 2s 后关。同时打开燃油箱盖，倾听燃油泵工作情况。发现燃油泵有起动的"嘶嘶"声。再打开发动机舱，拔下燃油进油管，发现有燃油泵出，初步证明油路正常。

2）接下来查看电路。该车点火系统采用智能型独立双点火系统（I–DSI），每缸均有前后两个点火线圈和两个火花塞。先取下一、二缸前点火线圈和火花塞，发现火花塞潮湿且有很浓汽油味。然后将火花塞插入点火线圈与气缸盖搭铁并起动发动机，发现火花塞不跳火。说明点火系统有故障。

3）继续寻找点火系统故障。拔下点火线圈的三芯插头，其三根连线颜色分别为黑/黄（电源线）、白（ECU控制线）和黑（搭铁线）。打开点火开关，用万用表首先测量黑/黄线（电源线），即电源的电压，结果无电压。接着按照电路图查找原因，发现驾驶人侧熔丝盒内部的14、15号熔丝烧断（它们分别为前、后点火线圈的熔丝）。在更换熔丝后打开点火开关，熔丝立即又熔断，说明点火系统短路。

4）用万用表查明短路处。先用万用表测量熔丝盒14号与15号保险插座，发现电源对地短路。经线路检查一切正常。而当拔下全部点火线圈插头时，发现熔丝插座短路现象消失。为此，只得将八个点火线圈全部逐一拆下测量，结果发现二缸前、后点火线圈均内部短路。

5）误以为问题解决了，但当更换二缸前、后点火线圈后，装回全部线路与熔丝，重新起动发动机，结果发动机还是不能起动。此时发现发动机转速明显偏低，且蓄电池电量已经明显下降。

6）给蓄电池充电。当给蓄电池重新充足电后，再次起动发动机，发现发动机有"突突"的响声，但还是起动不了。

7）在有油、有电的情况下，继续查找仍旧不能起动的原因。此时只能考虑是否是电控系统或其他机械部分的故障了。

8）用专用诊断仪进行诊断。采用本田专用HDS诊断系统进入车辆ECU，结果未发现故障码。再查看数据流，各种数据均正常。然后再次起动发动机，意外发现发动机转速只有60r/min。

9）查找发动机转速过低的原因。因该机发动机转速信号是从电磁感应式曲轴位置传感器获取的，于是拆下曲轴位置传感器并测量其电阻，发现该传感器与曲轴触发轮获取信号端部严重磨损。

10）拆开油底壳进一步检查曲轴的触发轮。由于电磁感应式曲轴位置传感器端部在正常情况下与曲轴触发轮应有一定间隙，不应该磨损。于是怀疑是曲轴触发轮的问题，故将车辆升起，发现该车油底壳曾经碰撞过。拆开油底壳进一步检查，发现其曲轴触发轮已经开裂为三块，其中有两块已经掉在油底壳中，而剩下的一块仅有一小部分齿廓，只能对曲轴位置传感器发出很微弱的发动机转速信号，所以导致发动机仅仅有"突突"的响声，但无法起动。

故障的真正原因终于找到了。经过重新更换曲轴触发轮后，发动机能够一次起动成功。再次使用本田专用诊断系统进入车辆ECU，查看数据流，一切正常，故障排除。

3. 故障原因

1）2缸前、后点火线圈均内部短路。

2）电控系统故障，即因油底壳曾经碰撞过而导致发动机曲轴上给电磁感应式曲轴位置传感器输出转速信号的触发轮已经损坏并开裂为三块。

【案例5-6】　一辆北京现代索纳塔轿车冷起动困难

1．故障现象

一辆北京现代索纳塔轿车行驶12万km时，出现冷起动困难现象，但当另接一根电源导线至燃油泵时，发动机可以顺利起动。

2．诊断与排除

1）故障初步判断。根据当另接一根电源导线至燃油泵时发动机可以顺利起动，可初步判断发动机本身及其ECU正常，而故障出在电动燃油泵电路或相关传感器上。

2）再检查电动燃油泵继电器熔丝及其线路，包括继电器与ECU的线束插接器是否损坏或松动。

3）测量燃油泵继电器相应接线端子电压，若超标，应更换该继电器。

4）检测发动机冷却液温度传感器。如果用万用表测量其在各种温度下的电阻值时，发现与标准值相差较大，则表明此温度传感器已经损坏，需要更换（因为ECU是根据冷却液温度传感器的电压信号来判断发动机的温度，且据此提供冷机起动所需最佳空燃比的）。

5）检查过程中还发现燃油泵继电器线路存在局部磨损，于是更换了冷却液温度传感器和燃油泵继电器。经试车，可以顺利起动，且工作正常，故障排除。

3．故障原因分析

1）原冷却液温度传感器损坏。

2）燃油泵继电器线路存在局部磨损，最终造成发动机冷起动困难。

【案例5-7】　一辆上海大众斯柯达昊锐1.8T SI轿车起动困难

1．故障现象

一辆上海大众斯柯达昊锐1.8T S1轿车起动困难，怠速抖动。

2．故障诊断与排除

1）读取故障码。接车后检测发动机ECU，发现故障码P0341"进气凸轮轴位置传感器故障"和故障码P0011"进气凸轮轴相位过度提前"。

2）查看数据流。接着将发动机怠速运转查看数据流，发现负荷率已达到33%。这表明如果进气凸轮轴相位错误提示是可信的，那么此时进排气行程的相位重叠，已经造成了混合气的燃烧异常。

3）更换电磁阀。拆卸凸轮轴相位调整电磁阀检查，发现其阀芯卡滞在相位最大提前量的位置上。因此在发动机怠速运转时，由于空气流速低、惯性小，故排气气流影响了空气的吸入。更换电磁阀后试车，故障排除。

二、发动机怠速不稳或怠速过高

1．发动机怠速不稳的主要故障原因

造成发动机怠速不稳主要有下述原因。

1）进气系统有漏气处，如各软管及其连接处漏气、流量控制阀漏气、排气再循环系统漏气、机油尺插口处漏气、机油滤清器盖漏气等。

2）空滤器滤芯过脏。

3）空气流量传感器工作不正常。

4）燃油喷射系统的供油压力不稳定，如油管变形、系统线路连接处接触不良、燃油泵的泵油压力不足、燃油压力调节器工作不稳定、燃油滤清器"过脏"、断路继电器触点抖动、喷油器故障等。

5）点火正时不正确。

6）冷起动喷油器和温度定时开关工作不良。

7）汽油蒸气控制系统出现故障。

8）电控单元出现故障。

2. 发动机怠速不稳的排除方法

1）检查进气管路有无漏气现象，如各软管及其连接接头处、PCV 阀管子、EGR 系统、机油尺插口处、机油滤清器等。

2）检查供油压力。检查油箱是否缺油、燃油管的压力是否不稳定等。

3）检查空滤器滤芯是否过脏。

4）检查点火提前角是否正确。

5）检查各缸火花塞的工作情况。

6）检查冷起动喷油器和温度定时开关的工作情况。

7）检查汽油蒸气控制系统的工作情况。

8）检查喷油器的喷油情况。

9）检查空气流量传感器的输出电压以及发动机工况的变化情况。

10）检查电控单元的工作情况。

【案例 5-8】　奥迪 A6 怠速过高的调节方法

1. 故障症状

一辆奥迪 A6 在清洗完节气门之后，怠速达到 1200r/min，用 X431 诊断仪查出故障是怠速调整超出范围。

2. 诊断与排除

1）连接 X431。

2）打开点火开关。

3）进入 X431 的大众车系，选择奥迪 A6 普通模式，进入发动机系统，清除故障码（可以清除）。

4）进入通道调整匹配，输入"000"，确认后显示自适应清除成功。

5）进入系统基本调整，通道号输入"001"，点击确认，发动机转速迅速降低到 800r/min 左右，自此后车况正常，故障排除。

【案例 5-9】　上海别克新世纪轿车（装用 V6 电喷发动机）怠速故障

1. 故障现象

一辆上海别克新世纪轿车发动机怠速时抖动严重，加速不良，急加速时进气管回火，行驶动力不足。

2. 诊断与排除

诊断与排除方法详见图 5-46 及其注解。

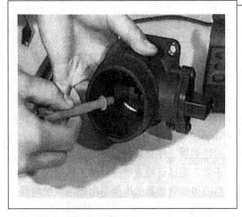

检查进气系统故障的方法

1) 清洁空滤器。更换汽油滤清器和火花塞后试车，故障依旧。

2) 拆下喷油器。用专用设备清洗，仍不奏效。

3) 拆下空滤器。用手堵住节气门体，人为使混合气变浓后发t现怠速随之变稳，急加速也不回火。说明故障原因是混合气过稀。然后继续以下检查项目：①检查燃油压力，在正常范围内；②检查空气流量传感器，拔下空气流量传感器导线侧插接器后试车，怠速稳定，加速好转，故障全部消除，说明故障在空气流量传感器上；③检查空气流量传感器，发现其热丝完好，但其上有许多脏污，清除脏污后再试车，发动机恢复正常。

图 5-46　空气流量传感器上有脏污

【案例 5-10】　一辆别克 G L 轿车怠速故障

1. 故障现象

一辆别克 GL 轿车怠速时发动机抖动厉害，而且加速不良，于是车主将车开至上海通用特约维修站维修。

2. 故障诊断与排除

用 Tech－Ⅱ诊断仪检查发动机电控系统，结果为真空度与压力传感器电压偏高（约为3.0V，已经超出怠速时一般为 1.5～2V 的标准）。测量发动机尾气，发现 CO 为 0.5% 左右，而 HC 约为 1300pm（1×10^{-6}），严重超标；且发动机的抖动现象也证明其尾气很可能不合格，发动机燃烧极为不好，查看 λ（混合比）值为 1.29 以上，正常情况为 0.98～1.1（视发动机型号而定），说明混合气偏稀。此车的点火系统已经检查过，有些部件也替换过，但故障依旧。

于是做如下检查。首先测量供油系统压力，为 305kPa 左右，符合 284～325kPa 的要求。因此，对燃油系统压力不做考虑。因为混合气过稀，有可能是因为喷油嘴或节气门体太脏所致，于是利用喷油嘴平衡试验的办法，对各缸的喷油嘴进行了平衡试验。做完试验后发现各气缸压力差都在 7kPa 以内，完全满足压力差在 10kPa 以内的要求。因此，可以认为喷油雾化或喷油量情况较好，基本上不存在堵垢问题。

用 Tech－Ⅱ诊断仪测试 OBD 系统，没有故障码，除了真空度压力传感器（MAP）所示的电压比正常值偏高外，没有发现其他不正常的数据。用表测量 MAP 的信号值，与用 Tech－Ⅱ测得的相同，用代替法更换 MAP 后，其结果仍然相同。加大节气门开度后，MAP 值也随之变化，会不会是哪里漏真空呢？于是仔细寻找，并未发现，只是若隐若现地有一点漏气的声音，对每一处真空管寻找也未发现有破损的地方，用化学清洗剂轻轻在容易引起漏气的部位喷雾，也没有发现发动机转速上升现象。

当无意中碰到 1 缸喷油器附近时，发动机转速有了较大的提高，上升约 150r/min 之后又缓慢下降，再碰转速又有所上升。于是拆下 1 缸喷油器，发现 1 缸喷油器的密封圈破损，更换新件后故障排除。这里值得注意的是，喷油器上下两个密封圈大小相同，但上部的为黑色 O 形圈，下部的为棕色 O 形圈，因材质不同，所以用不同的颜色以示区分。同时要注意确保 O 形密封圈与支承体的配合到位，以防泄漏。

3. 总结分析

本案例是电控发动机中喷射故障中的一种类型。在本例中，怠速不稳、尾气不合格是很难处理的一种病症。因为怠速工况时发动机的每个系统部件要求均较高，而尾气不合格则是发动机故障的集中体现。这个故障的引起原因也很多，如点火系统、供油系统、真空泄漏等许多原因，甚至气门不密闭、缸盖有裂口、活塞故障，也会引发此故障。但真空泄漏是较常见的故障原因之一，尤其是汽车运行几万 km 之后，有些部件会因温度原因、反复拆卸原因、外力原因等多种因素而遭到破坏，因此对于真空泄漏的故障要采取"一听二试三摸四看"的四步法加以分析排除。

一听，即仔细倾听发动机转动时的声音。

二试，在注意安全的前提下，对各真空部位进行化学清洗剂喷射试验，如有泄漏，会有转速变化，有时还会熄火。

三摸，对于有些怀疑的部位，可以用手感觉发动机运转时的真空吸力。

四看，可以利用烟雾生成器的烟雾，在进气口加入气体，密封之后看气体从哪个部位泄漏（此时不着车，要在熄火状态下进行）。

当判断或怀疑喷油嘴 O 形密封圈处漏真空时，可以采取以下方法试验：利用纸片将发动机的怠速旁通道堵住，关闭空调，使速度降低。每次拆开一个喷油器导线接头，使喷油器不能工作。注意观察提速变化，有泄漏的气缸拆开接头后反应会相对不明显，而密封良好的气缸可能会导致灭火。也可以利用润滑脂或"真空脂"来检查泄漏。在发动机运转状态下，在某处擦抹润滑脂或真空脂，如果擦抹后发动机运转情况好转，则说明该处漏气。如没有反应，则说明该处密封良好。查到漏气部位之后，通过紧固、更换等方法，就可解决问题。

【案例 5-11】 一辆北京现代伊兰特轿车冒黑烟，怠速"游车"

1. 故障现象

一辆北京现代伊兰特轿车出现冒黑烟，怠速"游车"的故障，黑烟随着加速而增多，且油耗增大。

2. 诊断与排除

首先读取故障码。其诊断盒在离合器右侧的熔丝盒下方。接上发光二极管（该车无"CHECK"灯），读得"21 号故障码"，即冷却液温度传感器信号不良）。经检查，冷却液温度传感器的插头有油污，清除油污后，故障码可以消除，但故障现象依旧存在。

接上通用诊断仪，读取数据流。测得的热车怠速喷油时间为 8ms 左右（正常值为 2～3ms），空气流量传感器的输出信号频率在 80～120Hz 之间快速变化（正常值为 30～40Hz），其他信号参数基本正常。因此，很可能是由于空气流量传感器的信号不正常引起喷油量异常而导致的故障。

再用信号模拟器的矩形输出信号代替空气流量传感器的信号。当频率为35Hz时，喷油量脉宽时间为2.6ms，发动机怠速运转平稳，且无黑烟。由此可判定：该故障是由空气流量传感器问题引起的。

换上新的同类型空气流量传感器，起动发动机，怠速运转正常，且无黑烟。再次读取数据流，其怠速时喷油量的脉宽时间为2.6ms左右，空气流量传感器输出信号为30Hz左右，发动机故障排除。

3. 维修小结

由于空气流量传感器故障而导致怠速不稳及加速冒黑烟。

三、发动机工作不稳定

发动机工作不稳定的诊断程序如图5-47所示。

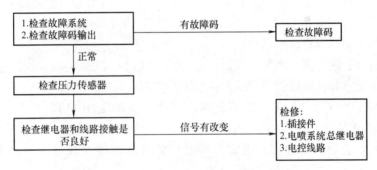

图5-47　发动机工作不稳定的诊断程序

【案例5-12】　一辆福特福克斯C307轿车发动机间歇性抖动

1. 故障现象

一辆福特福克斯C307轿车，搭载1.8L发动机和4速自动变速器，行驶45000km。车主反映车辆行驶过程中发动机间歇性抖动，重新起动后，车辆又恢复正常。故障发生时，发动机加速不良，其转速最高只能达到2000r/min左右。

2. 故障诊断与排除

扫描发动机故障码。因车辆为间歇性故障，来店时车辆完全正常。维修人员使用IDS诊断仪扫描发动机故障码，发现两个与动力系统有关、5个与网络有关的故障码。

维修人员截取了两个与动力系统有关的故障码，认为它们是最主要的故障码：①P0607，控制模块性能，系统正在以设定的系统模式操作；②P2110，节气门作动器控制系统—强制限制RPM，系统正在以设定的系统模式操作。而对于其他5个关于网络的故障码没有在意。

清除故障码后进行路试，在行驶15km后故障再现，此时明显感觉发动机抖动非常严重，发动机进入转速受限模式。

回店后，在车辆未熄火的情况下打开发动机舱盖，拆下节气门前端进气管，并观察节气门动作，连接IDS观察发动机实时工况参数：发动机负荷为45.32%，转速为1248.75r/min，节气门TP1电压为4.08V，TP2电压为1.27V，加速踏板APP1电压为

0.39V，APP2 电压为 0.94V。尝试踩下加速踏板，节气门没有动作，但 APP1 与 APP2 信号变化却正常，认为此时发动机已经进入失效保护模式，发动机控制模块（PCM）已经不能有效地控制节气门作动，所以节气门开度不随加速踏板动作而变化，继续加速时，发动机转速有所上升，而进气流量传感器数据却变化不大，所以负荷有所下降。

福克斯发动机控制模块进入失效保护模式一般有两个原因：①加速踏板位置传感器（APP）故障；②节气门位置传感器（TP）故障。两个不同点：①加速踏板位置传感器故障后踩下制动踏板，发动机转速会降到怠速转速附近，松开制动踏板时转速会增加；②节气门位置传感器故障后发动机控制模块会使发动机 1/4 缸断油，所以发动机工作会更加粗暴，而不受制动踏板状态的影响。按此分析，此车的症状与节气门位置传感器故障相符合。

于是分别对发动机 1/4 缸进行断缸测试，发现发动机转速没有明显变化，证明发动机 1/4 缸已经处于断油状态。但使用 IDS 进行检测时却没有发现有关节气门位置传感器故障的实质性故障码。此时，又重新梳理了一下思路，想到故障码 P2110。于是使发动机熄火，用手直接来回顶开节气门翻板观察 TP1 与 TP2 信号变化，奇怪的是 TP1 与 TP2 信号变化皆正常，说明节气门作动器以及线路均正常。

因故障现象间歇性出现，为排除线路故障，把节气门到 PCM 的线束剖开进行彻底检查，但没有发现该段线束有任何破损或接插件接触不良情况，可基本排除线路故障。

为了排除电子节气门（ETB）内部故障，更换了新的 ETB 进行路试，故障依旧。排除完 ETB 与线路故障后，一个关于 PCM 本身的故障码 P0607 引起了注意，因为每次出现故障时，发动机都会进入失效保护模式。所以在失效保护模式状态下对其进行检测意义不大。

为更快确定故障点，维修人员将故障车的 PCM 安装在正常车上（连同仪表及钥匙防盗芯片）进行路试，结果故障现象很快出现，可以确定故障车的 PCM 已损坏。更换新的 PCM 后，故障彻底排除。

3. 维修小结

从一开始维修人员的诊断思路就被限制住了，因忽视了其他 5 个有关网络的故障码，而错误地认为它们没有实质性意义。其实它们都是因 PCM 内部故障所检测到的故障码。这也提醒维修人员，以后遇到真实存在的模块内部故障码时，应考虑是否为模块本身故障。

【案例 5-13】　一辆帕萨特 B5 轿车，发动机怠速不稳，行驶无力且冒黑烟

1. 故障现象

一辆帕萨特 B5 轿车怠速不稳，行驶无力且冒黑烟。做了一次节气门基本设定后故障排除，但几天后故障又重现。

2. 诊断与排除

首先用 V. A. G5052 故障诊断仪读取故障码。读取到的故障码为"00533"（含义为"空气流量传感器 G70 短路、断路、输出不可靠信号"）。更换空气流量传感器后，检测全车数据流正常。但故障依旧。

进一步进行空气流量传感器的电路检测。在检测空气流量传感器电路时，发现空气流量传感器端子 5 与发动机 ECU 端子 13 之间的信号的线电阻值偏大（正常值应为 0.5Ω，实测值为 3.6Ω）。说明该线路存在虚接现象。

处理线束的接头。处理后，故障排除。

3. 故障原因分析

由于空气流量传感器的信号线位于插头的转角处，容易产生接触不良而导致信号的线电阻值偏大。此故障会经常遇到，解决起来也比较困难。

四、发动机加速不良或动力不足

发动机加速不良或动力不足的主要原因有：

1）进气系统有漏气现象。

2）燃油供油压力过低。

3）点火电压过低。

4）点火时间过晚。

5）气缸压力过低或气门间隙过小。

6）节气门位置传感器工作不正常。

7）电控单元有故障，等等。

【案例 5-14】 一辆华晨宝马 523Li 轿车发动机加速无力

1. 故障现象

一辆华晨宝马 523Li 轿车，搭载 N52825BE 型号、2.5L 发动机和 8 速手自一体自变速器，行驶里程 141971km，行驶中出现加速无力、发动机故障灯点亮现象。

2. 故障诊断与排除

首先确认故障现象。维修人员接车后首先确认故障现象，发现发动机需要连续起动两三次才能着车。着车后，中央显示屏提示"驱动装置有故障""可以继续行驶""加速能力降低""尽快由 BMW 售后服务检查"字样，如图 5-48 所示。对故障车进行路试，发现在水平路面车速最高只能达到 30km/h，稍微有点坡度路面车辆将无法通过。

图 5-48 中央显示屏的故障提示

读取故障码。用宝马专用诊断仪对发动机进行检测报有多个故障码，见表 5-2。

表 5-2 故障码列表

故 障 码	说　　明	行 驶 里 程
002A94	DME 曲轴传感器，信号	141968km
002D52	DME 内部故障，发动机转速监控	141968km
002DED	DME 电源管理，休眠电流故障	141968km
0051AB	EGS 发动机信号	141968km
009CC5	LM LIN 信息（RLS）缺失	141968km

更换曲轴位置传感器。根据故障码提示，维修人员怀疑发动机曲轴位置传感器工作异常。于是从备件库借来新的曲轴位置传感器装车，经试车，故障依旧，说明原车曲轴位置传感器应该没有问题。

检查熔丝。维修人员根据诊断仪"查找功能"，发现曲轴位置传感器 12V 供电电源受发动机舱熔丝盒里的 F03（20A）熔丝控制。将发动机熄火，拔下 F03 熔丝进行检查，熔丝完好。但发现 F03 熔丝下端接线端子有一端出现腐蚀氧化现象。对其氧化端子进行精心处理，重新插上熔丝，再次起动车辆，发动机顺利起动着车，其怠速运行平稳，加速顺畅有力，发动机故障灯熄灭。经反复路试，故障未再次出现，至此，故障顺利排除。

3. 维修小结

参考电路图（图 5-49）可知，该车故障主要是由于发动机舱熔丝盒里的 F03 熔丝下方端子出现腐蚀氧化，造成发动机电控系统相关传感器及 DME 等供电电源不稳定而导致发动机起动困难、加速无力、故障灯报警现象。维修人员在故障诊断时走了一些弯路。由于维修人员工作经验不足，发现相关传感器故障码后，首先只想到更换传感器。然而更换传感器后故障依旧，这时才去查找传感器的相关线路。据了解，由于该车曲轴位置传感器安装位置比较隐蔽，就车测量曲轴位置传感器插接器供电线路十分困难。在维修总监提示下，维修人员后来对该车曲轴位置传感器的电阻值进行了测量。传感器端子 1 和端子 2 之间电阻约 3.5MΩ，正常。

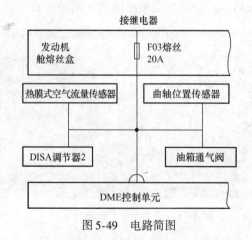

图 5-49 电路简图

【案例 5-15】　一辆一汽-大众 CC 轿车急加速不良

1. 故障现象

一辆搭载型号为 CEA 发动机的一汽-大众 CC 轿车，行驶里程约 42677km。车主反映该车行驶时偶发加速不良现象，同时仪表电子节气门（Electronic Power Control，EPC）故障灯报警。

2. 故障诊断与排除

扫描发动机故障码。用诊断仪 VAS5052A 检测仪发现发动机控制单元有故障码"P0087：燃油油轨/系统压力过低，静态"，如图 5-50 所示。

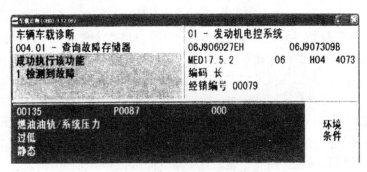

图 5-50　故障码 P0087

试运转再现故障。怠速运转，进行路试，低速和匀速行驶均正常。当进行急加速时，明显感觉动力不足，且发动机抖动，同时发动机故障灯 EPC 报警，最高转速达不到 3000r/min。尝试清除故障码后进行试车，急加速行驶一段路程后，故障再次出现。

故障原因初步分析。根据故障现象和故障码判断导致该故障可能的原因如下。

1）油泵、燃油滤清器故障。

2）油泵控制器及相关线路故障。

3）低压燃油管路故障。

4）燃油压力调节阀 N276 及线路故障。

5）高压泵故障。

6）发动机控制单元故障。

根据维修经验，出现该故障码时油泵、油泵控制器及高压泵损坏的情况比较常见。故首先检查油泵、燃油滤清器、油泵控制器，并尝试更换正常的油泵和油泵控制器进行试车，故障依旧。

连接故障诊断仪，读取发动机高压系统压力。0108 - 140 组 3 区高压压力只有 4bar（1bar = 10^5 Pa），如图 5-51 所示。正常车辆高压应为 50 ~ 150bar。检查低压系统油压为 6bar 左右，在正常范围。故排除低压燃油系统故障，同时排除油泵和油泵控制器故障。不需要更换低压燃油系统部件。

根据经验分析，如果高压泵燃油调节阀损坏，高压压力应在 7bar 左右。而该高压系统油压只有 4bar，低于低压燃油系统压力，说明燃油高压系统没有建立。根据缸内直喷高压结构原理，燃油高压通过安装在燃油泵上的压力调节器 N276 来调节。在喷油过程中，发动机

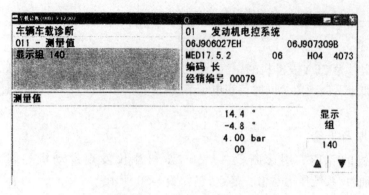

图 5-51　高压泵压力测量值

ECU 根据计算出的供油始点向燃油压力控制阀 N276 发送指令使其吸合。此时针阀克服针阀弹簧作用力向前运动，进油阀在弹簧作用力下被关闭。随着高压泵活塞向上运动，在泵腔内建立起油压。当泵腔内的油压高于油轨内的油压时，出油阀强制开启，燃油便被泵入油轨内，在油轨内形成稳定的高压燃油压力，由压力传感器识别并把信号传送给发动机 ECU。

读取数据流 01-08-140 组 3 区显示的压力大小，可以分析判断燃油高压是否建立。

根据以上对燃油高压建立过程的分析，导致燃油供给系统高压不能建立的可能原因包括高压泵损坏、凸轮轴驱动装置损坏、输油管堵塞、低压燃油系统压力过低、高压泵燃油调节阀及线路故障及发动机控制单元故障等。

按照先易后难的原则进行部件排查。首先对高压泵外观、燃油调节阀以及线路进行检查，结果均正常。接着检查高压泵。当拆下高压泵输油管时，在高压泵输入口处发现有一个圆锥形铁块异物（图 5-52），将异物取出后，进行试车，故障消失。

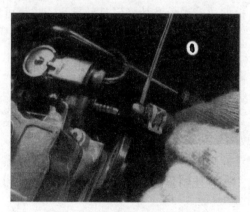

图 5-52　高压泵输入口处发现异物

但是异物是如何进到油管的呢？带着疑问查阅维修记录。发现此车在几个月前发生过一次事故，发动机燃油管路进行过拆解。异物很有可能是拆解过程中意外掉进去的，而修理工在装复油管时未能发现异物而造成故障。

故障车由于高压泵输油管内有异物，且该异物尺寸大于单向阀的内孔直径。起初，异物离高压泵输入口处较远，故未完全堵塞进油管。车辆虽供油不畅，但尚能保持系统压力不至于引起发动机故障灯报警。随着车辆不断使用，异物随着燃油的流动而移动，直到碰到高压泵进油口。当车辆加速时，高压泵进油口被异物完全堵塞，从而出现发动机加速不良，且仪表发动机故障灯报警。

3. 维修小结

维修人员在处理故障时不要仅仅局限在车辆故障现象和故障码上，还要学会检查车辆维修记录，分析故障与此前的维修项目（特别是出过事故的车辆）是否有所关联。同时，在维修过程中一定要做好相应的防护工作。例如，对于油管以及液压系统等类似部件，在拆卸后若不能及时装配好的情况下，要做好防止异物进入的预防工作，且在装配时要仔细防止异物进入系统内。本故障车辆就是一个十分典型的教训，因维修人员维修车辆时未做好防护工作，导致异物意外掉进油管内，装配时又未仔细检查，从而导致严重故障。

【案例 5-16】 一辆奥迪 A5 轿车加速不良

1. 故障现象

一辆奥迪 A5 轿车，发动机型号 CNC，行驶里程 5543km，车辆仪表中 EPC 和发动机故障灯报警，车辆加速不良，发动机控制单元 J623 读取到故障码"P23600：增压压力传感器不可靠信号"。

2. 故障诊断与排除

首先根据故障码进行引导性故障查寻。检查增压压力传感器 G31 的供电电压，G31 插头的 1 号线与 3 号线之间的电压测量值为 5.4V，在正常范围内。再测量发动机信号电压，插头 1 号线到 4 号线之间的电压也在规定范围内。根据 ECU 提示更换增压压力传感器 G31，更换 G31 后试车，故障灯依然点亮。但在 J623 读取到的故障码变为"P023400：增压压力调节高于调节极限"（图 5-53）。在路试时，读取发动机的增压压力实际值与目标值（图 5-54）比较后发现，读取出来的实际值无论在何种工况下始终保持在 1.5bar 左右。但正常情况下，目标值应该会随着发动机转速和负荷而改变。

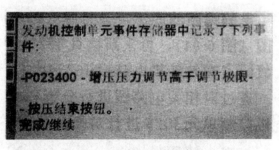

图 5-53　改变后的故障码

根据故障码再次进行引导性故障查询。提示导致增压压力超出标准值可能的原因有：①增压压力调节器 V465 损坏或至排气门的连杆卡住；②增压压力传感器 G31 损坏；③废气涡轮增压器的废气风门卡在关闭位置上（图 5-55）。由于之前已经更换了增压压力传感器 G31，故排除了 G31 故障。因此只剩下另外两种情况。

将氧传感器拆出，刚好可以看到涡轮增压器的排气泄压阀门（图 5-56），进行作动器测试，观察到 V465 的连杆、风门开关正常，行程同正常车辆相比无异，故排除了第一点故障原因。

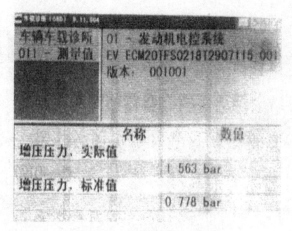

图 5-54 读取增压压力数值

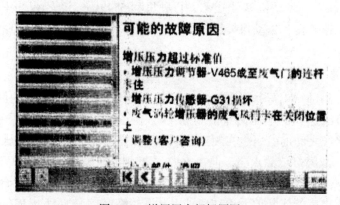

图 5-55 增压压力超标原因

图 5-56 排气泄压阀门

查询相关资料得知：增压空气循环阀 N249 是负责调节进气压力的，发动机控制单元根据工况的需要，控制 N249 泄压来进行调节。如果 N249 的活塞卡住在关闭位置，会导致无法泄压，从而使涡轮增压器保持在较高压力。拆下 N249 检查后未发现问题。将 N249 的活塞取下试车，让其保持在泄压状态。但起动后涡轮增压的实际值还是保持在 1.5bar 左右。

这说明故障点并不是出在涡轮增压器上。

检查 ECU 是否发生故障。当以上原因都被排除后，最后就怀疑是否 ECU 发生故障。根据发动机控制单元电路图（图 5-57），再重新检查 J623 到 G31 的线路是否断路、短路。检查结果确定不存在故障。故初步确定故障很可能就在 ECU 上。于是找同款工作正常车型的发动机控制单元 J623 进行对换，并利用 ECU 在线解除部件保护后匹配试车，故障最后得以排除。

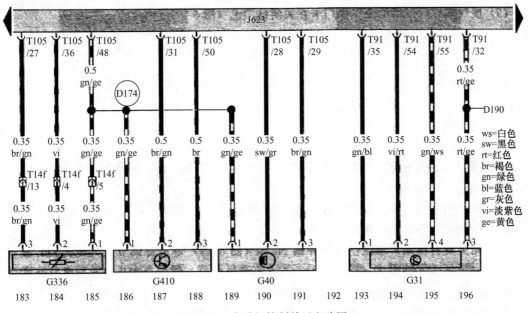

图 5-57　发动机控制单元电路图

3. 维修小结

根据以往的经验，加速不良的故障在奥迪 2.0T 发动机上出现的比较频繁。故首先会想到更换压力传感器 G31 和压力调节阀，因为 ECU 损坏的情况比较少见。在以上两种故障情况排除后往往会陷入死胡同。冷静下来，通过对电路图的分析，确定还是 ECU 故障。利用 ECU 做引导性故障查询，可以给维修指明方向；但是有时也会误导。所以应该保持清晰的思路，认真解读电路图。并利用排除法，由简到难地分析排除可能的故障，才能顺利解决问题。

五、发动机油耗过高、排放超标及供油系统其他故障

1. 发动机油耗过高、排放超标故障

（1）故障现象

车辆正常行驶过程中，发动机的油耗超过正常水平。

（2）故障原因

主要原因包括传感器或开关的信号失准、燃油压力过高、喷油器故障、点火系统故障及机械系统故障等方面。

具体原因分述如下。

1）燃油供给系统泄漏。

2）进气道或空气滤清器堵塞，使进入气缸的空气量减少。此时要输出同样的功率，只得增大节气门开度，导致供油量增加。

3）喷油器漏油、雾化不良，导致油耗增加。

4）燃油压力调节器失效，使燃油压力升高，导致喷油器的喷油量增大。

5）点火能量降低，导致混合气燃烧不充分。

6）点火正时不准。

7）空气流量传感器和进气歧管压力传感器的信号不正确，导致 ECU 不能精确检测出怠速运转时进入气缸的空气量。

8）气缸压力过低。

9）曲轴转速与位置传感器、凸轮轴位置传感器无信号或信号不正确，导致 ECU 不能对喷油正时、点火正时与爆燃等进行控制。

10）冷却液温度传感器信号不正确，导致 ECU 不能对喷油量、点火提前角等控制功能进行修正。

11）爆燃传感器故障，导致发动机在负荷增加时点火提前角不能被推迟而引起爆燃，因而增大油耗。

12）氧传感器信号不正确，使得 ECU 无法根据氧传感器信号进行闭环控制，导致空燃比失调与发动机不能在最佳状态下工作。

13）活性炭罐电磁阀卡死，导致燃油箱始终与进气道相通，使油耗升高。

（3）故障诊断与排除

在检修前，首先用故障诊断仪读取故障码，然后结合故障码对可能导致故障的元件与线路进行检查。在检查中，要特别注意传感器线路与插接器的导通是否良好。

具体检查项目如下。

1）检查是否存在燃油泄漏现象。

2）检查喷油器有无泄漏。

3）检查进气通道有无堵塞，检查并清洗空气滤清器或更换滤芯。

4）检查燃油压力调节器及油压是否过高。

5）检查点火正时、火花塞与点火线圈是否正常。

6）检查空气流量传感器与进气歧管压力传感器是否正常。

7）检查曲轴转速与位置传感器、凸轮轴位置传感器的信号是否正常。

8）检查冷却液温度传感器及其电路。

9）检查爆燃传感器是否正常。

10）检查氧传感器及其电路。

11）检查活性炭罐电磁阀是否正常，等等。

【案例5-17】 一辆搭载型号为 BJG 发动机的一汽-大众捷达轿车尾气排放指示灯报警

1. 故障现象

一辆一汽-大众捷达轿车，仪表上的尾气排放指示灯报警，但行驶中无异常感觉。

2. 故障诊断与排除

读取故障码。首先使用 VAS5051 诊断仪，查询发动机 ECU 中的故障码"16724：凸轮轴位置传感器 A 电路不正确配置"。在怠速状态下，读取 01 – 08 – 12 组 3 区和 4 区数据，均显示为 0，说明发动机 ECU 不能识别凸轮轴 G 信号与曲轴位置 Ne 信号（3 区和 4 区表示曲轴位置信号与凸轮轴位置信号的对应关系，简言之，就是信号凸轮轴的高低点与曲轴位置参考点的相对位置识别，其正常值应分别为 28、87）。

检查发动机配气正时。凸轮轴正时位置错误或传感器线路故障都会使 ECU 接收到的凸轮轴位置感应值不正确而报故障（此时如断开 G40，也会报出同样的故障码）。为此，首先检查发动机配气正时，结果正常。鉴于凸轮轴本身出现机械故障的概率小到可以忽略，故排查思路可确定为对传感器线路故障的检查。

传感器线路排查。根据捷达 BJG 发动机凸轮轴位置传感器电路图（图 5-58）进行排查。凸轮轴位置传感器 G40 的 T3a/1 端子为供电端，T3a/3 端子为 ECU 内部搭铁端，T3a/2 端子连接 ECU 的 T80/80 端子，向发动机 ECU 提供反馈信号电压。运用 VAS5051 检测仪的波形检测工具，实测 T3a/3 端子和 T3a/1 端子有 5V 的供电电压和正常接地。再以 ECU 的 T80/80 端子为监测点，测量其波形，为振幅 2.55V 不规则信号波形（图 5-59），和脉宽时有时无，偶尔也表现为波形振幅 2.5V 凸轮轴信号波形（图 5-60）。而正常的 G40 信号波形应为振幅 5V、连续周期变化的方波。检测结果说明传感器信号产生失真。

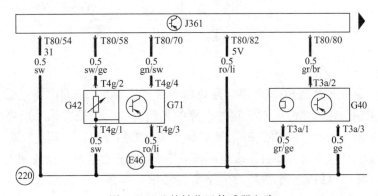

图 5-58　凸轮轴位置传感器电路

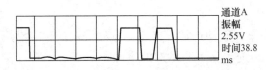

图 5-59　振幅为不规则的信号波形

对故障源进行功能性检测。根据观察到的波形无异常干扰和突变现象，分析传递凸轮轴信号的线路出现故障或受周边电磁干扰的可能性不大。至此，可将故障源定为发动机 ECU 和凸轮轴位置传感器两部件上，应分别对其做功能性检测。

断开 G40 插头，以连接发动机 ECU 的 T80/80 端子、T3a/2 端子为检测点，测量在点火档位上由 ECU 输出的直线电压，结果为 2.5V。而对比测量正常车的信号电压应为 5V。

凸轮轴位置传感器为霍尔元件，可以把它视作具有导通和截止作用的状态开关。线路的

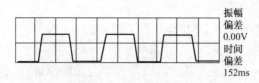

图 5-60　脉宽时有时无的凸轮轴信号波形

断开模拟了凸轮轴位置传感器的截止状态，截止状态的信号电压直接反映了发动机 ECUT80/80 端子的状态。由此可分析推断出 ECU 的信号处理模块出现电路故障。因提供的基准电压有问题，而导致存储故障码"16724：凸轮轴位置传感器 A 电路不正确配置"。此故障码在报警机制上归属为废气排放指示灯报警范畴。此信号失效可以用发动机转速传感器 G28 的信号代替计算，并模糊识别出气缸的喷油和点火顺序，从而实现 ECU 应急行驶工况。因其他执行元件工作正常，故从驾驶人的感受来讲，是感觉不到故障对行驶工况有明显影响的。

更换发动机 ECU 后，再测量凸轮轴电压信号，为图 5-61 所示的标准波形，幅值为正常的 5V，尾气排放指示灯也不再报警，故障彻底排除。

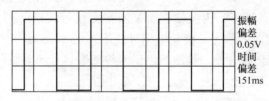

图 5-61　标准凸轮轴信号波形

3. 维修小结

该故障主要是因发动机 ECU 内部电路故障导致传感器 5V 基准电压过低，以致发动机 ECU 无法正确识别凸轮轴信号。对于这种故障的判断首先要根据维修手册要求，对 G40 的相关线路进行检查，包括 G40 的搭铁、5V 电压、传感器信号电压的基本检查。

在测量 T3a 信号电压时，即可发现电压只有 2.5V 的异常情况。这说明发动机控制单元的霍尔电压不正常，故最后判断故障发生在发动机 ECU 本体。

【案例 5-18】　一辆皇冠 3.0 轿车，怠速时发动机发抖，排气有浓厚的汽油味

1. 故障现象

一辆丰田皇冠 3.0 轿车，起动正常，怠速时发动机发抖，容易熄火，且急加速不良，当发动机转速超过 2000r/min 时，排气有浓厚的汽油味。

2. 诊断与排除

首先用尾气分析仪检查尾气，发现 HC 与 CO 严重超标。然后执行以下操作，逐一排查。

1）检查点火正时。点火正时正常，其各缸的点火强度也符合要求。

2）检查火花塞。拆下各缸火花塞后发现火花塞均被汽油淹湿，且发现各缸内部均积有汽油。

3）继续查找原因。首先，把火花塞烤干后装复，起动发动机。结果能够顺利起动，但怠速不稳，一会儿又熄火。拆下火花塞检查，又被汽油淹湿。表明油路有问题。

4）检查油路。重新起动发动机检查油路。发现回油管不回油。初步判定可能是燃油系统油压偏高。

5）继续排查油路。检查从进气歧管到油压调节器的真空软管。软管无损坏，两端接头也正常。但起动时感觉油压调节器的软管接口处无真空吸力。再仔细检查发现软管内部严重堵塞。

6）更换一条新软管后，再把火花塞烤干后装复，重新起动发动机，结果立即着车，且怠速稳定不再熄火。检查尾气排放也达标。再上路试车，发动机提速有力，运转平稳，故障彻底排除。

3. 故障原因分析

真空管路的软管内部堵塞或真空软管破损，均会导致发动机进气歧管的真空吸力作用不到油压调节器的真空膜片上，因此，无法开启回油管路。结果引起燃油供给系统油压过高（其效果与油压调节器本身故障相同），最后导致排放超标。

2. 发动机供油系统的其他故障

（1）油泵转动，但不能泵油

1）主要故障原因：①油泵的卸压阀卡住或卸压阀弹簧折断，造成卸压阀常开，因此使油泵所泵的油流回到油箱中，而不能进入燃油管道中去；②油泵出油口的单向阀卡住不能出油，使得经过泵轮加压后的油只能由卸压阀流回油箱中；③油泵进油口堵塞或进油滤网严重堵塞，使得油泵由于吸入阻力过大而不能泵出燃油；④油泵叶轮和泵壳磨损严重，由于相互间存在过大的间隙，因此无法将燃油泵出。

2）排除方法。为避免出现上述故障，应严格按照使用说明书的要求，保持油箱清洁，并按时清洗滤网。对于单向阀或卸压阀的轻度卡住情况，可用振动或轻击的方法消除。但严重磨损或零件损坏时，则应更换新的燃油泵。

（2）油泵不转动

检查油泵时先接通点火开关，不起动发动机。如果油泵本身及其控制电路无故障，油泵就能够泵油。如果油泵不转动，诊断方法见图5-62及其注解。

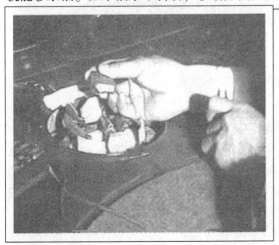

油泵不转动的诊断方法

1）首先检查油泵电源插头是否松动和连接导线有无断开之处，这是最常见的故障原因，排除也较容易，如图5-62所示。

2）接着检查控制电路，其中容易出现故障的是点火开关、熔断器、主继电器、断路继电器以及空气流量传感器上的油泵开关等部件及其连接的插头和导线。

3）继电器的触头烧蚀和电磁线圈烧断均会影响控制回路，使油泵不能转动。若触头烧蚀不严重，可打磨修复，否则应更换整个部件。

4）最后检测油泵本身。用万用表测量油泵电枢的阻值，应在12～15Ω。否则应整体更换油泵。

图5-62　检查燃油泵电源插头

（3）油泵压力过低

正常油泵压力应为 250～320kPa。油泵压力过低会严重影响排油量，导致功率下降和起动困难。检查燃油泵排油量的方法详见图 5-63 及其注解。

检查燃油泵排油量

1）检查燃油泵排油量的方法：拆下出油管，在燃油泵两接线柱之间加11.5V以上电压，用量杯从油泵出油口处收集燃油，在30s内应不少于0.7L。

2）造成油泵油压过低的原因：①油泵进油滤芯堵塞、油泵泄油阀或单向阀漏油、油泵叶轮及泵壳磨损，以及油路中的汽油滤清器堵塞；②燃油压力调节器的膜片破损、调节弹簧太软或阀座密封损坏。

图 5-63　检查燃油泵排油量

（4）喷油器不能喷油

检查喷油器是否喷油的方法和造成喷油器不喷油的原因详见图 5-64 及其注解。

检查喷油器是否喷油的方法

1）检查喷油器是否喷油的方法：①一般使用听诊器听取喷油器的声音来判断喷油器是否喷油；②可用手指接触喷油器，通过感觉其振动情况判断喷油器是否喷油，如图5-64所示。

2）造成喷油器不喷油的原因：①喷油器电磁线圈烧断；②喷油器接线插头与插座之间接触不良；③喷油器针阀卡死；④喷油器驱动电路熔断器烧断；⑤电路中的串联电阻损坏；⑥电控单元故障等。

图 5-64　用手感受喷油器喷油振动情况

（5）油压调节器的诊断

1）检查油压的方法。当电源电压正常时，将油压表连接到燃油分配管进油口处，起动发动机，检查下述情况时的油压：①怠速运转时，油压表压力的额定值应为（300±20）kPa；②当突然加大节气门开度时，油压表压力应迅速升高到320kPa以上；③当拔下油压调节器上的真空管时，油压表压力必须升高到320kPa。若油压不符合上述规定，则说明供油系统存在故障，应予检修或更换相关部件。

2）检查供油系统密封性能和保压能力的方法：当电源电压正常时，起动发动机并怠速运转，使油压表压力达到上述额定值后，断开点火开关等待 10min 后，油压表压力必须高于

200kPa。若低于200kPa，则再次起动发动机并怠速运转使压力达到额定值后，断开点火开关，并用钳子夹住回油管，同时观察油压表压力，等待10min后，如果油压表压力高于200kPa，则说明油压调节器失效，应予更换。若油压表压力低于200kPa，则说明输油管、喷油器有泄漏或燃油泵单向阀故障或喷油器进油口的O形密封圈失效，需逐一检查排除。

（6）节气门控制组件检查

节气门控制组件是由怠速开关、怠速节气门位置传感器、怠速控制电动机和节气门位置传感器等组成的一个整体部件。其怠速参数基本设定是由制造厂设定在电控单元中的，不需要人工调整。如果在拆装或更换节气门控制组件后，则必须用检测仪重新进行一次基本设定。

【案例5-19】　宝马X5运动型多功能车行驶中熄火

1. 故障现象

一辆宝马X5运动型多功能车，在行驶中突然熄火。

2. 故障诊断与排除

检查发现蛇形塑料油管破裂。接车后检测发动机ECU，发现起动发动机时供油系统高、低压端的油压力约为0。查燃油表，发现油量充足。拆卸燃油泵，检查发现燃油泵输出端的蛇形塑料油管破裂。经更换油管后，发动机可以正常起动。

过了几天，该车又因同样的故障返厂维修。经仔细检查发现，上次更换的油管又在同一位置破裂。接着仔细检查油箱的所有部位。检查发现油箱底部有凹陷，一般情况下这是因汽车撞车造成的，故怀疑油箱有故障，便更换了油箱总成。

可没过多久，同样的故障再次发生。故障仍旧是油管破裂及油箱底部变形的部位，与上次完全一致。该车油箱有关的资料如图5-65所示。经分析油箱的结构，认为故障应与油箱内的负压有关。因为，当油箱内存在负压时，不仅油箱会受到挤压而变形，油管也会因为内外压差过大而破裂。

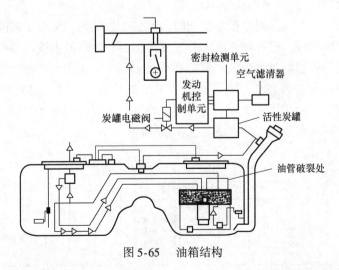

图 5-65　油箱结构

而负压只能是来自进气歧管内的气压。于是，拆下活性炭罐检查，发现其中的炭粒已饱和吸附了燃油。显然，这是因为没有新鲜空气进入炭罐，对炭粒形成吹洗，与之前关于油箱负压的推测一致。检查油箱密封情况，发现空气滤清器被泥沙严重堵塞。于是更换油管及空气滤清器后试车，故障排除。

3. 维修小结

空气滤清器严重堵塞引起油箱内负压，导致燃油泵输出端油管破裂与燃油箱受到挤压时发生变形。

【案例 5-20】 一辆奇瑞 A3 轿车加速踏板偶尔会突然失灵

1. 故障现象

一辆奇瑞 A3 轿车，行车中有时发动机故障灯突然常亮，且加速踏板失灵。车辆靠路边停车熄火后，发动机能正常起动，加速踏板又能恢复正常。该故障以前偶尔发生过，近期发生的频率则明显增多。

2. 故障诊断与排除

读取故障码。接车时，发动机无明显故障现象。用诊断仪读取故障码，显示无故障。读取数据流，也未见异常。发动机着火后，人为晃动发动机线束及加速踏板线束，也未见异常。

路试后再次读取故障码。首先连接诊断仪，进行路试。车辆正常行驶约 20km 后，经过一段较长的颠簸路面时，发动机故障灯突然亮起，且加速踏板失效。靠路边停车后，发动机能继续工作。用诊断仪读取故障信息时，同时读取到下列多个故障码：P0016：进气凸轮轴与曲轴安装相对位置不合理；P0018：排气凸轮轴与曲轴安装相对位置不合理；P0108：进气歧管压力传感器信号电压过高；P011：进气歧管温度传感器信号电压过高；P0118：冷却液温度传感器信号电压过高；P0121：节气门位置传感器 1 信号不合理；P0123：节气门位置传感器 1 信号电路电压过高；P0223：节气门位置传感器 2 信号电路电压过高；P0343：进气侧凸轮轴位置传感器信号电压过高；P0348：排气侧凸轮轴位置传感器信号电压过高；P2123：加速踏板位置传感器 1 信号电压过高；P2128：加速踏板位置传感器 2 信号电压过高；P2138：加速踏板位置传感器信号不合理。

故障原因分析。该车发动机电控系统同时出现多个故障码。最有可能的原因是公共电源电路及公共搭铁电路故障。进气歧管压力及温度传感器、冷却液温度传感器、节气门位置传感器、加速踏板位置传感器等都由发动机控制系统提供 5V 电源。而进气侧、排气侧凸轮轴位置感器则由主继电器提供 12V 电源。结合该车的故障现象，可以排除故障是源于公共电源电路，怀疑故障在于公共搭铁电路。奇瑞 A3 采用了联合电子的 ME7.8.8Motronic 发动机控制系统，其发动机电控系统部分电路如图 5-66 所示。

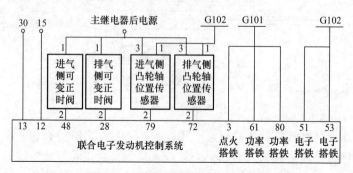

图 5-66　发动机电控系统部分电路

搭铁点结构特点。该车发动机控制系统位于前风窗玻璃下装饰板的下方，旁边有两个搭铁点：G101（搭铁线截面积为 2.5mm²，颜色为蓝色）、G102（搭铁线截面积为 1.0mm²，颜色为蓝色）。发动机控制系统的搭铁均采用了并联搭铁的方式：搭铁点 G101 由 3 根搭铁线并联而成，为点火、功率元件（电源、执行器）提供搭铁回路；搭铁点 G102 由两根搭铁线并联而成，为相关传感器提供搭铁回路（电子搭铁也称为信号搭铁）。

用诊断仪读取数据流。用诊断仪读取数据流，发现进气歧管压力信号电压值、进气温度信号电压值、冷却液温度信号电压值、节气门位置 1 及 2 信号电压值、加速踏板位置 1 及 2 信号电压值均接近 10V，而进气侧及排气侧凸轮轴位置传感器的信号电压值也接近 10V，这些都是明显错误的。读取到的上述数据流，与所测的故障码含义相吻合。

检查搭铁点。依次拆下两个刮水器刮片总成与前风窗玻璃下装饰板，检查发动机控制系统的搭铁点。发现 G101 搭铁点连接可靠，而 G102 搭铁点的固定螺钉已明显松动，用手即可转动螺钉。

重新紧固 G102 搭铁点的螺钉，并消除所有故障码之后试车，故障排除。

3. 维修小结

由于 G102 搭铁点的固定螺钉松动，引起多个传感器电压不足，最后导致故障灯报警和加速踏板失灵。

第六章 电控点火系统故障诊断与检修

第一节 汽油机电控点火系统概述

一、汽油机点火系统的功能、要求和分类

1. 汽油机点火系统的功能

汽油机点火系统的功能是将发动机电源 12~14V 的低压电转变为 12kV~30kV 的高压电，提供给火花塞，并按照发动机气缸工作顺序在各缸压缩行程终端及时点燃混合气。

2. 对点火系统的三项基本要求

对点火系统的三项基本要求如下。

1）能产生足以击穿火花塞电极间隙的高电压。其设计值为 30kV，一般情况应在 12kV 以上，起动时需要 19kV 以上。

2）电火花应具备足够的点火能量。一般情况应为 50~80MJ，起动时需要 100MJ 左右。

3）点火时刻应与发动机工况相适应。点火时刻（用点火提前角表示）应按照发动机的工作顺序；其最佳点火时刻应使发动机在各种工况下发出的功率最大、油耗最低和排污最少。

3. 点火系统的分类

点火系统分类方法详见图 6-1 及其注解。

二、电控直接点火系统的组成与优点

1. 电控直接点火系统的组成

电控直接点火系统的基本组成：

1）电控点火系统主要由点火器、点火线圈、火花塞、爆燃传感器及高压线等组成。

2）点火线圈上的高压线直接与火花塞相连，系统不再设置分火头机械式的配电装置。

电控直接点火系统核心部件 ECU 的基本构成详见图 6-2 及其注解。

2. 电控直接点火系统的优点

1）不存在分火头和旁电极间跳火问题，同时减少了高压导线，特别是单独点火系统已

不设高压导线，不仅能量损失减少，且无线电干扰减弱。

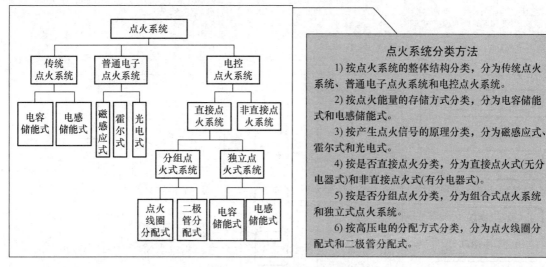

图 6-1　点火系统分类方法

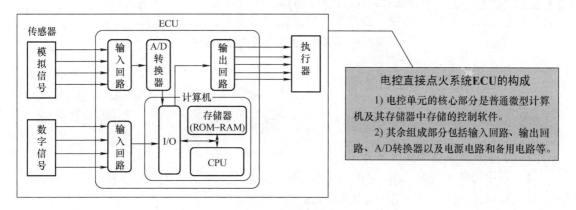

图 6-2　电控直接点火系统 ECU 的基本构成

2）节省了安装空间。特别是单独点火系统将点火线圈安装在双凸轮轴之间，充分利用了空间，对轿车发动机舱的合理布置有重要意义。

3）单独点火系统采用了与气缸数相等的特制点火线圈，充电时间常数小，初级电流上升快，故能在发动机转速高达 9000r/min 转速范围内提供足够的点火能量和高电压。

4）采用电子提前点火装置（ESA）取代了机械式点火提前装置，使发动机在各种转速和负荷下均能获得最佳点火提前角，而在小负荷时能提供较大点火提前角，能够在发动机整个转速范围内向火花塞提供点燃稀混合气所需的能量，并严格控制爆燃。

电控点火系统工作的控制过程详见图 6-3 及其注解。上述控制程序是指发动机正常状态下的点火时刻的控制过程。至于发动机其他工况，如起动、怠速、滑行等，CPU 则按照预先设定好的相应工况下的控制程序进行控制。

电控点火系统工作的控制过程

1)发动机工作时，CPU不断检测凸轮轴位置传感器信号(标志位信号)，以判定哪一缸活塞即将达到压缩上止点。当CPU接收到标志位信号后立即对曲轴转角信号进行计数，以判断点火最佳时刻是否到来，来控制点火提前角。

2)与此同时，CPU根据转速信号、负荷信号等，从只读存储器中查询相应工况下根据试验确定的最佳提前角。

3)当曲轴转角刚好等于最佳点火提前角时，CPU立即向点火控制器发出点火控制指令，使功率三极管VT截止，使次级绕组产生高压电，并按点火顺序分配到各缸火花塞。

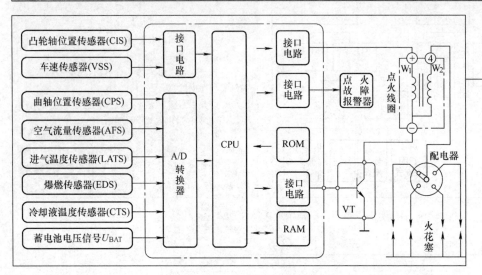

图 6-3　电控点火系统工作的控制过程

三、电控点火系统控制过程实例

【**案例 6-1**】　桑塔纳 2000GSi、3000 轿车发动机点火系统工作实际控制过程

1. 有关基本原始参数与换算

1）设曲轴转速 2000r/min 时的最佳点火提前角为上止点前（BTDC）30°。

2）发动机判缸信号在第一缸压缩 BTDC88°产生。

3）ECU 的内部晶体振动频率为 $f = 6MHz$（周期为 $T = 1/f = 0.00016ms$）。

4）凸轮轴位置传感器的凸轮和小齿缺口信号均占 3°曲轴转角，此转角相应的时间 t_3 为

$$t_3 = \frac{6000ms \times 3°}{2000 \times 360°} = 0.25ms$$

则 1°曲轴转角所对应时间为

$$t_1 = t_3/3 = 0.25/3 = 0.083ms$$

5）当曲轴旋转 1°时所对应 ECU 内部晶体振动次数（时钟脉冲信号数）N 为

$$N = t_1/T = 0.0083ms/0.00016ms = 518.75（次/每度曲轴转角）$$

即当曲轴转过 1°，相当于晶体产生 518.75 个信号。

2. 点火提前角与闭合角控制过程

（1）点火提前角的控制

点火提前角控制过程详见图 6-4 及其注解。

点火提前角与导通角的控制过程

1）判缸信号CIS。当凸轮轴位置传感器产生的判缸信号G1的下降沿输入ECU时表明：第一缸活塞处于BTDC88°位置，如图6-4a所示。

2）基准信号G2。当ECU开始计数的信号称为基准信号，它由ECU内部控制。对于4缸机，曲轴每旋转180°便产生一个基准信号。由于曲轴位置传感器的第一个凸齿信号在判缸信号的下降沿之后7°时产生，所以，基准信号G2对应于第一缸活塞处于BTDC81°位置，如图6-4b所示。

3）分频信号CPS。ECU从基准信号BTDC81°位置开始计数，由有关基本原始参数与换算5)可知，ECU每累计518.75个脉冲信号(为1°曲轴转角)，便产生一个1°信号。一直数到BTDC30°(为2000r/min时的最佳点火提前角)时，共产生51个1°信号，即计数51次，如图6-4c所示。点火提前角必须精确控制到1°曲轴转角。

4）点火驱动信号。当计数到第51个1°信号后，在第52个1°信号时，ECU向点火控制器发出点火指令，使三极管截止，如图6-4d所示。从而将点火提前角精确地控制到最佳提前角(BTDC30°)。

5）点火闭合角的控制。ECU从发出晶体管截止指令开始对1°信号开始计数，计数90次后，当第91个1°信号的上升沿到来时，向点火控制器发出指令，使三极管导通，接通初级电流，保证90°的导通角，如图6-4d所示。

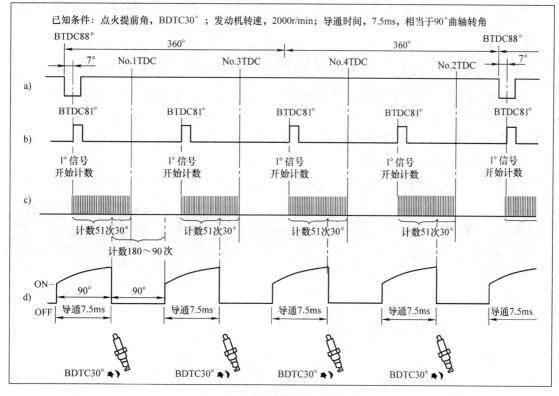

图6-4　点火提前角与导通角控制过程

a) CIS信号　b) 基准信号　c) CIS分频信号　d) 点火驱动信号

（2）点火闭合角

点火闭合角 θ 是指点火线圈初级电路的功率三极管导通期间发动机曲轴所转过的角度，又称导通角。影响初级绕组通过电流大小的主要因素有蓄电池电压和发动机转速。

点火闭合角 θ 的控制方法：点火闭合角的控制方法详见图6-5及其注解。在本例中具体计算方法如下：设轿车的电源电压为14V时，经ECU查询的导通时间为7.5ms，则当发动机转速为2000r/min时的闭合角 θ 为

$$\theta = \left(\frac{360°}{60 \times 1000} \times 2000 \right) \times 7.5 = 90°$$

即功率管从导通到截止必须保证90°的曲轴转角。

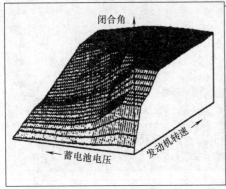

闭合角

← 蓄电池电压

发动机转速 →

点火闭合角 θ 的控制方法

1) ECU首先根据电压的高低从ROM中预置的闭合角脉谱图中查询导通时间。

2) 然后根据发动机转速计算确定导通角的大小(本例θ=90°)。

3) ECU从发出晶体管截止指令开始对1°信号开始计数,计数90次后,当第91个1°信号的上升沿到来时,向点火控制器发出指令,使三极管导通,接通初级电流,保证90°的导通角,如图6-4d所示。

图6-5 以转速和蓄电池电压为变量的三维导通角特性脉谱图

第二节 电控点火系统的高压配电方式

高压电子配电方式是指在点火控制器控制下,点火线圈的高压电按照一定点火顺序直接加到火花塞上的直接点火方式,称为无分电器点火系统(DIS 或 DLI)。直接点火系统的点火方式可分为分组点火(双缸同时点火)系统和各缸独立点火系统两种类型。高压电子配电方式的类型详见图6-6及其注解。

高压电子配电方式类型

1) 在分组点火系统中,发动机两个气缸共用一个点火线圈,在点火线圈上有两个高压插孔,用两根高压线分别与两个气缸的火花塞相连,点火时两个气缸同时点火,如桑塔纳2000GSi、捷达 GTX 等轿车的点火系统。

2) 在各缸独立点火系统中,每个气缸的火花塞上配有一个点火线圈,仅对该缸进行点火,如奥迪100型轿车五缸发动机电控点火系统。

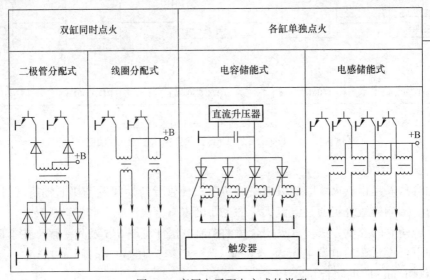

双缸同时点火		各缸单独点火	
二极管分配式	线圈分配式	电容储能式	电感储能式

直流升压器

触发器

图6-6 高压电子配电方式的类型

一、分组点火方式（双缸同时点火方式）

分组点火原理详见图6-7及其注解。分组点火方式又分为二极管分配式和点火线圈分配式。

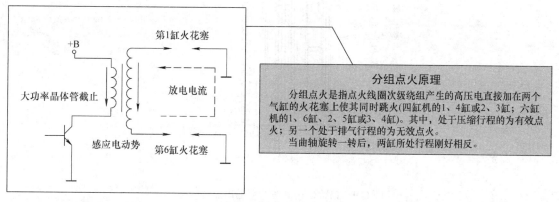

图6-7　分组点火原理

（1）二极管分配式

二极管分配高压同时点火电路原理详见图6-8及其注解。福特公司所用特制双输出点火线圈内部结构如图6-9所示。

二极管分配高压同时点火电路原理

1）当1、4缸点火时，2、3缸不能跳火。 当ECU将1、4缸点火触发信号输入点火控制器时，VT_1截止，初级绕组A中电流被切断，次级绕组产生高压电动势，其方向如图6-8中实线所示，使二极管D_1、D_4正向导通，使1、4缸火花塞跳火；而二极管D_2、D_3反向截止，不能构成回路，故2、3缸火花塞不能跳火。

2）当2、3缸点火时，1、4缸不能跳火。 当ECU将2、3缸点火触发信号输入点火控制器时，VT_2截止，初级绕组B中电流被切断，次级绕组产生高压电动势，其方向如图6-8中虚线所示，使二极管D_2、D_3正向导通，使2、3缸火花塞跳火；而二极管D_1、D_4反向截止，不能构成回路，故1、4缸火花塞不能跳火。

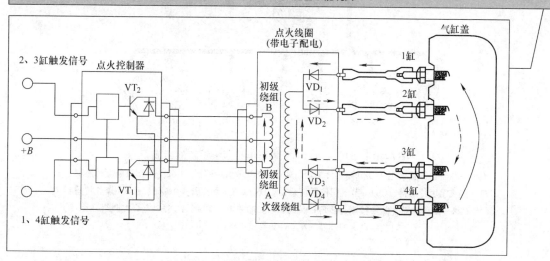

图6-8　二极管分配高压同时点火电路原理图

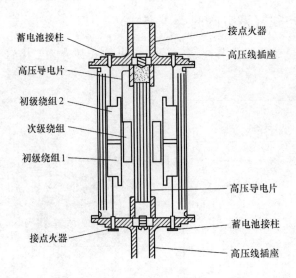

图6-9 福特公司制造的双输出点火线圈

（2）点火线圈分配式

利用点火线圈直接分配高压的同时点火的方法使用较为广泛，如桑塔纳 2000GSi、3000，捷达 AT、GTX，奥迪 200，丰田皇冠等。图 6-10 所示为桑塔纳 2000GSi 轿车电控点火系统组成。

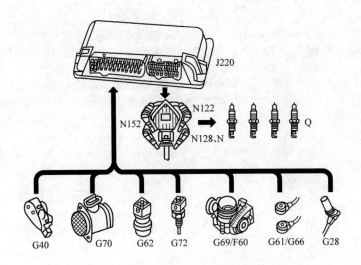

图 6-10 桑塔纳 2000GSi 轿车电控点火系统的组成

G40—凸轮轴位置（上止点位置）传感器 G70—空气流量传感器 G62—冷却液温度传感器
G72—进气温度传感器 G69—节气门位置传感器 F60—怠速触点开关 G61、G66—爆燃传感器
G28—曲轴位置（曲轴转速与转角）传感器 J220—电控单元 N152—点火控制组件
N122—点火控制器 N、N128—点火线圈 Q—火花塞

1）高压二极管的作用。高压二极管的作用如图 6-11、图 6-12 所示。

2）工作原理。点火线圈分配高压的同时点火电路原理详见图 6-13 及其注解。

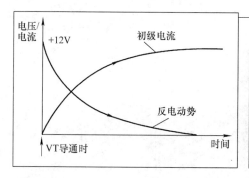

初级绕组产生的反向感应电动势

1) 在点火器大功率晶体管VT导通瞬间，初级绕组将产生反向感应电动势，如图6-11所示。它会引起次级绕组同时产生1000V左右电压，并直接加予火花塞上。

2) 若此时气缸处于进气行程终了或压缩行程开始，则因缸内压力较低，1000V电压就可以引起火花塞跳火，此种非正常跳火现象称为误跳火。

图 6-11　初级绕组产生的反电动势

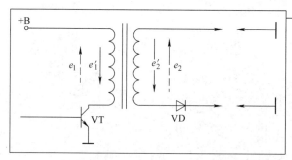

高压二极管的作用

利用二极管的反向截止功能，使得初级电流接通时次级产生的1000V左右的感应电动势不能形成放电回路，从而有效防止误跳火。

图 6-12　高压二极管的作用

点火线圈分配高压的同时点火原理

1) 点火控制组件由两个(4缸机)或三个(6缸机)独立的点火线圈组成，每个线圈供给成对的两个火花塞点火。点火控制组件中功率三极管的数量与点火线圈相同，并分别控制一个点火线圈工作。

2) 点火控制器根据ECU输出的点火控制信号，按照点火顺序轮流触发功率三极管的导通与截止，从而控制每个点火线圈轮流产生高压电，再通过高压线直接输送到成对的两缸火花塞跳火点燃混合气。

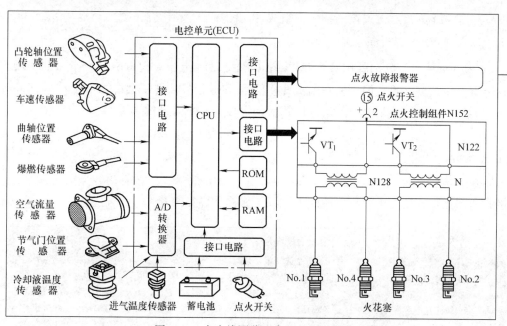

图 6-13　点火线圈分配高压的同时点火电路原理

【案例6-2】 丰田皇冠轿车 DLI 分组点火式控制系统

1. 电磁式凸轮位置传感器结构原理

电磁式凸轮位置传感器结构详见图6-14及其注解。

电磁式凸轮位置传感器结构
1) 凸轮位置传感器由G_1、G_2和Ne三个信号发射器组成。供ECU判别气缸、检测曲轴转角和决定点火时刻的初始点火提前角之用。 2) 传感器的G信号转子每转一圈,分别产生一次G_1、G_2信号。G_1信号用于判别第6缸处于压缩上止点附近,表示它已完成点火准备,然后ECU依据Ne信号决定第6缸的最佳点火时刻。同理,G_2信号用于判别第1缸处于压缩上止点附近,表示它已经完成点火准备,然后ECU根据Ne信号决定第一缸的最佳点火时刻。

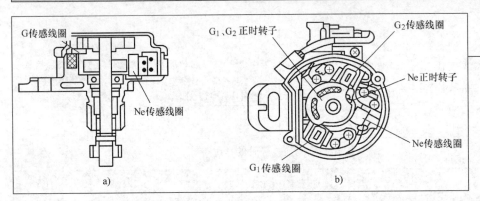

图6-14　电磁式凸轮位置传感器

a) 侧视图　b) 俯视图

2. DLI 分组点火式控制系统的组成

丰田皇冠车 DLI 分组点火式控制系统的组成详见图6-15及其注解。

3. G_1、G_2、Ne 三种信号的关系

G_1、G_2 为判缸信号,分别表示第 6 缸和第 1 缸处于压缩上止点位置附近。Ne 信号用于检测凸轮转角,作为点火基准信号和发动机转速信号。Ne 信号器转子共有 24 个齿,每个齿检测凸轮 15°转角,每 4 个 Ne 信号产生 1 个点火信号。3 种信号的关系详见图6-16及其注解。

4. 点火器的工作原理

点火器基本功能是接收 ECU 发出的 IGt、IGDA、IGDB 信号,依次驱动各点火线圈初级绕组的接通和截止,实现电子控制下的点火。其工作原理详见图6-17及其注解。

点火线圈分配高压同时点火原理
1) 点火控制组件由3个独立的点火线圈组成,每个线圈供给成对的两个火花塞点火。点火控制组件中3个功率三极管VT_1、VT_2和VT_3分别控制一个点火线圈工作。 2) 点火器根据ECU输出的点火控制信号,按照1、5、3、6、2、4的点火顺序轮流触发功率三极管的导通与截止,从而控制每个点火线圈轮流产生高压电,再通过高压线直接输送到成对的两缸火花塞(1、6)、(2、5)和(3、4)跳火,点燃混合气。

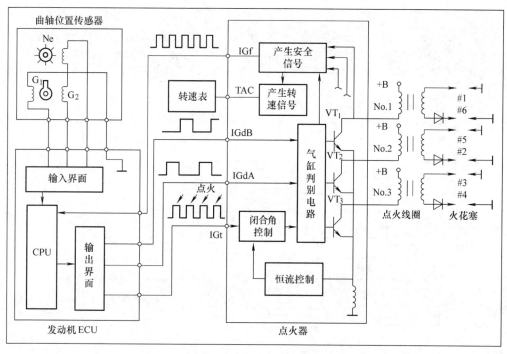

图 6-15　皇冠轿车 DLI 分组点火式控制系统组成

G_1、G_2、Ne三种信号的关系

1) ECU依据G_1、G_2、Ne进行最佳点火提前角的控制。当ECU收到G_1信号后，便以G_1信号后的第1个Ne信号作为第6缸的初始点火时刻信号，开始对Ne信号进行计数，每4个Ne信号产生1个点火信号。

2) ECU向点火器输出判缸信号IGDA、IGDB和点火信号IGt。

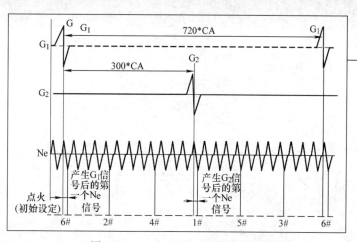

图 6-16　G_1、G_2、Ne 三种信号的关系

5. 分组点火线圈结构特点

DLI 采用小型闭磁路点火线圈，由初级线圈、次级线圈、铁心、高压二极管、低压接柱、高压引线以及外壳等组成。其结构详见图 6-18 及其注解。

点火器的工作原理

1) 当点火器接收到IGt、IGDA、IGDB信号后，其内部的气缸判别电路首先判别出需要点火的气缸。

2) 然后点火器通过内部驱动电路控制相应点火线圈的大功率晶体管的导通，使得初级绕组通电。

3) 当点火信号IGt变成低电位时相应功率管截止，点火线圈初级绕组断电，次级绕组产生高压电。

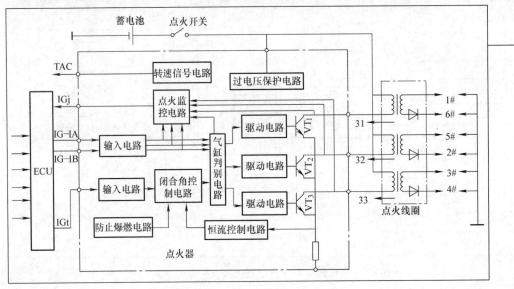

图6-17　点火器的工作电路

闭磁路点火线圈结构特点

1) 每组点火线圈供应两缸同时点火，在能量分配上，由于处在排气行程的气缸接近大气压，所需电压低，因此能够保证处在压缩行程终了的气缸的点火能量需要。

2) 高压二极管可以避免误跳火现象的产生。

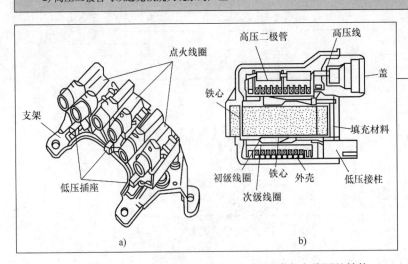

图6-18　闭磁路点火线圈的结构

a) 外形图　b) 内部结构

二、各缸独立点火方式

各缸独立点火方式即每缸均配备一个点火线圈，并直接安装在火花塞上方。在点火器中，设置有与线圈数量相同的大功率三极管，分别控制某个线圈初级绕组的接通与切断，其工作原理与同时点火方式相同。红旗轿车采用了独立点火方式。独立点火方式的原理与优点详见图6-19及其注解。

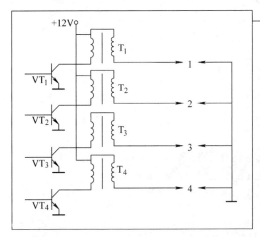

独立点火方式优点

　　1) 因每缸都有独立的点火线圈，可保证线圈大的闭合角和足够高的点火能量。故在相同点火能量下，单位时间内的电流要小得多，线圈不会发热，体积小巧，可以保证高速运转和任何工况下的可靠点火工作。

　　2) 省去高压线，使点火能量损耗进一步减小。

　　3) 全部高压部件均可安装于气缸盖上的金属屏蔽罩内部，故点火系统对于无线电系统的干扰可以大幅度地减少。

图6-19　独立点火方式的原理

【案例6-3】　奥迪五缸机独立点火系统

奥迪五缸机独立点火系统的结构原理详见图6-20及其注解。

无分电器独立点火系统工作原理

1) 该系统由各缸独立点火线圈、点火器、各类传感器和开关信号、ECU等组成。

2) ECU功能：判断点火气缸、计算与控制点火提前角和闭合角以及将点火信号分配到指定气缸。

3) 发动机工作时的点火控制过程：ECU根据曲轴位置传感器、点火基准信号传感器、水温传感器、空气流量计以及开关信号，并查询ROM中存储的数据，经计算处理后，向点火器适时地输出点火信号。再由点火器的功率管分别接通与切断各缸点火线圈初级电路，在次级绕组产生高压点火。

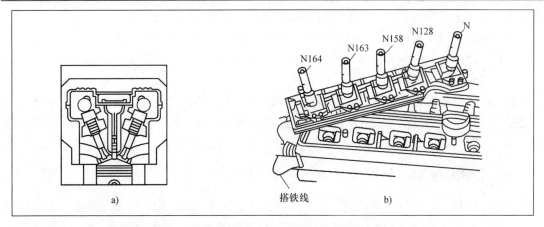

a)　　　　　　　　　　搭铁线　　　　　　　b)

图6-20　无分电器（DLI）独立点火系统的结构和原理

a）无分电器点火系统的安装位置　　b）奥迪五缸机独立点火系统的安装位置

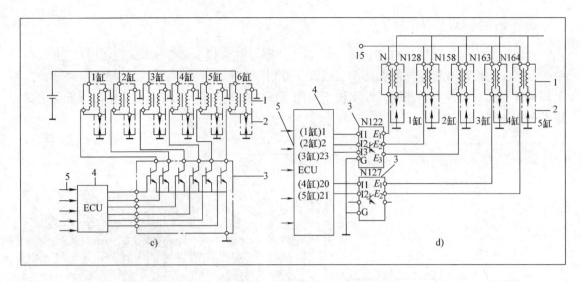

图 6-20　无分电器（DLI）独立点火系统的结构和原理（续）

c）日产公司独立点火系统原理图　d）奥迪五缸机独立点火系统控制原理

1—点火线圈　2—火花塞　3—点火器　4—ECU　5—各类传感器和开关信号

奥迪五缸机(DLI)独立点火系统结构特点

1) 奥迪五缸机独立点火系统安装方式：每个点火线圈通过导向座用四个螺钉固定在气缸盖的盖板上，然后再扣压到各缸火花塞上。

2) 五个线圈分别接到两个点火器上，其中N122控制1、2、3缸点火线圈；N127控制4、5缸点火线圈。两个点火线圈分别用导线与ECU相连。

3) 发动机工作时，ECU通过1、2、23、20、21高接线柱上点火信号输出线，按照工作次序，适时地发出点火信号，通过点火器控制各缸点火。

第三节　发动机爆燃传感器

增大点火提前角是汽油机获得最大功率和最佳燃油经济性最为有效的途径之一。但提前角过大又会引起发动机爆燃，导致输出功率下降、发动机使用寿命缩短甚至严重损坏。

研究表明，当发动机工作在爆燃的临界点或有轻微爆燃时，其热效率最高，动力性和经济性最好。因此，利用点火提前角闭环控制系统能有效控制点火提前角，从而达到使发动机工作在爆燃临界状态的目的。

发动机爆燃检测方法有三种：检测缸体的振动频率、检测燃烧室压力的变化、检测混合气燃烧的噪声。其中以第一种方法测量精度较高传感器安装方便且输出电压较高，因此采用最广。

一、爆燃传感器的分类

爆燃传感器是发动机电控系统中必不可少的重要部件，其功用是检测发动机有无爆燃现象，并将信号送入发动机 ECU。常见的爆燃传感器的有两种，一种是磁致伸缩式爆燃传感器，另一种是压电式爆燃传感器。爆燃传感器的分类见表6-1。

表6-1　爆燃传感器的分类

按结构分类 按检测方式分类	压电式	磁致伸缩式	采用机型
共振型		共振型磁致伸缩式	通用、日产等
非共振型	非共振型压电式		桑塔纳、捷达等

二、爆燃传感器的结构原理

（1）压电式爆燃传感器

1）压电式爆燃传感器的结构特点。目前国内外大多数电控点火系统都采用了非共振型压电式爆燃传感器。它主要由套筒底座、压电元件、惯性配重、塑料壳体和接线插座等组成。桑塔纳GLi、2000GLi轿车只采用一支爆燃传感器，安装在缸体右侧（从车前看）2、3缸之间。桑塔纳2000GSi、3000和捷达AT、GTX型轿车则采用了两支爆燃传感器，分别安装在发动机进气道一侧缸体上1、2缸之间和3、4缸之间，且分别检测1、2缸和3、4缸爆燃信号。桑塔纳GLi、2000GLi、2000GSi、3000和捷达AT、GTX型轿车采用的压电式爆燃传感器的外形、内部结构以及线路连接详见图6-21及其注解。

> **压电式爆燃传感器的结构特点**
> 1）压电元件是传感器的主要部件，它由压电材料组成，制作成垫圈形状，在其两侧用金属垫圈做电极，并用导线引到接线插座上。
> 2）在惯性配重、压电元件、传感器套筒三者之间均安装有绝缘垫圈，套筒中心制作有螺孔，传感器用螺栓安装在缸体上。
> 3）调整螺栓的拧紧力矩，便可调整传感器的输出电压。如桑塔纳2000GSi、3000和捷达AT、GTX型轿车爆燃传感器的标准力矩为(25±5)N·m，出厂时已经调好使用中不得随意调整。
> 4）丰田皇冠3.0轿车2JZ-GE型发动机爆燃传感器与ECU的连接电路如图6-21c所示。

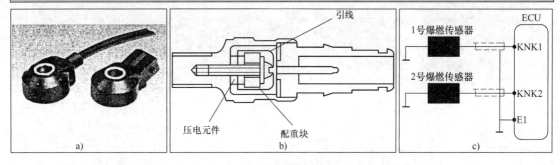

图6-21　压电式爆燃传感器的结构特点与电路

a）传感器总成的外形　b）传感器结构与接线图　c）压电式爆燃传感器电路

2）压电式爆燃传感器的工作原理。压电效应是指某些晶体（如石英、食盐、糖等）的薄片受到压力或机械振动之后，在晶体的某两个表面上会产生电荷的现象。其产生电荷量大小与外力大小成正比，当外力去掉后晶体又恢复到不带电状态。压电式爆燃传感器工作原理详见图6-22、图6-23及其注解。

（2）共振型磁致伸缩式爆燃传感器

1）共振型磁致伸缩式爆燃传感器的结构特点。磁致伸缩式爆燃传感器为共振型爆燃传

<table>
<tr><td colspan="2" align="center">压电式爆燃传感器的工作原理</td></tr>
</table>

压电式爆燃传感器的工作原理

1) 当发动机气缸体出现振动传递到传感器外壳上时，外壳与配重块之间产生相对运动，夹在这两者之间的压电元件所受的压力发生变化，由压电效应可知，压电元件会产生电压并输出与振动强度和振动频率成比例的交变电压信号，如图6-22所示。

2) ECU检测出该电压，并根据其值的大小判断爆燃强度。爆燃传感器输出信号与曲轴转角的对应关系如图6-23所示。传感器的灵敏度约为20mV/g(g=9.8m/s^2)。

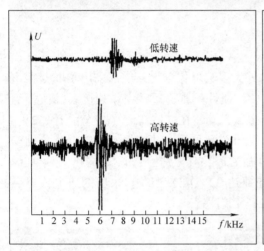

图6-22 压电式非共振型爆燃传感器的输出波形

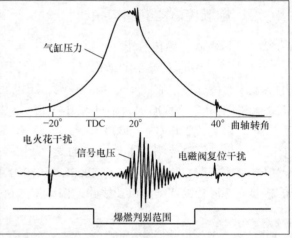

图6-23 爆燃传感器输出信号对应关系

感器，由感应线圈、高镍合金伸缩杆、永久磁铁和壳体组成。伸缩杆的一端设置有永久磁铁，另一端安放在弹性元件上。传感线圈绕制在伸缩杆的周围，线圈两端引出电极与控制线路连接。其结构和外形如图6-24所示。

2）共振型磁致伸缩式爆燃传感器的工作原理详见图6-25及其注解。

磁致伸缩式爆燃传感器的工作原理

1) 当发动机缸体产生振动时，传感器的伸缩杆就会随之振动，使感应线圈中的磁通量发生变化，于是线圈就会感应产生交流电动势输出，输出电压的高低取决于发动机振动的强度和频率。

2) 当发动机振动频率在6～9kHz时，传感器产生共振，线圈中产生的电压最高。

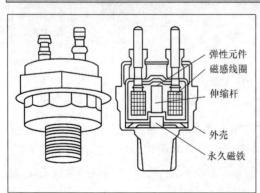

图6-24 共振型磁致伸缩式爆燃传感器结构

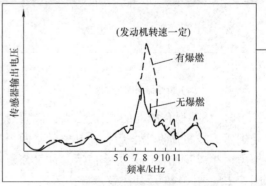

图6-25 共振型爆燃传感器的信号波形

（3）压力检测式爆燃传感器

通过直接检测燃烧压力来检测发动机爆燃是最精确的检测方法，但存在传感器安装困难和耐久性差的矛盾。故实际使用的是一种间接检测燃烧压力的方法，即将检测燃烧压力的传感器安装在火花塞的垫圈下面，故称垫圈式爆燃传感器，如奥迪轿车采用过此种传感器。垫圈式爆燃传感器的工作原理与安装位置详见图 6-26 及其注解。

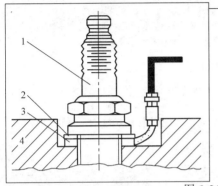

> **垫圈式爆燃传感器的工作原理**
>
> 1）它是一种非共振型压电效应传感器，其结构原理与压电式爆燃传感器相同。
>
> 2）传感器安装在火花塞垫圈与发动机气缸盖之间，燃烧压力作用于火花塞上，经过火花塞垫圈再传给传感器。当火花塞垫圈作用力变化时，传感器信号电压也随之变化，从而间接地检测燃烧压力。

图 6-26　垫圈式爆燃传感器安装位置
1—火花塞　2—垫圈　3—爆燃传感器　4—气缸垫

三、爆燃传感器的检测方法

下面以丰田 8A－FE 发动机爆燃传感器为例，介绍爆燃传感器的检测方法。

丰田 8A－FE 发动机的气缸体上安装有一个爆燃传感器，其电路如图 6-27 所示。

（1）爆燃传感器的电阻检测

爆燃传感器的电阻检测方法如图 6-28 所示。首先断开点火开关，拔下传感器的线束插头，然后检查传感器端子与其外壳之间的电阻，应不小于 $1M\Omega$。

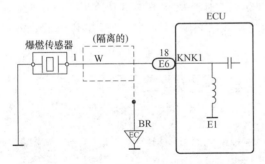

图 6-27　丰田 8A－FE 发动机爆燃传感器电路

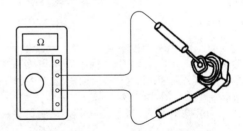

图 6-28　爆燃传感器电阻检测

（2）波形检测

爆燃传感器的信号波形检测方法详见图 6-29 及其注解。

（3）检查线束与插接器的电阻

拔下 ECU 的 E6 插接器和传感器插头，检测 ECU 的 E6 插接器端子 18（KNK1）与传感器端子 1 之间的电阻，应不大于 1Ω。检测 ECU 的 E6 插接器端子 18（KNK1）与接地之间的电阻，应不小于 $1M\Omega$。若以上两项检查结果不正常，则需修理或更换线束与插接器。

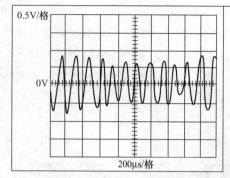

爆燃传感器的波形检测方法

1) 发动机高速空转(4000r/min)时，用示波器检测ECU的E6插接器端子18(KNK1)与接地间输出信号波形。其正确的波形如图6-29所示。

2) 在水平轴线上分出时间刻度，并确认每个波段为123μs。若正常状态振荡频率不是8.1kHz，则说明传感器已经失灵。应检查ECU的E6插接器端子18(KNK1)与车身之间是否导通。

3) 当爆燃传感器或其连接线路出现故障时，其障码码为P0325/52。其含义是"爆燃传感器或其连接线路故障"。

图 6-29 爆燃传感器的信号波形

【案例 6-4】 桑塔纳 2000GSi AJR 发动机爆燃传感器的检测

桑塔纳 2000GSi AJR 爆燃传感器连接线路图如图 6-30 所示。桑塔纳 2000GSi AJR 爆燃传感器检测内容与方法详见图 6-31、图 6-32 及其注解。

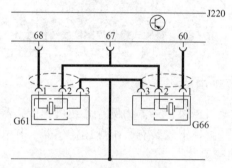

图 6-30 爆燃传感器连接线路图

端子 1—信号线正极 端子 2—信号线负极 端子 3—屏蔽线

注意：当桑塔纳爆燃传感器和其连接线路出现故障时，从故障仪获取的故障码 00524 与 00540 的含义分别为"1 号爆燃传感器 G61 或其连接线路故障"和"2 号爆燃传感器 G66 或其连接线路故障"。

桑塔纳2000GSi AJR爆燃传感器的检测内容与方法

1) 传感器插头端子电阻检测。 断开点火开关，拔下传感器线束插头，检查传感器插头端子1与2、1与3、2与3之间的电阻，均应大于1MΩ。

2)线束电阻检测。 断开点火开关，拔下ECU插接器。ECU插接器端子60至传感器G66插头端子1、ECU插接器端子68至传感器G61插头端子1、ECU插接器端子67至传感器插头端子2、传感器插头端子3与接地之间的电阻均应小于0.5Ω。

3)输出信号电压检测。 插上传感器线束插头，起动发动机，检测传感器插头端子1与2之间的电压，正常值应在0.3~1.4V范围内。

4)输出波形检测。 当出现振动或发生敲缸时，爆燃传感器产生一个小的电压峰值，爆燃传感器波形如图6-32所示。敲缸或振动越大，主峰值就越大。当达到一定高的频率范围，就表明是爆燃或敲缸。爆燃传感器一般设计成检测5~15kHz范围的频率。

5)测试爆燃传感器是否正常的方法。 先断开爆燃传感器导线插接器，连接示波器，打开点火开关，先不起动发动机，用木槌敲击传感器附近缸体，使传感器产生信号。敲击越重，振幅越大，正常波形应如图6-32所示。当敲击时波形只是一条直线，说明传感器无信号输出，应检查导线和传感器。

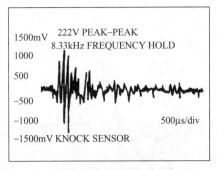
图6-31　爆燃传感器波形图

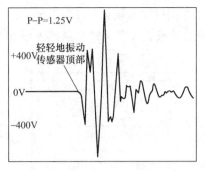
图6-32　敲击传感器附近缸体时波形

第四节　双火花塞点火系统与缸内直喷发动机火花塞

一、双火花塞点火系统

（1）双火花塞点火系统主要特点与结构原理

双火花塞点火系统主要特点与结构原理详见图6-33、图6-34及其注解。

双火花塞系统主要特点与结构原理

1）结构特点：双火花塞一般采用对称布置，如图6-33所示，两个火花塞安装在球形燃烧室的两侧，与中心距离相等，以实现顺序相位点火控制。

2）性能优点：可使燃烧室火焰传播速度加快，同时提高了发动机的压缩比，使点火效率更高，加速了混合气完全、彻底地燃烧，不仅提高了动力性，而且大为节省了燃料。在本田飞度1.3L、奔驰AMG G500及克莱斯勒300C等车型开始广泛采用。

3）系统组成。①其初级低压电路由蓄电池、点火开关和两个点火线圈组成，两个线圈的次级高压分别连接分电器的两个输入端。②分电器特点是具有一根凸轮轴和两套触点。③控制电路阀的作用是控制双火花塞点火与单火花塞点火的转换。当汽车正常行驶且车速高于40km/h时，根据变速器开关和真空开关信号，接通排气门一侧火花塞点火线圈的低压电源，使两个火花塞同时工作。否则，断开排气门一侧火花塞点火线圈的低压电源，仅单个火花塞工作。

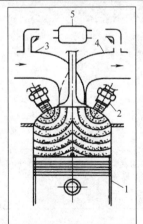

图6-33　双火花塞点火示意图

1—活塞　2—火花塞

3—进气歧管　4—排气歧管

5—排气再循环控制阀

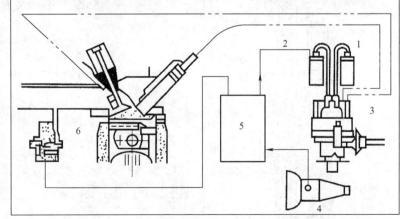

图6-34　双火花塞点火系统结构组成

1—点火线圈　2—高压线　3—分电器　4—变速器开关

5—控制电路阀　6—真空开关

（2）AJR型发动机点火系统的特点

AJR型发动机点火系统的特点详见图6-35及其注解。

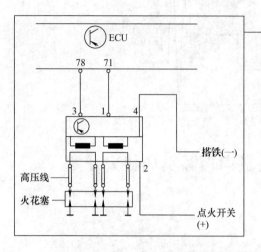

AJR型发动机点火系统的特点
1) AJR型发动机点火系采用无分电器双火花直接点火系统。点火器发生故障时发动机立即熄火或不能起动，故ECU不能检测到该故障信息。 2) 若一个火花塞因开路使这个点火回路断开，那么和它共用一个点火线圈的火花塞也因电气线路故障而不能跳火。 3) 若一个火花塞由于短路而不能跳火，但电气回路没有断开，那么和它共用一个点火线圈的火花塞仍然能够跳火。

图6-35　AJR型发动机点火系电路接线

二、缸内直喷发动机火花塞

缸内直喷发动机火花塞结构特点详见图6-36及其注解。缸内直喷发动机火花塞特性详见表6-2。

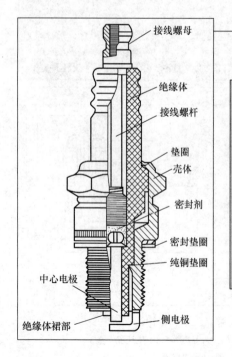

缸内直喷发动机火花塞结构特点
1) 结构特点。①火花塞弯曲的侧电极焊接在金属壳体底端，并借壳体直接接地。②中心电极装入绝缘体中心孔内，电极材料一般采用镍锰合金或镍锰硅合金，高压导线接头套接在接线螺母的上端。③用高氧化铝陶瓷制成的绝缘体固定在壳体内。 2) 四重密封措施。①绝缘体的下部与壳体之间安装有纯铜密封垫圈。②中心电极中部与绝缘体之间靠密封剂密封。③火花塞金属壳体与气缸盖螺孔之间靠密封垫圈密封。④金属壳体与绝缘体中部外缘接触处也靠垫圈密封。 3) 散热方式。与高温气体直接接触的绝缘体裙部的热量通过纯铜垫圈传到壳体，然后经气缸盖与冷却系统散热，以保持火花塞一定的温度。

图6-36　缸内直喷发动机火花塞结构

表6-2　缸内直喷发动机火花塞特性

类　型	标　准　型	半表面放电型
特征	突出的跳火间隙；铜心接地电极；两段直径中心电极；铱合金电极；细长的直形绝缘体端部；伸长的金属壳	突出的跳火间隙；两个接地电极；半表面放电；伸长的金属壳
优点	耐久性好	抗积炭好
缺点	抗积炭差	沟槽影响耐久性

注：缸内直喷发动机火花塞与普通火花塞是有区别的，在维修保养中，两者绝对不能换用。

第五节　点火系统主要元件的检测

一、点火信号发生器

点火信号发生器与电子点火器配套使用，它一般安装在分电器内。点火信号发生器按照信号产生的原理不同分霍尔式、磁脉冲式和光电式三种。

1. 霍尔式点火信号发生器

（1）霍尔式点火信号发生器组成

霍尔式点火信号发生器主要由永久磁铁、霍尔集成电路块、导板及触发叶轮组成。触发叶轮与分火头制成一体，触发叶轮四周均匀分布着与气缸数相同的缺口，触发叶轮由分电器轴带着转动，霍尔点火信号发生器安装于霍尔分电器总成内，如图6-37所示。霍尔式分电器总成与传统分电器相比，不同之处在于用霍尔式点火信号发生器取代了机械式断电器。

（2）霍尔式点火信号发生器的工作原理

霍尔点火信号发生器的工作原理如图6-38及其注解。霍尔集成电路的功能详见图6-39及其注解。

2. 磁脉冲式点火信号发生器

磁脉冲式点火信号发生器也称磁感应式点火信号发生器。它由信号转子、感应线圈、定子和永久磁铁等组成，信号发生器的定子与永久磁铁构成一定的磁场与磁路，信号发生器转子套装在分电器轴上随轴一起转动，磁脉冲式点火信号发生器的结构原理详见图6-40及其注解。

霍尔点火信号发生器的工作原理

1) 当触发叶轮无缺口的本体转到永久磁铁的气隙内时(此时正对着安装有霍尔集成块的地方)，将通过集成块的磁路短路，由于霍尔集成块中无磁场通过，因此不会产生霍尔电压。

2) 当触发叶轮转到其缺口正对着安装有霍尔集成块的地方时，永久磁铁磁场在导板引导下，垂直穿过通电的霍尔集成块，且在霍尔集成块横向侧面产生一个很微弱霍尔电压U_H。

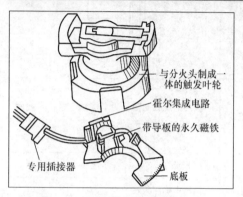

图 6-37　霍尔信号发生器的组成

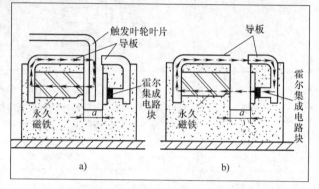

图 6-38　霍尔信号发生器的工作原理
a) 叶片在气隙内　b) 叶片不在气隙内

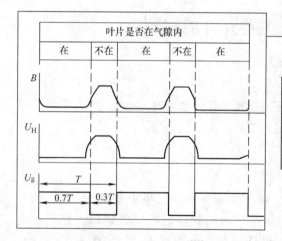

图 6-39　霍尔信号发生器的输出信号

霍尔集成电路的功能

1) 霍尔集成电路块担负着将微弱的霍尔电压U_H放大和脉冲整形的任务。

2) 最后以整齐的矩形脉冲波(方波)信号U_g输出，如图6-39所示。

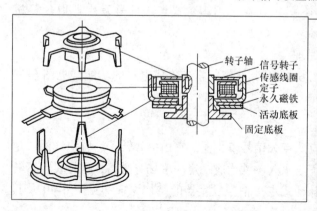

图 6-40　磁脉冲式点火信号发生器的组成

磁脉冲式点火信号发生器的结构原理

1) 当信号转子转到与定子对齐时，磁路被接通并形成闭合的磁路，磁场增强。

2) 当信号转子离开定子时，磁路被切断，磁场减弱。在感应线圈中产生交变信号电压输出。

3) 磁脉冲式点火信号发生器安装于磁脉冲式分电器总成内，如图6-40所示。磁脉冲式分电器总成与传统分电器相比，不同之处仅在于用磁脉冲式点火信号发生器取代了机械式的断电器。

二、电子点火器

电子点火器是电子点火系统的核心部件，其功能是控制点火线圈初级电路的接通与切断。

1. 霍尔式电子点火器

霍尔式电子点火器是与霍尔式点火信号发生器相匹配的电子点火器，由专用点火集成块（IC）和一些外围电路组成。该点火器除具有一般汽车点火器的开关功能外，还具有限流控制、闭合角控制、停车断电保护等功能，因此具有独特的优点，例如点火能量高且在发动机转速范围内基本保持恒定、高速时不断火、低速时耗能少、起动可靠等。

（1）霍尔式电子点火器的工作过程

霍尔式电子点火器工作过程详见图 6-41 及其注解。

霍尔式电子点火器的工作过程
1) 接通点火开关，起动发动机。当霍尔信号发生器输出信号U_g为高电位时，该信号通过点火器插座端子⑥和③进入点火器。此时，点火器通过内部电路，驱动大功率晶体管VT导通，接通车架电路。
2) 其电路路径为蓄电池正极→点火开关→点火线圈初级绕组N_1→大功率晶体管VT→反馈电阻R_S→搭铁→蓄电池负极。
3) 当霍尔信号发生器输出信号U_g下跳为低电位时的电路关系为U_g下跳为低电位→大功率晶体管VT立即截止→点火线圈初级电路被切断→次级绕组产生高压电。

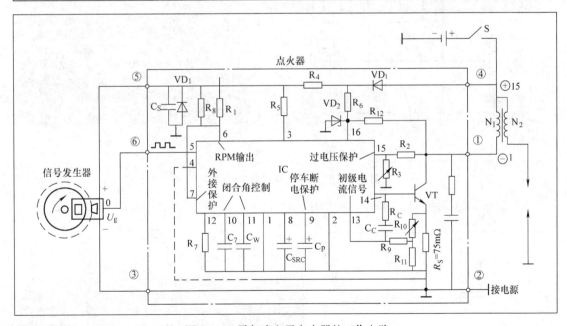

图 6-41　霍尔式电子点火器的工作电路

（2）霍尔效应式电子点火器辅助控制过程

1）初级电流的恒流控制。初级电流的恒流控制原理详见图 6-42 及其注解。

2）闭合角控制。图 6-43a 所示为不同转速下加在点火器上的信号电压 U_g 与时间的关系，T 为信号电压 U_g 的周期。图 6-43b 所示为不同转速下无闭合角控制时点火线圈初级

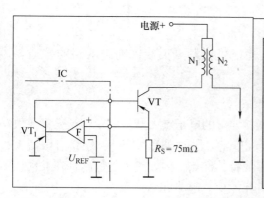

初级电流的恒流控制原理

1) 当大功率晶体管饱和导通时，初级电流逐渐增大。取样电阻R_S的电压达到规定值，且高于放大器F"–"端设置的基准参考电压U_{REF}，因此，F输出端电位升高，使晶体管VT$_1$导通，引起VT集电极电位下降，因此流过VT的初级电流下降。

2) 当初级电流略低于限值时，R_S电位低于参考电压U_{REF}，F输出电压下降，VT$_1$趋于截止，VT集电极电位升高，使VT导通，初级电流再度增大。如此循环反馈，并以极高频率进行控制使初级电流稳定在7A左右范围。

图 6-42   初级电流的恒流控制原理

电流与时间的关系，t_b 为初级电路接通后的通电时间，t_1 为初级电流达到某一恒定值所必需的时间，t_2 为初级电流达到某一恒定值后的富余时间。图 6-43c 所示为不同转速下有闭合角控制时点火线圈初级电流与时间的关系，t_3 为稳定初级电流在某一恒定值的保守时间，Δt 为相同转速情况下有闭合角点火系统与无闭合角控制的点火相比，初始电路接通的滞后时间。

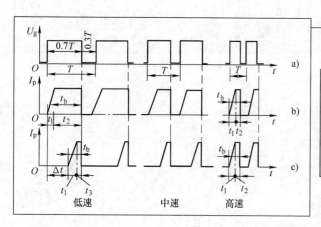

电子点火器的闭合角控制原理

从图6-44可以看出：Δt为相同转速情况下有闭合角点火系统与无闭合角控制的点火相比，初始电路接通的滞后时间。即有闭合角点火系统缩短了点火线圈的有效工作时间，从而点火线圈的性能与使用寿命进一步得到提高。

图 6-43   电子点火器闭合角控制原理

3）停车断路保护。具有停车保护作用的电子点火系统波形详见图 6-44 及其注解。

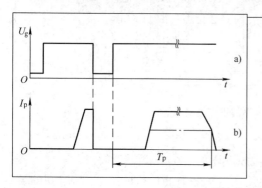

停车断路保护原理

设置停车保护装置后，当初级电路接通时间大于某一设定时间T_p时，停车保护装置将发出信号，切断点火线圈的初级电流，从而使得点火线圈得到保护。

图 6-44   具有停车保护作用的电子点火系统波形

2. 电磁感应式电子点火器

磁脉冲式电子点火系统电路由点火信号发生器、电子点火器、分电器、点火线圈和火花塞组成。磁脉冲式电子点火系统的工作原理详见图6-45及其注解。

> **磁脉冲式电子点火系统工作原理**
>
> 1) 直流电路的路径: 接通点火开关时, 蓄电池电压迫使VT$_1$导通, 其直流电路的路径为蓄电池正极→点火开关→R$_3$→R$_1$→VT$_1$→信号线圈→搭铁→蓄电池负极。
>
> 2) 当点火信号发生器产生正向脉冲时, 信号电压与VT$_1$的正向电压叠加后, 高于VT$_2$的导通电压, VT$_2$导通。VT$_2$的导通使得VT$_3$的基极电位下降而使VT$_3$截至; VT$_3$的截至使得VT$_4$的基极电位上升而使VT$_4$导通; 同时VT$_5$因R$_7$的正向偏置而导通。于是产生初级电路回路为蓄电池正极→点火开关→点火线圈附加电阻R$_f$→初级绕组→VT$_5$→搭铁→蓄电池负极。此回路作用促使点火线圈储能。
>
> 3) 当点火信号发生器产生反向脉冲时, 信号电压与VT$_1$的正向电压叠加后, 使得VT$_2$的基极电压降低, 导致VT$_2$截止。VT$_2$截止又使得VT$_3$的基极电压上升而使VT$_3$导通; VT$_3$导通使VT$_4$基极电位下降而截止; 同时VT$_5$因无正向偏置电压而截止。于是初级电流被切断, 在次级绕组中产生高压, 经配电器按点火次序分配到各缸火花塞点火。

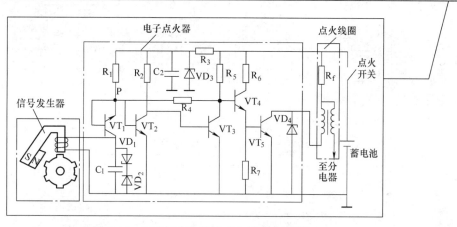

图6-45 丰田轿车磁脉冲式电子点火系统

3. 点火器的检测

【案例6-5】 丰田5S-FE发动机点火系统的检测

丰田5S-FE发动机点火系统原理与检测方法详见图6-46及其注解。

三、闭磁路点火线圈

点火线圈按磁路结构特点分为开磁路和闭磁路两种类型。触点式的点火系统广泛采用开磁路点火线圈, 而闭磁路点火线圈多用于高能无触点点火系统。

（1）闭磁路点火线圈的结构

在闭磁路点火线圈中, 由硅钢片叠成口字形或日字形的铁心。初级绕组在铁心中产生的磁通, 通过铁心形成闭合磁路。与开磁路式相比其优点是漏磁少、磁路磁阻小、能量损失小, 其能量转换率可高达75%（开磁路式点火线圈只有60%）。其次, 体积小, 可直接安装于分电器中, 不仅结构紧凑, 并可有效地降低次级电容, 在无触点点火系统中被广泛采用。

丰田5S-FE发动机点火系统的检测方法

1) 点火器电源(+B)电压检测。用万用表直流电压档检测电源接柱(+B)的电压，是否为蓄电池电压。若不正常，则应从蓄电池开始，逐点检查至点火器电源接柱(+B)之间的连接。

2) 点火器接柱IGT电压检测。闭合点火开关，起动发动机，用万用表直流电压档检测IGT接柱与E1接柱间电压，应为0.8～1.2V。若无电压，再检查ECU的IGT接柱与E1接柱之间的电压，若电压为0.8～1.2V，则表明为ECU与点火器之间的导线断路；若无电压，则表明ECU损坏。

3) 点火器接柱IGF电压检测。闭合点火开关，起动发动机，用万用表直流电压档检测IGF接柱与E1接柱之间电压应为2.7～3.5V。若无电压，则表明点火器损坏；若有电压，再检查ECU的IGF接柱与E1接柱之间的电压，若无电压，则表明点火器与ECU之间的导线断路。

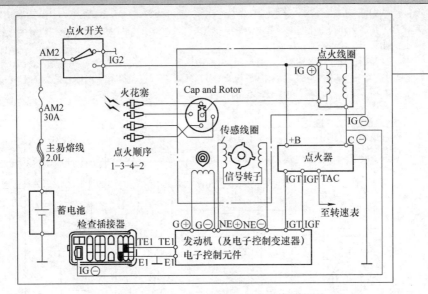

图 6-46　丰田 5S－FE 发动机点火系统原理图

（2）闭磁路点火线圈的检测

点火线圈通常进行两方面的检查，详见图 6-47、图 6-48 及其注解。

闭磁路点火线圈的检测方法

1) 在点火开关闭合时，用万用表直流电压档检查点火线圈初级绕组"+"接线柱是否为蓄电池电压。若无电压，则应检查蓄电池至初级绕组"+"接线柱的线路是否断路。

2) 在点火开关断开时，用万用表电阻档检查点火线圈初级和次级绕组的电阻值，若不符合规定，则表明线路有断路或短路故障。

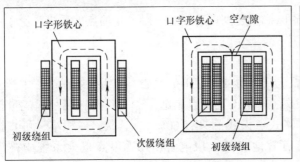

图 6-47　闭磁路点火线圈的结构

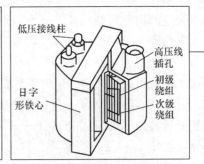

图 6-48　闭磁路式点火线圈

四、火花塞的检修

火花塞常见故障有过热、积炭、电极烧蚀、绝缘体破裂以及侧电极开裂等。

1. 火花塞的清洁

火花塞的清洁主要包括清理螺纹积垢、清洗火花塞表面和清除火花塞积炭等。清除积炭通常可用钢锯片刮除。而正规做法是在火花塞清洗试验器进行。

2. 火花塞技术状况的检查与调整

（1）火花塞技术状况的检查

1）就车检查法有以下三种。

① 触摸法。起动发动机，使其怠速运转，然后用手触摸火花塞的绝缘瓷部位，若感觉其温度上升很快很高，表明火花塞工作正常；否则，为不正常。

② 短路法。起动发动机，使其怠速运转，然后用螺钉旋具逐缸对火花塞短路，仔细倾听发动机响声和转速的变化，若变化明显，则表示火花塞正常；否则，为不正常。

③ 跳火法。旋下火花塞，在气缸上用高压线试火，若无火花或火花弱，表明火花塞漏电或不工作。

2）观色法：火花塞颜色与故障的对应关系详见图6-49～图6-51及其注解。

火花塞颜色与故障的对应关系

1）燃烧正常的火花塞。拆下火花塞观察，如为赤褐色或铁锈色，表明火花塞正常。

2）火花塞损坏的标志。若严重烧损，如顶端起疤、有黑色花纹破裂，电极熔化，表明火花塞损坏。

3）火花塞颜色与故障的对应关系。拆下火花塞观察。①如为烟熏的黑色，则表明火花塞冷热型选错，或混合气过浓、机油上窜；②如顶端与电极间有油性沉积物，则说明气缸窜机油；③如为黑色沉积物，则说明火花塞因积炭而引起旁路；④如为灰色沉积物，则为汽油中的添加剂覆盖电极而导致缺火；⑤如为渍油状，则表明火花塞间隙失调或供油过多、高压线短路或断路，导致缺火。

图6-49　燃烧正常火花塞　　图6-50　热值过小火花塞　　图6-51　热值过大火花塞

（2）火花塞绝缘电阻的检测方法

用万用表的 $R \times 1k\Omega$ 档，两只表笔分别连接中心电极和高压线插头进行测量，现代汽车普遍采用电阻型火花塞，其正常绝缘电阻值应为 $3 \sim 15k\Omega$。

若实测值为无穷大，则说明火花塞内部断路，应更换火花塞。反之，若电阻值过小，则不能抑制无线电干扰信号，也必须更换火花塞。

（3）火花塞电极间隙的检查与调整

据试验数据资料，汽车每行驶 1600km，火花塞电极烧蚀约为 0.025mm。故应定期调整电极间隙。一般每行驶 15000～20000km（长效火花塞为30000km）就应检查调整，方法详见图6-52及其注解。

火花塞间隙的调整方法

1) 火花塞间隙的测量与调整，应使用火花塞专用圆形量规进行，不宜采用塞尺，因为当侧电极上制有凹坑时，塞尺无法量准其真实间隙值。

2) 调整间隙应采用特制的测量工具弯曲侧电极，如图6-52b所示。

3) 标准间隙值应按照原厂维修手册规定，如桑塔纳AEE型发动机为0.7～0.9mm，桑塔纳AJR电喷发动机为0.9～1.1mm，切诺基吉普车为0.84～0.97mm等。

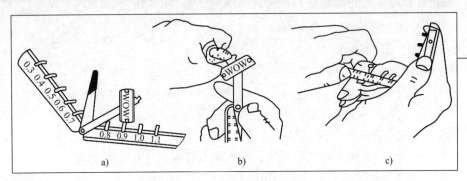

图 6-52 火花塞间隙的调整

a）测量调整用工具 b）调整火花塞间隙 c）测量火花塞间隙

第六节 电控点火系统故障诊断基本方法

一、电控点火系统故障诊断流程和诊断步骤

1. 电控点火系统故障诊断流程

发动机不点火的故障诊断程序如图 6-53 所示。电控点火系统故障诊断流程如图 6-54 所示。

2. 电控点火系统故障诊断步骤

（1）划分发生故障的区域

即首先确定故障可能发生在高压电路部分还是发生在电子控制部分。其方法是从分电器盖上拔下中央高压线，并使其端部距缸体 5～7mm，然后起动发动机，观察是否跳火。如果火花强烈，则可断定故障是在高压电路部分。若无火花或火花很弱，则说明点火线圈和点火器的电子控制系统存在故障。

（2）对点火线圈次级不能产生高压的检查

点火线圈次级不能产生高压，则应在点火器的点火信号输入端，检查 ECU 提供的点火脉冲信号（IGT 信号）是否正常。检查时可用万用表或示波器在发动机起动旋转时，看是否有 5～10V 的点火触发信号，如果信号正常，则说明包括点火 ECU 及其相关传感器所组成的点火控制系统是正常的，问题可能在点火器、点火线圈及其电路部分。

（3）对 ECU 提供点火脉冲信号故障的检查

若 ECU 提供的点火脉冲信号（IGT 信号）不正常，则点火控制系统（包括点火 ECU 及其相关传感器）有故障。应首先检查点火 ECU 及其相关传感器的工作电压是否符合要求，

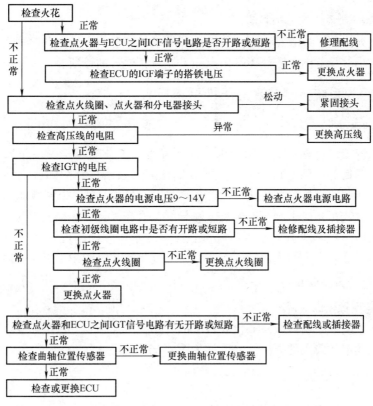

图 6-53　发动机不点火的故障诊断程序

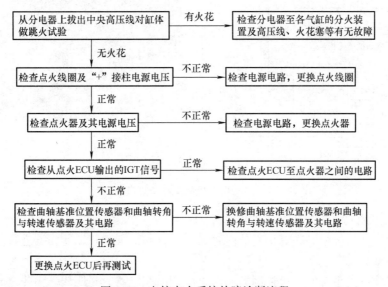

图 6-54　电控点火系统故障诊断流程

搭铁线是否断路或接触不良。然后再检查点火基准传感器及其相关电路是否正常，安置位置是否合适，连接导线和插接件有无不良。可用万用表或示波器在发动机工作时，检查看能否产生足够的信号电压。若信号电压足够，则可断定是点火 ECU 不良。可更换同型号的点火

ECU 再进一步确认。

（4）对点火控制系统的故障检查

若确认是点火控制系统故障，则一般自诊断系统故障灯会点亮，此时应充分利用自诊断功能来进一步缩小故障范围。若故障灯未点亮，则从其他方面诊断。

二、电控点火系统故障诊断的三种基本方法

1. 直观诊断法

电控点火系统工作可靠性高，除个别元件损坏外，多数故障是因线路故障如短路、断路、插接器接触不良等原因造成的。而直接诊断法容易发现线路故障，收到事半功倍的效果。直观诊断法应针对与故障现象相关部位、部件及其连接导线进行外观检查。看各个插接器插接是否不到位或污损而引起接触不良，看导线是否有断开、磨损而引起导线间或对地短路烧坏，看各个传感器和执行器是否有零件松动、变形、磨损越位、丢失、卡死等机械故障。其次检查点火器、点火线圈温度是否正常，发动机工作过程中是否有异响等。

2. 利用自诊断系统诊断法

（1）按规定步骤读取故障码

当电控点火系统一旦出现故障，仪表板上的发动机故障指示灯便会点亮，以提醒驾驶人注意。不同车系读取故障码的方法不同，详见图 6-55 及其注解。

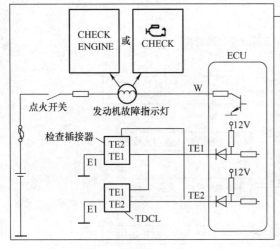

读取故障码的方法

1）丰田车系：可用短接发动机舱内的左悬架弹簧支座附近的检查插接器或TDCL的诊断端子，通过发动机故障指示灯闪烁显示故障码。

2）切诺基和克莱斯勒车系：将点火开关在5s内开关3次，就可以通过发动机故障指示灯闪烁显示故障码。

3）其他车系：应以维修手册的规定为准。

图 6-55　发动机故障指示灯电路

（2）根据故障码确定故障具体部位和原因

根据故障码，从故障码表查出其故障含义、类别和范围，并以此为据进行具体、全面的检查，发现与排除故障。

检查范围除点火系统的点火控制器、点火线圈、配电器、高压线、火花塞外，还包括与电控点火系统相关的各类传感器，如曲轴位置传感器、空气流量传感器、冷却液温度传感器、氧传感器等。

（3）路试

当故障检测完成后进行路试检查。路试中，当点火开关旋至接通位置但不起动时，故障

指示灯点亮，而当起动发动机后指示灯应熄灭。否则，说明还存在故障。若出现原来的故障码，说明尚未修好；若出现新的故障码，则说明又发生了新故障，需继续修理。

（4）清除故障码

当故障排除后，存储器中的故障码不会自行消除。当再次读取故障码时，这些故障码会和新的故障码一起显示出来。因此，当故障排除后应及时清除故障码。

3. 仪器诊断法

仪器诊断法即采用万用表、解码器、正时灯、点火分析仪、示波器、发动机综合分析仪等故障诊断手段进行故障诊断的方法。其诊断内容包括对故障元器件性能参数的检测，对各个主要测试点信号或对整个点火系统进行检测，进行各种特性曲线分析以及波形曲线定性定量分析等，从而对故障做出快速而准确的判断。

三、电控点火系统常见故障诊断方法

电控点火系统常见故障见表6-3。

表6-3　电控点火系统常见故障

故障名称	故障现象	可能的故障原因	检测与诊断
发动机不点火	发动机不能起动且无着车迹象，查无高压火	① 点火线圈、点火器损坏 ② 点火基准传感器、曲轴转角与转速传感器及其电路不良 ③ 点火ECU故障	诊断程序如图6-53所示
火花弱	经跳火试验高压火花弱，发动机起动困难，怠速不稳，排气冒黑烟，加速性及中、高速性较差	① 点火器、点火线圈不良 ② 高压线电阻过大 ③ 火花塞积炭或漏电 ④ 点火系统供电电压不足或搭铁不良	该故障与点火控制系统关系小，应重点检查点火器和点火线圈是否良好，供电电压是否正常，各插接器及导线连接是否牢固，点火器搭铁是否可靠；检查高压线电阻是否过大，清除火花塞积炭，更换漏电的火花塞
点火正时不准	发动机不易起动，怠速不稳，动力不足，冷却液温度偏高，发动机易爆燃	① 初始点火提前角调整不当 ② 点火基准传感器、曲轴转角与转速传感器不良或安装位置不正确	检查调整初始点火提前角。检查信号转子是否变形、歪斜，信号采集与输出部分安装有无不当，装置的间隙是否合适等
点火性能随工况发生变化	如低速正常，高速时失速；温度低时正常，温度高时不正常；刚起动时正常，工作一段时间后出现故障等	① 点火基准传感器、曲轴转角与转速传感器安装松动 ② 电路插接器件接触不良 ③ 点火器热稳定性差 ④ 点火线圈局部损坏或软击穿和高压线电阻过大等	检查各有关部件安装有无松动，电路连接是否牢固、可靠；检查点火器点火线圈温度是否异常；检查或更换高压线、火花塞等

四、电控点火系统点火正时的检测与调整

（1）日系车检测初始点火提前角的方法

在对点火正时诊断前，应首先检查初始点火提前角，若不符合要求，应进行调整。由于初始点火提前角不受ECU控制，因此需要断开有关控制电路，用正时灯检测。

【案例6-6】 丰田轿车点火正时的检测方法

1）将故障自诊断接口中的端子TE1与E1用导线跨接，如图6-56所示。

2）将自动变速器的变速杆推入N位。

3）起动发动机，在1000～1500r/min运转5s，然后降至怠速并使其稳定运转。

4）用正时灯测量点火提前角，其方法详见图6-57及其注解。

5）丰田车系发动机的初始点火提前角一般为上止点前8°～10°〔（650～800）r/min〕。如凯美瑞3S-GE规定值为10°（650r/min）；雷克萨斯LS250为10°（700r/min）等。

6）其他日系车，如三菱、本田、马自达等的初始点火提前角的检测和调整方法基本相同。

用正时灯测量点火提前角的方法

1）点火正时灯是一种频率闪光灯，当延时电位器处于零位时，闪光与一缸点火时刻同步。通过调整延时电位器可推迟闪光时刻。当闪光时刻与一缸上止点标记对正时，延时电位器指示值就是点火提前角。

2）测量怠速时的点火提前角，便可得到该发动机的初始点火提前角。测量不同工况下的点火提前角还可以反映出离心式点火调节器和真空点火调节装置的工作情况。

3）将测量值与标准值相比较，就可判断点火正时是否准确，并为点火正时调整提供技术数据。

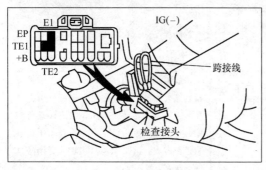

图6-56 用导线跨接自诊断接口的TE1与E1端子

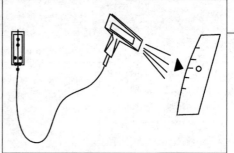

图6-57 用点火正时灯测量点火提前角

（2）大众车系

大众车系则通过其专用诊断仪在发动机怠速工作时，通过诊断接口直接读取初始点火提前角。若初始点火提前角与规定不符，则应转动分电器外壳或对安装点火基准位置传感器的固定体的外壳进行调整。调整时，发动机必须在正常工作温度下运转；另外还要注意维修手册有关规定，如是否需要拆下分电器的真空管路等。

（3）无分电器点火系统

对于无分电器点火系统，其初始点火提前角决定于点火基准位置传感器的安装位置，在正常情况下是固定不变的，也是不可调整的。

第七节 电控点火系统常见故障诊断案例精选

【案例6-7】 一辆雪佛兰景程发动机严重抖动

1. 故障现象

一辆配备1.8L DVVI发动机和手动变速器的雪佛兰景程轿车，行驶89000km时，发动机出现动力不足，提速耸车，以及怠速时抖动现象。

2. 故障诊断与排除

1）读取故障码。用 TECH2 诊断仪读取故障码"P0300：发动机缺火"。观察数据可以发现，1 缸缺火 1000 多次。根据故障码分析，引起 1 缸缺火的原因有以下几点：点火系统、供油系统、正时系统、发动机机械故障。

2）全面检查点火系统与喷油系统。由于此类故障多为点火系统故障，故维修人员首先检查了火花塞，结果火花塞正常。其次与同款车互换点火线圈后，依旧是 1 缸缺火。接着又进行了如下检查：①测试缸压，结果正常；②与 2 缸互换喷油器，结果故障依旧；③用测试灯测试喷油器供电线路，结果正常；④查看正时系统，也正常。但以上步骤做完以后，1 缸依旧缺火。

3）以上步骤存在漏洞，看起来没有问题，但是仔细分析会发现，维修人员在排除点火系统的步骤时存在漏洞：单纯互换火花塞、线圈，只能排除这两个硬件的问题，并不能保证整个点火系统没有问题。其中最主要的是点火强度的测试没有做。

4）对点火系统深入检查。由于此车点火线圈为 4 缸一体式，测试时只能将点火线圈整体拿下，然后将火花塞装在 1、2 缸点火线圈内，用导体引出发动机搭铁与火花外壳相连，断开 1、2 缸喷油器插头，起动车辆观察 1、2 缸火花塞点火强度，结果发现：1 缸没有点火迹象，但 2 缸火花强烈。

寻找故障根源。找到了故障点，接下来任务就是检修 1 缸不点火故障了。

参照点火系统电路图 6-58，测量 2121# 两端电阻值，正常；测量 2121# 与搭铁之间电阻为无穷大；与车身之间电压为 0。因此可排除 2121# 线路故障。于是怀疑是 ECU 故障。用万用表分别测量 2121#、2122# 点火控制线的频率，结果发现 2121# 线路几于没有变化（图 6-59、图 6-60）。通过对比可以看出，点火信号控制线的电平正常变化频率为 7.03 ～ 21.12Hz，而 2121# 点火信号控制线的电平变化率几乎为 0。故怀疑 ECU 模块内部故障。找同款车辆互换 ECU 模块，结果故障消失，确认 ECU 内部点火控制存在问题。

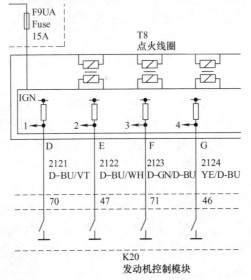

图 6-58　点火系统电路图

图6-59　2121#线电压变化频率

图6-60　2122#线电压变化频率

3. 维修小结

在维修此类故障中，有两个关键点要抓住：一是巧用火花塞搭铁观察点火强度；二是用万用表测量电平变化频率的方法来确定故障点。

【案例6-8】　一辆东风雪铁龙凯旋轿车怠速不良

1. 故障现象

一辆配备2.0L EW10A发动机的东风雪铁龙凯旋轿车，行驶88000km。此车之前发生过缸垫漏水故障，在综合修理厂更换过气缸垫。车辆在维修装配好后，发现怠速不稳定，发动机转速在700～1300r/min之间时忽高忽低，热车后不踩加速踏板还会自动熄火。如果开着空调行驶会好一点，松开加速踏板不容易熄火。

2. 故障诊断与排除

1) 读取故障码。拆开节气门前段进气管道，看到节气门叶片自动反复小幅度地关闭，根据经验判断，该故障车辆电子节气门已启用降级模式在运行。首先利用诊断仪DiagBox检测故障码（图6-61）。

2) 查看发动机运行参数。用诊断仪DiagBox进入发动机ECU，进入参数测量观看发动机运行数据。氧传感器在0.1～0.9V之间跳动、CVVT电磁阀显示激活，未发现明显故障。然而经测试发现，凸轮轴移相角不管发动机转速多少，始终都是54.8°不变。对比正常车辆的参数怠速时是在3°～6°之间变化，见图6-62、图6-63。

3) 故障原因分析。根据DiagBox故障检测、参数测量以及结合用户刚刚更换过气缸垫的情况，分析导致此故障最可能的原因：正时安装错位；凸轮轴信号错误（参数测量数值不变）。分析CVVT调整应该不会导致凸轮轴的信号错误，而P0170故障应该是前两项出现故障原因而导致误报的一个虚故障码。

4) 更换正时带传动装置。拆卸正时带检查时发现，正时带表面有轻微龟裂现象。查询客户维修记录得知，车辆行驶近90000km没有更换正时带。在征得客户同意后，更换新的正时带、正时带张紧轮、正时带惰轮。按照EW10A发动机正时装配工艺重新调整安装正时带及相关附件（图6-64）。使用DigBox对发动机进行完整初始化操作后，起动车辆测试维修效果，故障依旧。

5) 按照故障码P0341的提示，检测凸轮轴信号。断开凸轮轴传感器插头3VGR检查，

P0170　浓度调节

属性

故障来源．本地．

状态．　　持续性故障

故障特征．一致性

关联参数列表

发动机转速	1661	r/min
发动机冷却液温度	90	℃
车速	0	km/h
进气压力	330	mbars
混合汽调节的状态	闭环	

P0011　可变正时电磁阀

属性

故障来源．远程．

状态．　　持续性故障

故障特征．锁止于上止点

关联参数列表

发动机转速	1701	r/min
发动机冷却液温度	101	℃
车速	9	km/h
进气压力	960	mbars
混合汽调节的状态	闭环	

P0341　气缸相位传感器 1

属性

故障来源．本地．

状态．　间歇性

故障特征．对负极短路对正极短路断路

关联参数列表

发动机转速	1147	r/min
发动机冷却液温度	81	℃
车速	0	km/h
进气压力	350	mbars
混合汽调节的状态	闭环控制（特殊的行驶条件）	

P0012　可变正时电磁阀

属性

故障来源．远程．

状态．　间歇性

故障特征．锁止于下止点

关联参数列表

发动机转速	2097	r/min
发动机冷却液温度	64	℃
车速	0	km/h
进气压力	480	mbars
混合汽调节的状态	闭环控制（特殊的行驶条件）	

图 6-61　读取故障码

诊断	C-TRIOMPHE	MMSLJ'H	参数测量

进气

发动机转速	1024 rpm
蓄电池电压	14.5 伏特/V
节气门状态	怠速
节气门角度	3.3 °
节气门位置电压	547.13 mV
进气压力	390 毫巴
空气温度	21 ℃
碳罐电闸状态	未激活
碳罐电磁阀占空比	0.0 %
凸轮轴移相角度	54.8
凸轮轴移相电磁阀状态	激活

图 6-62　故障车的参数表

插头完好，插线端子未发现接触不良现象。将钥匙打开到 ON 档，检测 3VGR 端子 1 有 5V 供电，3VGR 端子 3ECU 控制搭铁正常。插上插头起动车辆怠速运行，测量 3VGR 端子 2 信号电压为 5V（正常）。然后更换凸轮轴位置传感器（图 6-65），测试故障依旧。用扳手转动曲轴检查凸轮轴传感器信号齿，未发现有蹦齿、裂痕等损坏现象。

　　6）按照故障码 P0011/P0012 的提示，检查 CVVT 相关部件。起动车辆并断开 CVVT 电磁阀插接器 2VNR，用万用表电压档测量 2VNR 端子 1、2 之间的电压，为 12V。证明发动机 ECU 与 CVVT 电磁阀之间线路正常。检查 CVVT 安装座孔未发现有磨损现象，更换新的 CVVT 电磁阀试车，故障依旧。

诊断	C-TR10MP4E	NM6J.PB	参数测量
进气			

发动机转速	672 rpm
器电瓶电压	14.5 伏特/V
节气门状态	怠速
节气门角度	3.3 °
节气门位置电压	686.35 mV
进气压力	390 毫巴
空气温度	31 ℃
碳罐电磁状态	未激活
碳罐电磁阀占空比	0.0 %
凸轮轴移相角度	3.2
凸轮轴移相电磁阀状态	激活

图 6-63　正常车的参数表

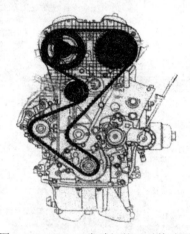

图 6-64　EW10A 发动机的正时传动图

图 6-65　凸轮轴传感器的安装位置

7）用机油压力表检测机油压力。其结果为 4.9bar（图 6-66），而正常值应为 1.5～5.1bar。拆卸并检查凸轮轴相位调整器（图 6-67），发现调整器定位销、定位销槽、调整器油压开关均正常。然后调换同款正常车的凸轮轴相位调整器装车测试，故障依旧。

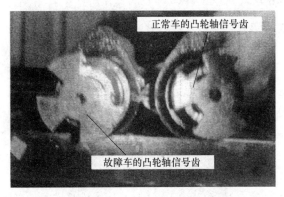

图 6-66　故障车凸轮轴信号齿与正常车的比较

8）按照 P0170 故障码的提示，检查相关部件。因为发动机 ECU、发动机线束都已更换测试过，故前氧传感器线路及 ECU 应该都是正常的。检查排气管路，未发现有泄漏现象。更换前氧传感器检测，故障依旧。使用缸压表检测缸压，四个压缩行程都能有 12bar（正常值不低于 11bar）气压。测量燃油压力，为 3.5bar（正常值 3.5bar）。燃油质量是没问题的，因为客户从送修更换气缸垫前到现在都没加过油。之后又依次更换了点火线圈、火花塞、喷油嘴、进气歧管、节气门、曲轴箱通风管、炭罐电磁阀、曲轴位置传感器。断开空调压缩机离合器电源、拆卸传动带，防止发电信号及压缩机离合器线圈磁场等干扰。但经试车，均无效果。

根据诊断仪 DiagBox 检测的故障 P0170/P0011/P0012/P0341 看来，故障应该是出在与正时相关的部件上。从参数测量看来只有凸轮轴移相角出现偏差最大。是移相角相关部件故障还是其他的部件损坏而导致移相角参数偏差？带着此问题使用诊断仪 Diaghox 进入个性化参数测量。选中氧传感器、CVVT、凸轮轴移相角等相关参数，然后起动车辆，逐个断开各传感器插头，并观察诊断仪的凸轮轴移相角参数变化。当断开凸轮轴位置传感器时，凸轮轴移相角马上变为 5°，经过多次冷/热车测试都没有再出现"游车"现象。

9）进行凸轮轴对比试验。发动机 ECU、发动机线束、凸轮轴传感器都更换过，测试都一样，只有进气凸轮轴没有更换过。但是进气凸轮轴也检查过，并没有什么异常的地方。难道真的是进气凸轮轴出故障了吗？于是找了一辆同款车进行调换测试。将两辆车的进气凸轮轴拆卸下来放在一起对比检查，马上就发现故障车的进气凸轮轴信号齿逆时针偏移了约 50°（图 6-67）。最后再将正常车的进气凸轮轴安装到故障车上试验，故障排除。诊断仪 DiagBox 参数测量凸轮轴移相角参数也恢复了正常。经过多次冷/热车测试，故障均未再现。

3. 维修小结

通过查阅资料，才知道 EW10A 发动机曲轴位置传感器是主信号，凸轮轴位置传感器是判缸信号。当判缸信号出现误差时，发动机会以曲轴信号为参考，在降级模式下工作。因此才导致了以上故障现象。在清洗干净凸轮轴位置传感器信号齿表面油泥积炭后，可以看出信号齿是通过一个定位槽压配在进气凸轮轴后端的（图 6-68）。之前一直误认为信号齿和凸轮轴是一体铸成的，故认为要么凸轮轴断裂，要么信号齿崩裂，根本没考虑过信号齿会有移位现象出现。由于对车辆构造未能深入了解，而被撬动的痕迹又未及时发现，结果导致走了很多弯路。

另外，误认为该车凸轮轴位置传感器信号齿和凸轮轴为过盈配合，一般情况下不会发生错位。而该车凸轮轴位置传感器信号齿位置之所以会发生改变，很可能是维修工在校对正时时，用旋具撬动相关零部件所造成的。该车进气凸轮轴的前端有一个可以用扳手转动的六方轴颈。如果需要转动凸轮轴，只能通过这种方法进行。其他非正常操作都可能产生不良后果，希望能引起同行注意。

图 6-67　凸轮轴相位调整器

图 6-68　故障车凸轮轴的信号齿

【案例 6-9】 一辆丰田佳美轿车点火控制器与 ECU 间的 IGF 或 IGT 电路故障诊断

1. 故障现象

一辆丰田凯美瑞轿车，配备 5S – FE 发动机，行驶里程 195000km，发动机频繁出现热车起动困难，行驶过程中有时出现熄火。虽经更换点火控制器和分电器，故障仍未排除。

2. 故障诊断排除

首先进行故障现象的验证。在热机状态下起动发动机，情况基本相同，且故障灯点亮。而在路试过程中发现，只要加速，汽车便会出现喘振现象，且转速表指针抖动，急加速时熄火。

进行故障自诊断。用故障仪调取到 14 这个故障码，其含义为"无点火控制信号（原因是点火控制器与 ECU 之间的 IGF 或 IGT 电路故障、点火控制器故障以及 ECU 故障）"。

按照故障码 14 所显示的内容进行以下检查：首先接通点火开关（但不起动发动机），

拔下点火控制器的插头，测量插头端子之间的电压值，分别为 12V 和 5.2V，正常。然后接上点火控制器的插头，在急速状态下测量其脉冲电压分别为 0.7~1.0V 和 0.8~1.2V，也符合规定值。

再次进行路试。行驶 40min 后，当急加速时，又重现发动机熄火现象，说明点火系统故障仍未消除。打开发动机舱盖，检查点火控制器。用手摸点火控制器，发现其温度高于正常温度，怀疑点火控制器与 ECU 的线路存在接触不良而导致点火控制器发热。

仔细检查点火控制器与 ECU 的线路，终于发现在进气歧管至曲轴箱强制通风（PCV阀）的铁质通气管处的 IGT 线的绝缘层被烫坏，且黏附在通气管上，引起短路。

重新包裹 IGT 线绝缘层，并将管与线隔离。在清除故障码后试车与路试，故障彻底消除。

3. 维修小结

由于 IGT 线的绝缘层被烫坏后，在发动机高温时绝缘层与通气管黏连，使得 IGT 线的铜心与通气管接地。因而导致点火控制器收到 ECU 发出的 IGT 点火信号微弱，造成点火不良。随着情况进一步恶化，当点火控制器接受不到 IGT 点火信号时，发动机便会熄火。而在发动机冷车时绝缘层较硬，IGT 线的铜心与通气管脱离，因而发动机工作正常。而喘振现象的发生，也是由于 IGT 线的铜心在发动机工作过程中间断接地而造成的。

【案例 6-10】 一辆丰田卡罗拉轿车点火系统故障诊断

1. 故障现象

一辆丰田卡罗拉 1.6L GL 轿车，行驶里程 40000km，发动机无法起动，但其起动机能够正常运转，故障警告灯常亮。

2. 故障诊断排除

读取故障码。用故障诊断仪读取故障码为 P0335，其含义是"曲轴转速与位置传感器电路故障"。

用万用表检测该传感器两端子间电阻。拔下曲轴转速与位置传感器插头，用万用表检测该传感器两端子间电阻，检测结果为 ∝（20℃时的标准电阻应为 1850~2450Ω），说明该传感器内部断路。

更换新的曲轴转速与位置传感器：后试车与路试，故障现象消失，故障得以排除。

3. 维修小结

曲轴转速与位置传感器信号是发动机 ECU 计算点火时刻和喷油量的最基本信号。本例中，由于曲轴转速与位置传感器的内部线圈断路，故曲轴转速与位置传感器没有信号传送给ECU。ECU 错误地认为"发动机不在起动或运转范围"，并由此切断燃油供给，结果导致无法起动。

【案例 6-11】 一辆广州本田轿车点火模块故障诊断

1. 故障现象

一辆装备 VTEC2.0L 发动机的广州本田轿车，在正常行驶过程中发动机突然出现自动熄火故障，后经多次起动均无一点着火迹象。

2. 故障诊断排除

首先进行发动机反复起动试验。在检查故障的过程中，经连续起动 6 次以上，终于着火起动了。发动机又基本运作正常，继续路试也无问题，没有出现突然熄火的现象，发动机故障指示灯也未点亮。在杂物箱下面找到 2P 诊断接头，经短接后，发动机故障指示灯也没有故障码输出。再用本田专用诊断仪进行检查，显示发动机电控系统正常。停车后再次起动发动机均能起动。但为保险起见，让驾驶人继续使用观察，等待故障重现。果然，两天后故障重现，在正常行驶中发动机突然熄火且无法再起动。维修人员赶到现场，进行高压跳火试验，发现无高压电火花。

对该车点火系统结构进行详细了解。该车装备的是由发动机 ECU 控制的带有分电器的电子点火系统，且在分电器中，将曲轴位置传感器、凸轮轴位置传感器、1 缸位置传感器、点火控制模块和点火线圈装配成为一个整体。从该突发故障出现后又能转变好与在发动机控制模块中无故障码的存储两方面分析，推测发动机控制模块没有问题。于是，怀疑可能是带有分电器的电子点火系统中存在某种元器件接触不良或性能不稳定的问题。

进行分电器总成的分解与元件检测。从发动机上拆下分电器总成，进行元器件的分解与检测。用数字万用表测量点火线圈的初级线圈与次级线圈的电阻，均正常；接着又测量三只传感器的电阻值，也在标准范围内；剩下的元器件就是点火控制模块了。

对点火控制模块进行分析。从故障现象与已经检测的情况分析，认为由于点火控制模块的热性能不够稳定而造成故障的可能性很大。因为分电器总成直接与发动机连接，受发动机温度高低的影响非常大。当发动机温度很高时，点火控制模块容易发生突然的故障；而当发动机停机一段时间温度下降后，点火控制模块又恢复了工作能力，因此发动机又能正常运转。

对点火控制模块进行试验验证。根据以上分析，更换一只同类型的新的点火控制模块，以及分火头（发现局部烧蚀），经装复后，打开点火开关，起动发动机，能够顺利着火。且通过较长时间的路试与使用，故障再也没有发生，说明故障已被彻底排除。

3. 维修小结

该车装备的是由发动机 ECU 控制的带有分电器的电子点火系统，且在分电器中，将曲轴位置传感器、凸轮轴位置传感器、1 缸位置传感器、点火控制模块和点火线圈装配成为一个整体。该点火系统的工作可靠性受发动机温度的影响很大。

由于点火控制模块的热性能不够稳定，而导致发动机高温时突然出现自动熄火故障；而当发动机温度下降后，又能恢复工作能力。因此，点火控制模块的热稳定性是保证其产品质量的关键所在。

【案例 6-12】 一辆奔驰 600SEL 轿车点火系统故障诊断

1. 故障现象

一辆奔驰 600SEL 轿车，配备 M120 型 V12 发动机，其左右两列各有一套点火控制单元，在使用中出现发动机转速在 1200～2500r/min 时加速不良。但怠速与高速（转速超过3000r/min）时一切正常。

2. 故障诊断排除

进行全面试运转与路试。首先打开发动机舱盖观察运转情况。发现怠速时运转平稳，再进行急加速与缓加速试验，在空载情况下，其故障症状均不太明显。接着进行路试，发现当发动机转速从 1200r/min 上升到 2500r/min 时确实感到行驶无力，急加速时更加明显。而当转超过 3000r/min 时一切又正常了。松开加速踏板时，怠速平稳。连接 OB91 故障诊断仪，进入发动机测试档，显示无故障。

对发动机进行基本检查。测量各缸压缩压力，均在 1029.7 ~ 1127.8kPa 正常范围内；检查各缸高压线电阻，正常，均在 10kΩ 左右；再检查点火线圈电阻，其一次侧电阻为 0.3 ~ 0.6Ω，二次侧电阻为 8 ~ 13kΩ，均正常；再检查供油压力，怠速有真空（即不拔下油压调节器真空管）时为 318.8 ~ 353kPa，怠速无真空（即拔下油压调节器真空管）时为 362.8 ~ 411.9kPa，急加速时约为 411.9kPa，也都正常；最后清洗喷油器并测量其电阻，均为 14 ~ 16Ω。上述各项检查均无异常。然后起动发动机，将转速稳定在 2000r/min 左右，用听诊器检查各缸喷油器工作情况，结果均正常。

检查排气情况。根据排气的气味儿判断有烧机油现象。用手感觉排气温度，发现发动机左列排气温度低于右列。经仔细观察，感觉左列排气不顺畅，有间歇性停顿现象。据此判断，发动机 2000r/min 运转时，其左列工作不良。

检查左列电路情况。通重新起动发动机，稳定在 2000r/min 运转。为了查明不工作的气缸，拔下左列每一根高压线试火。结果，拔下左列每一根高压线时发动机转速下降均不明显，且再次插入时，转速也未明显回升。而对右列进行同样的试验，每拔下一根高压线转速下降均很明显。通过左右对比，表明左列点火系统确实存在问题。

进行左右列火花塞跳火情况对比。为进一步验证左列点火系统存在问题而进行左右列火花塞跳火情况对比。具体方法是，分别从发动机左列和右列上拔下一根高压线并连接一只火花塞。然后起动发动机，观察对比两只火花塞的跳火情况。①当怠速时，两侧火花塞跳火情况基本相同。②当加速到 1200r/min 时，右列火花塞跳火正常，而左列火花塞跳火发红；当继续加速时，左列火花塞跳火情况还在变差，且发动机声音也不正常。③当加速到 3000r/min 时，左列火花塞跳火突然变得正常，且发动机转速也恢复正常。通过对比试验，证明左列点火系统确实有问题。

首先怀疑点火线圈不良，更换了一个点火线圈，但起动发动机后故障依旧。接着又更换了分火头、分电器盖和火花塞，故障仍然存在。

当点火系统排除了点火线圈、火花塞和高压线外，剩下的零部件就是控制单元了。至此，能够证明左列点火控制单元是否正常的最好办法就是将左右两侧的点火控制单元调换位置后进行试验。调换试验的结果是原来发动机左列工作不良变成了发动机右列工作不良，这非常有力地证明了故障根源就在左列点火控制单元自身。

最后，将左列点火控制单元更换为新品，更换后起动发动机试验，故障果然彻底消除。

3. 维修小结

该车配备 M120 型 V12 发动机，其左右两列各有一套点火控制单元。它们有着相同的传感器与执行器，两边所有的传感器与执行器均可调换使用，相当于两台发动机。该车故障的原因在于左列点火控制单元内部程序混乱，造成点火正时也混乱，使得发动机在一定的转速范围内出现故障。该车故障发生在左列点火控制单元上，而点火控制单元本身没有设置故障码，因此无法通过故障码来显示其故障，这无疑给故障诊断带来了一定的难度。

【案例6-13】 一辆上海通用雪佛兰鲁米娜轿车因点火开关故障导致发动机起动困难

1. 故障现象

有一辆装备电喷发动机的上海通用雪佛兰鲁米娜轿车，平时使用得心应手，但一次停放过夜之后，第二天便突然出现发动机起动困难的现象。

2. 故障诊断排除

检查电源系统。通过试起动发动机，从仪表板上的指示灯亮度可以看到电量明显不足。测量蓄电池电压只有8V。于是利用其他蓄电池跨接起动，发动机可以顺利着车。测量发电机的发电电压为13.95V，正常。检查蓄电池充电系统和搭铁线路均正常。使发动机怠速工作一段时间，熄火后再起动，起动机运转有力，发动机可以顺利起动。连续试了几次，均能正常起动发动机，这说明蓄电池充电状态良好。关闭所有用电设备，测量车身并无放电现象。难道是蓄电池自放电吗？

用OTC诊断仪检查ABS。据驾驶人介绍，蓄电池是5个月前才更换的，使用没出问题，只是最近一段时间偶尔出现不易起动的现象。当出现发动机无法起动时，仪表板上的"ANTI－LOCK BRAKE"制动防抱死系统指示灯有时候会点亮。接着查看该车更换的蓄电池是德尔福免维护蓄电池，而且也是正品。因此不应该在短时间内损坏。为此又使用OTC诊断仪检查ABS，没有故障码存储。

只好又回到蓄电池充电系统上。该车的仪表上有电压表可以指示发电量，虽然电压表的显示数值较为具体，但是很少有驾驶人能够注意到发电量是否正常。该车会不会有时候发电量偏低或者不发电呢？于是反复起动发动机，同时观察电压表指示值的变化。多数情况下，起动时电压表指示值下降，在发动机起动后指示值慢慢回升，发电量指示在14V左右，与使用万用表测量发电机发电量的测量值基本吻合。只有一次在起动发动机后，电压表的指示值没有回升，而此时仪表板上的"ANTI－LOCK BRAKE"黄色指示灯没有熄灭，故障终于又重现了。

用万用表测量发电机与发动机电压调节器。此时用万用表测量发电机的发电量，果然不发电。再用OTC诊断仪检测ABS，居然无法进入该系统。拔下发电机电压调节器上的插头，经检测，其F端子上无电压，检查熔丝上也没有电压。打开空调，发现空调系统也不工作。

查阅电源部分电路控制图。为查出故障点，查阅了该车电源部分控制电路，如图6-69所示。

从电路图中可以看出，对于这种车型，当点火开关处于运行位置（RUN）时，输出两路电流，一路粉红色线S204电路在起动（ST）和运行位置（RUN）一直输出电流；另一路橙色线300电路，在起动时切断输出的供电电路。S204电路主要为重要的用电设备（例如动力控制模块和组合仪表等）不间断地提供运行电流，而空调、鼓风机以及ABS等则由橙色线300电路只在运行位置供电。也就是说，300电路是一个励磁电路，在起动时此电路上的用电设备停止工作，目的是保证起动时有足够大的起动

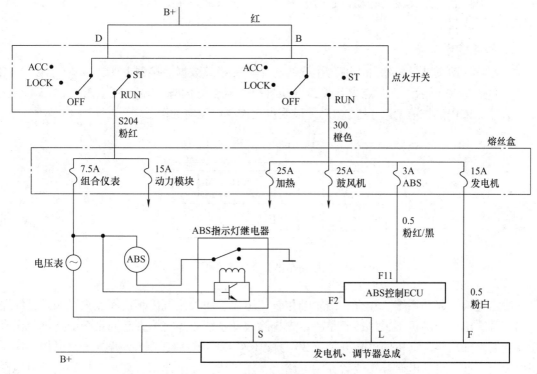

图 6-69　上海通用雪佛兰鲁米娜轿车电源部分控制电路

电流来起动发动机。

根据电路图测量点火开关上的橙色线 300 电路。根据该车电路图，测量点火开关上的橙色线 300 电路，发现没有电压。此时转动一下点火开关钥匙，橙色线 300 电路有电压了，ABS 灯也随之熄灭。再向起动方向少许旋转点火开关钥匙，ABS 灯又点亮，橙色线 300 电路上又没有电压了。由此判断点火开关本身存在故障。

查明故障点。拆下点火开关进行检查，发现点火开关端子处有烧蚀的痕迹。线束端子压紧力也不够。经更换点火开关并修整线束插接器端子后，试起动发动机，能够顺利着车。经反复试验，每次均能起动，ABS 灯亮灭正常，故障得以排除。

3. 维修小结

该车型为减小起动阻力，将电路设计成在起动时断开发电机的励磁电路，使发电机处于空转状态，以利于发动机的起动。当点火开关在起动后返回到 Run 档时，由于点火开关内部接触不良，导致了橙色线 300 电路无法接通，使得发电机一直处于无励磁状态，故发电机不发电。同时 ABS 也因为得不到电源而无法工作，导致 ABS 系统指示灯因为电路一直处于常闭搭铁状态而点亮。此时由于 ABS 没有处于激活状态，故诊断仪器便无法进入 ABS。

【案例 6-14】 一辆丰田威驰轿车因点火器损坏和搭铁线松动，导致发动机不能起动

1. 故障现象

一辆丰田威驰 G1XS 型轿车，装备 5A – EF1.5L 型发动机，4AT 型自动变速器，因事故

修复后，当将点火开关转到起动位置时，有时起动机没有反应，即使偶尔起动机运转工作，但发动机不能起动。

2. 故障诊断排除

首先对发动机进行故障自诊断。用导线将车辆的第三数据插接器DTC3的端子TC与CG跨接，如图6-70所示。打开点火开关，发动机故障警告灯闪烁，显示故障码"14：无点火确认信号（IGF）输送给发动机ECU"。说明点火控制电路有故障。

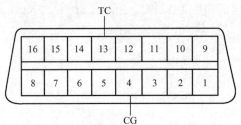

图6-70　丰田威驰轿车第三数据插接器的DTC3端子

决定先检查起动系统。经查，凸轮轴位置传感器、曲轴位置传感器和点火线圈及其线路均属正常。由于起动机不工作，于是决定先排除起动系统故障。检查起动系统的熔丝，没有发现问题。随后将起动机的电磁开关上30号端子与C端子短接，起动机能正常工作。这说明故障出在起动机的电磁开关或者控制电路上。用导线把蓄电池正极直接连接到起动机电磁开关50（S5）号端子上，起动机能正常工作。这说明起动机电磁开关正常，故障出在起动机控制电路上。

查看起动机控制电路图，该车的起动机控制电路如图6-71所示。由图可知：起动机继电器是否工作是由自动变速器空档起动开关、二极管、驻车/空档位置继电器、起动机切断继电器、防盗控制单元和发动机ECU等共同控制的。考虑到防盗控制单元和发动机ECU不容易出现故障，所以先拆下空档起动开关、驻车/空档位置继电器、起动机切断继电器进行检查，结果均正常。更换防盗控制单元和发动机ECU后，故障仍旧。

重点对起动机控制系统进行检查。再次询问驾驶人，驾驶人描述此车发生事故后，曾经在一家修理厂进行过钣金维修。维修后就出现起动发动机时，起动机偶尔没有反应，一旦起动机运转后，发动机能正常起动现象。但过了一个星期左右，又出现起动机不工作或即使起动机工作，发动机也不能起动的故障。根据驾驶人的描述分析，此车的故障很可能是偶发性故障，故障的原因很可能是起动机控制电路中有虚接或接触不良现象。于是重点对起动机控制系统进行检查。把自动变速器变速杆拨到P位，点火开关转到起动位置，用一根导线一端接驻车/空档位置继电器端子"1"，另一端接搭铁，发现起动机能正常工作。这说明驻车/空档位置继电器搭铁线有问题。

查明故障点。经检查，发现驻车/空档位置继电器的搭铁线与车身右侧减振块固定螺母松动。经重新固定驻车/空档位置继电器的搭铁线螺母后试车，起动机能正常工作，但发动机还是不能正常起动。再结合上述读取的故障码，更换了一个新的点火器。然后试起动，发动机顺利起动着车，故障彻底排除。

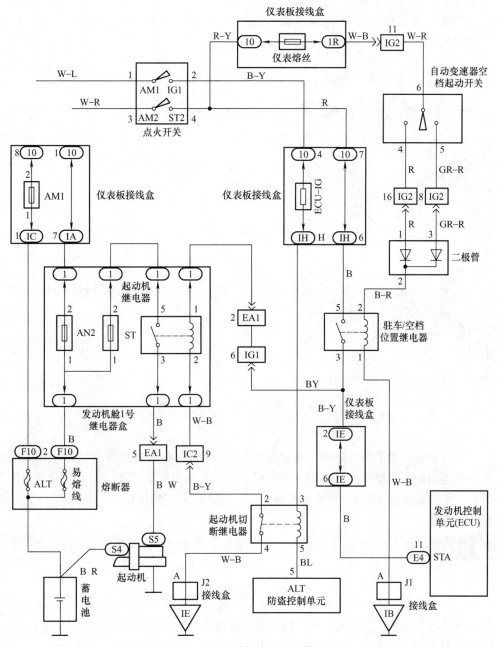

图 6-71　丰田威驰轿车起动机控制电路

3. 维修小结

（1）丰田威驰轿车的点火控制过程

该车的点火控制电路如图 6-72 所示。发动机 ECU 确定点火时，在所希望的点火提前角接通晶体管 Tr1，并将点火信号（IGT）输出至点火器。由于 IGT 信号宽度固定不变，点火器触点闭合角控制电路根据发动机转速和前一个循环的点火正时，确定控制电路开始向点火线圈输送初级电流时间，即晶体管 Tr2 的接通时间。当点火正时到达后，ECU 断开晶体管

Tr1, 输出 IGT 信号 "0", 使晶体管 Tr2 断开, 切断初级电流, 同时在次级线圈中产生使火花塞跳火的高压电。由于切断初级电流时所产生的反电动势, 点火器将点火确认信号 (IGF) 送回给 ECU。

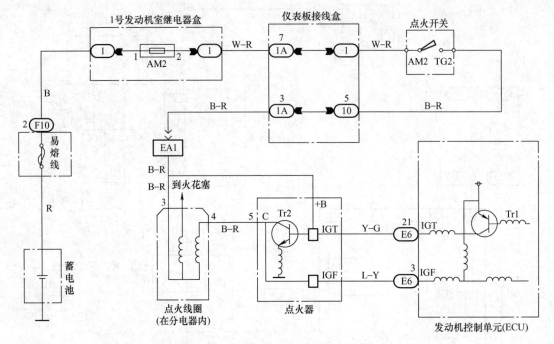

图 6-72 丰田威驰轿车点火控制电路

（2）故障原因

该车故障主要是由于点火器损坏和驻车/空档位置继电器的搭铁线虚接引起的。该故障车由于点火器损坏, 不能产生 IGT 和 IGF 信号, 所以发动机不能起动。又由于该车可能在发生事故时, 车身振动造成驻车/空档位置继电器的搭铁线固定螺母松动, 导致驻车/空档位置继电器不能工作。

【案例 6-15】 一辆一汽 - 大众宝来轿车点火线圈老化导致发动机怠速运转波动

1. 故障现象

一辆一汽 - 大众宝来轿车, 装备 BJH1.6L 发动机, 发动机怠速时, 有时会出现突然抖动现象, 当转速升高至 1200r/min 后, 则行驶中会出现加速不力的情况, 过 5~6min 后, 故障又会自动消失。

2. 故障诊断排除

1）读取故障码。首先用 V. A. G1552 专用故障诊断仪进行检查, 显示故障码 16556, 查手册, 该故障码含义为 "混合气过浓"。发动机 ECU 已根据氧传感器的这一反馈信号, 将混合气调节到最稀值, 但仍不能使尾气中的氧含量达到正常值。

2）读取数据流。因故障出现时会有诸如缺缸的现象, 即有一个缸不工作或工作不良, 故再用 V. A. G1552 读取数据流 014 和 015, 无失火记录。检测中发现故障不出现时数据均在正常范围, 而故障出现时混合气的调节值则在 -30% ~ -10% 之间变化。这说明混合气过浓，可能是由于某个缸不工作造成的。于是决定用断缸实验来确定故障点。

3）断缸试验。将各缸的高压线拔松之后，等故障出现时再逐一拔下各缸高压线试验，结果发现1、3、4缸工作正常，但2缸不跳火。

4）故障排除措施。更换点火线圈后试车，一切正常，故障排除。

3. 维修小结

由于该发动机采用的是静态高压分配双火花闭磁路点火系统，系两个缸共用一个点火线圈同时点火，因为3缸工作正常，所以可以排除线束故障。故障原因很可能是点火线圈内部损坏，引起2缸有时缺火。结果使得可燃混合气未经燃烧便被排入排气管，导致氧传感器信号过大，发动机控制单元误认为是混合气太浓，于是进入喷油量减少的调节。但调节至最稀的极限仍不能达到空燃比为14.7∶1时的效果，所以产生了一个混合气过浓的故障码。

第七章　电控进排气系统故障诊断与检修

第一节　电控节气门系统

一、电控节气门系统的功能与结构原理

电控节气门（Electronic Throttle Valve Control，ETC）系统，也称电子节气门系统，不仅是缸内直喷汽油机电控系统的重要组成部分，而且广泛应用于自动变速控制（Automated Mechanical Transmission，AMT）、驱动防滑控制（Acceleration Slip Regulation，ASR）、车辆稳定性控制（Vehicle Stability Control，VSC）以及巡航控制系统（Cruise Control System，CCS）等，并逐渐成为高档轿车的标准配置。电控节气门系统的功能、工作原理与组成详见图7-1及其注解。

> **电控节气门系统的功能、工作原理与组成**
>
> **1）电子节气门系统的功能。**它将传统加速踏板与节气门的机械连接变为ECU控制下的步进电动机或直流电动机的电驱动，实现节气门开度的精确控制与快速响应。因此，ETC可以实现发动机转矩控制与空燃比的精确控制，对于提高动力性、燃油经济性、可靠性、降低排放以及实现汽车的全面电控具有重要作用。
>
> **2）电子节气门的工作原理。**首先，加速踏板传感器将驾驶人发出的加速（或减速）动作信息传递给节气门控制ECU，由其计算出相应的节气门位置，并发出控制信号给节气门执行器，由它将节气门位置控制在最佳位置。然后ECU通过与其他控制单元通信获取相关信息，并根据得到的节气门位置传感器、发动机转速传感器、车速传感器等信号对节气门的位置不断修正，始终使节气门开度保持在理想位置。
>
> **3）电子节气门系统的组成。**它通常由节气门位置传感器、节气门执行器、节气门控制ECU和加速踏板位置传感器等组成，如图7-1所示。①节气门位置传感器：它属于可变电阻式，向系统反馈的节气门实际开度与开启速率变化信息，

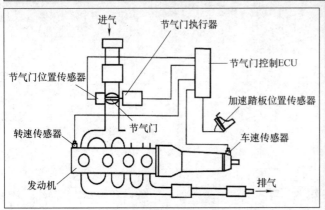

并形成闭环控制，以确保调节电动机能够根据传感器反馈的信息使节气门阀片正确定位。②节气门位置传感器、怠速控制阀与节气门体为一体式结构，当其中一个元件出现故障后，必须更换节气门体总成。③加速踏板位置传感器：它将驾驶人发出的加速（或减速）动作信息传递给节气门控制ECU，ECU计算出相应的节气门最佳开度，并不断进行修正，使其符合驾驶人所需要的理想开度。节气门控制ECU还会与发动机ECU、自动变速器ECU通信，以便对喷油次数、换档点、变速器主油压等进行精确控制。④节气门执行器：它是一个控制节气门开度的步进电动机。

图 7-1　电控节气门系统的组成

二、电控节气门系统的检测方法

下面以实例介绍电控节气门系统的检测方法。

【案例 7-1】 奥迪电控节气门系统的检测方法

1. 奥迪电控节气门系统的结构组成

该系统结构组成详见图 7-2 及其注解。

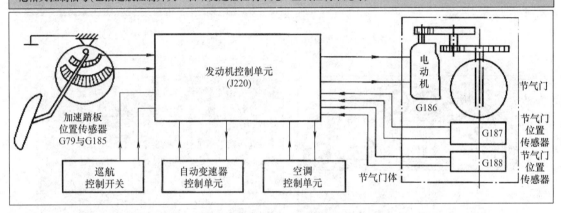

图 7-2　奥迪电控节气门系统的组成

奥迪电控节气门系统各组成部分的结构特点详见图 7-3 ~ 图 7-5 及其注解。

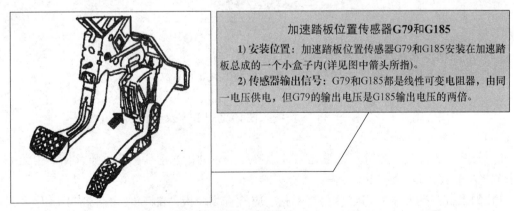

图 7-3　加速踏板位置传感器 G79 和 G185

2. 奥迪 A6 APS 与 ATX 发动机电控节气门控制系统的检测方法

检测主要内容包括传感器与警告灯的检测、节气门控制组件 J338 的基本设定，以及强制降档自适应等。奥迪 A6 APS 与 ATX 发动机电控节气门控制系统的电路详见图 7-6 及其

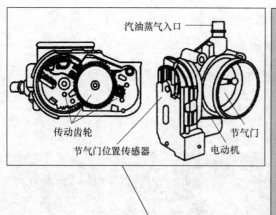

节气门控制组件的结构特点

1) 节气门控制组件的功能。节气门控制组件即节气门体J338，为执行机构。节气门电动机G186与传动齿轮安装在节气门体内，该壳体不能打开。

2) 节气门位置传感器。在节气门体内，还安装有两个节气门位置传感器G187和G188，也是线性可变电阻器，由同一电压供电。并将其设计成与电阻值反向变化，而输出电压成互补方式。即一个电压增加，另一个电压减小，但二者输出电压之和始终等于供电电压(5V)，以保证及时识别故障。

3) 节气门回位开启位置。若节气门控制组件出现故障，节气门能够在回位弹簧作用下，返回到一个小开度位置（即快怠速工况，相当于1/2额定转速），以防熄火。

图 7-4　节气门控制组件（节气门体 J338）

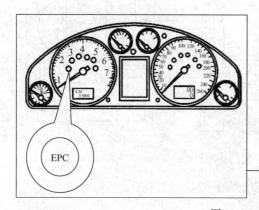

EPC警告灯

1) 安装位置。EPC故障警告灯在组合仪表中的位置如图7-5所示。

2) 功能。当电子节气门系统出现故障时，组合仪表将自动接通EPC警告灯并点亮；同时ECU的存储器也会记录该故障。

图 7-5　EPC 警告灯

注解。

（1）加速踏板位置传感器 G79 和 G185 的检测

加速踏板位置传感器检测步骤与方法详见图 7-6、图 7-7 及其注解。

（2）节气门位置传感器 G187 和 G188 的检测

节气门位置传感器 G187 和 G188 的检测方法详见图 7-8 及其注解。

（3）EPC 警告灯的检测

1）打开点火开关，此时 EPC 警告灯应点亮。当发动机起动后，若故障存储器中无关于电子节气门的故障码，则 EPC 警告灯将熄灭。

2）如果打开点火开关 EPC 警告灯不亮，应检查仪表板内部 EPC 警告灯与 ECU 之间连线是否断路。检查时应关闭点火开关，将检查盒 V. A. G5098/31 连接到 ECU 插接器线束上（但不连接 ECU J220）。

3）用 V. A. G5094 接线连接检查盒的触点 1 与 48（即仪表板的 T32/1 和 ECU J220 的 48 号端子）。打开点火开关，EPC 警告灯应亮。若不亮，则应检查仪表板内 EPC 警告灯是否烧

加速踏板位置传感器检测的步骤与方法

1) 读取数据流。首先将故障诊断仪V.A.G5052连接到诊断插座上，起动发动机，读取显示组062的数据流。同时将加速踏板缓慢踩到底。注意062显示组的显示区3(G79的信号电压)和显示区4(G185的信号电压)的百分比值均应升高。且显示区3中的数值应是显示区4数值的两倍。此时ECU会将节气门位置传感器的电压值换算成百分比值，以5V为基数，即5V为100%。显示区3与显示区4的数值范围应分别为8%~98%和4%~49%。

2) 进行电压检测。若显示值不符合上述要求，则需检测加速踏板位置传感器插头端子电压。检查步骤：①拆下驾驶人侧杂物箱，拔下加速踏板位置传感器线束插头。②打开点火开关，检测插头端子1与接地之间、端子1与端子5之间、端子2与接地之间、端子2与端子3之间的电压，均应为5V。

3) 导线短路与断路检测。若电压值未能达到5V，则需检查加速踏板位置传感器线束插头各个端子至ECU线束插接器之间的导线是否断路(即分别检测加速踏板位置传感器插头端子1、2、3、4、5、6与ECU线束插接器相应端子72、73、36、35、34之间的电阻，均应小于1.5Ω)；然后再检查导线相互之间有无短路(即不相连接的导线之间的电阻应为无穷大)。如果导线既无断路，又无短路，则应更换传感器。

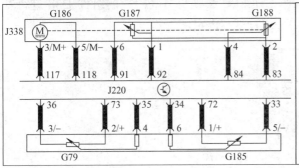

图7-6　电控节气门控制系统的控制电路　　　　图7-7　加速踏板位置传感器插头端子

节气门位置传感器G187和G188的检测方法

1) 读取数据流。首先将故障诊断仪V.A.G5052连接到诊断插座上，起动发动机，读取显示组062的数据流。同时将加速踏板缓慢踩到底。注意062显示组的显示区1(G187信号电压)的百分比值应均匀升高。和显示区2(G188的信号电压)的百分比值应均匀下降。此时ECU会将节气门位置传感器的电压值换算成百分比值，以5V为基数，即5V为100%。显示区1与显示区2数值范围应分别为3%~93%和97%~3%。

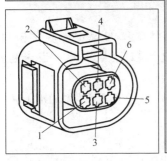

2) 进行电压检测。若显示值不符合上述要求，则需检测加速踏板位置传感器插头端子电压。检查步骤：检查J338的熔丝S231、S232是否正常，否则拔下节气门体6个端子插头；打开点火开关，检测插头端子2与接地之间、端子2与端子6之间的电压，均应约为5V。

3) 导线短路与断路检测。若电压值未能达到5V，则需检查节气门体J338至ECU J220线束插接器之间的导线是否断路。即分别检测节气门控制组件插头端子1、2、3、4、5、6与ECU线束插接器相应端子92、83、117、84、118、91之间的电阻，均应小于1.5Ω；然后再检查导线相互之间有无短路(即不相连接的导线之间的电阻应为无穷大)。如果导线既无断路，又无短路，则应更换传感器。

图7-8　节气门体插头端子

坏，或按照电路图检查组合仪表板的连接导线有无断路、短路。如果导线无故障，则需更换控制单元J220。

4) 如果EPC警告灯一直点亮或点亮时间超过3s，则应检查相关导线是否对地短路。检查时，首先查询控制单元J220的故障码。若无故障码，则关闭点火开关，将检查盒V.A.G5098/31连接到ECU插接器线束上（但不连接ECU J220）。检查J220的48号端子与组合仪表板的端子之间的导线是否对地短路，正常情况下其电阻值应为无穷大，否则，排除控制单元 J220 与 EPC 警告灯之间的导线对地短路。如果线路无故障，则应更换控制单元 J220。

三、节气门控制组件的基本设定方法

下面通过实例说明节气门控制组件的基本设定方法。

【案例 7-2】 节气门控制组件 J338 的基本设定方法

（1）哪些情况下必须进行基本设定

凡是装备有电子节气门的大众轿车，如奥迪 A6、帕萨特 B5 以及桑塔纳 2000 GSi AJR 发动机等，在拆装或更换节气门控制组件 J338、更换 ECU 或 ECU 供电中断后，都必须进行 ECU 与节气门控制组件 J338 的重新匹配工作。即 ECU 必须与节气门控制组件 J338 进行基本设定。在节气门体进行清洗后，一般也需要进行基本设定。

（2）基本设定应具备的五项基本条件

1）故障存储器中无故障码。

2）点火开关必须打开，但发动机不运转。

3）冷却液温度与进气温度均高于 5℃。

4）发动机控制单元的供电电压高于 11V。

5）不得踩加速踏板。

（3）基本设定的步骤

1）基本设定（匹配）要使用大众专用故障诊断仪来完成。首先连接 V. A. G5052 或 V. A. S5052，打开点火开关。

2）从键盘先后输入"0""1"，按"Q"键，以确认进入发动机电子系统。

3）从键盘先后输入"0""4"，按"Q"键，以确认进入基本设定。

4）从键盘先后输入"0""6""0"，按"Q"键确认，基本设定过程自动完成（此时能够听得节气门体发出"咔嗒""咔嗒"的响声，同时能够看到节气门体在抖动）。

（4）基本设定结果的检查

1）可利用显示区 3 或显示区 4 中的数据，检查节气门控制组件的规定值。其中，显示区 3 表示"基本设定步进电动机的计数器的步数"（步进计数应从 0 ~ 8，也可超过 8）。

2）显示区 4 表示"基本设定状况"，包括显示"ADP Laufi"（正在匹配）、"ADP I 0"（匹配正确）、"ADP ERROR"（匹配错误）。

3）如果基本设定匹配正确，则按"→"键结束。

4）如果基本设定中断，显示屏将出现"功能未知或当前不能执行"字样，同时在故障存储器中将存储"基本设定没有完成、基本设定出错"的信息。当下一次打开点火开关时，节气门控制组件的基本设定将会自动进行。

【案例 7-3】 自动变速器强制降档功能自适应的设定方法

（1）哪些情况下必须进行自动变速器强制降档功能自适应

凡是装备有自动变速器和电子节气门的大众轿车，如果更换了加速踏板位置传感器或

ECU，则必须进行强制降档功能自适应。

（2）强制降档功能自适应的步骤

1）强制降档功能自适应要使用大众专用故障诊断仪来完成。首先连接 V. A. G5052 或 V. A. S5052，打开点火开关，起动发动机。

2）从键盘先后输入"0""1"，按"Q"键，以确认进入发动机电子系统。

3）从键盘先后输入"0""4"，按"Q"键，以确认进入基本设定。

4）从键盘先后输入"0""6""3"，按"Q"键确认，并立即踩下加速踏板，且一直踩过强制高档作用点，并保持该状态至少 2s。强制降档功能自适应完成后，显示屏将显示"Kickdown ADP I 0"。

（3）强制降档功能自适应结果的检查

1）可利用显示区 4 的检查结果，应为"ADP I 0"。

2）若为"ERROR"，则可能出现以下两种情况：当仪器准备好时，没有立即踩下加速踏板；当自适应正在进行但未完成时，松开了加速踏板。遇见这两种情况均需结束基本设定，重新进行强制降档自适应。

四、节气门控制组件的故障诊断

下面通过实例说明节气门控制组件的故障诊断方法。

【案例7-4】　一辆丰田凯美瑞2.4轿车加速不畅，故障灯突然点亮

1. 故障现象

一辆丰田凯美瑞2.4轿车，行驶 30000km，在行驶途中加速不畅，故障灯突然点亮。

2. 故障诊断过程

1）用故障诊断仪读取故障码，故障码为"P1128 – 节气门电动机闭锁故障"。清除故障码后路试，故障依旧。

2）读取数据流。在打开点火开关、发动机不运转状态下，完全踩下加速踏板，节气门开度仅为 56%（标准开度为 64%～98%），1 号加速踏板位置传感器输出电压为 4.4V（标准为 3.0～4.6V），2 号加速踏板位置传感器输出电压为 4.8V（标准为 3.4～5.0V）。从以上数据可知，当完全踩下加速踏板时的节气门开度比标准值低。经更换电子节气门后路试，故障完全消除。

3. 故障原因分析

当 ECU 检测到节气门位置传感器电路的非正常电压信号后，在点亮故障警告灯的同时，进入紧急状态运行，并切断节气门控制电动机的电源。而此时，节气门在节气门回位弹簧作用下，仅能够开启到某个固定位置（大约 6°），故此时只能维持怠速运行，导致加速不畅。

第二节　可变气门控制系统与发动机闭缸技术

可变气门控制技术是随着发动机的高速化与排放法规日趋严格而迅速发展起来的新技术。它包括可变气门正时、可变气门升程和可变气缸数量等内容。

一、大众可变气门正时系统

1. 大众可变气门正时系统的结构原理

大众可变气门正时系统（Variable Valve Timing Control System，VVTC）结构原理详见图7-9及其注解。

大众可变气门正时系统的结构原理
1）结构组成。 VVTC采用正时链条机构控制进气相位变化。由调整电磁阀、可移动活塞、正时链条、凸轮轴调节器以及进、排气凸轮轴构成。
2）工作原理。 曲轴通过同步正时带首先驱动排气凸轮轴，排气凸轮轴(其位置是不可调的)再通过链条驱动进气凸轮轴。在两轴之间设置有凸轮轴相位调整器。调整器在内部液压缸(其油路与气缸盖上的润滑油道相通)作用下可上下升降，以调整进气凸轮轴的相位。
3）控制过程。 发动机控制单元根据发动机转速变化控制VVTC系统是否工作。当系统开始工作时，ECU控制凸轮轴调整电磁阀通电，电磁阀控制调整器油缸内部润滑油流向，从而改变活塞上下位置，使链条调整器上、下移动，并推动链条上部与下部长度变化，达到调整进气凸轮轴相位的目的。

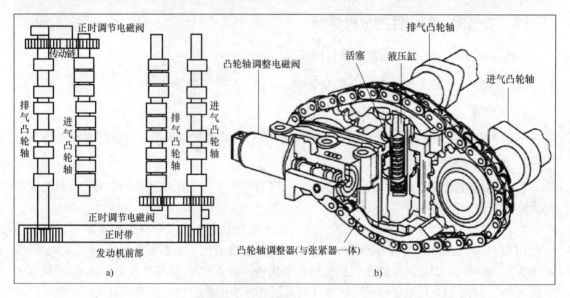

图7-9　大众可变气门正时系统

a）安装位置　b）组成结构

2. 大众可变气门正时系统的工作过程

大众可变气门正时系统工作过程详见图7-10及其注解。

二、丰田智能可变气门正时系统

1. 丰田智能可变气门正时系统的结构组成

丰田智能可变气门正时系统（Variable Valve Timing–intelligence，VVT–i）结构组成详见图7-11及其注解。

大众可变气门正时系统的工作过程

1) 当发动机高速运转时，如图7-10a所示，凸轮轴调整器液压推动活塞向上移动，使得链条下部短、上部长。由于排气凸轮轴的前部被曲轴正时带固定，不能转动，因此，链条带动进气凸轮轴绕顺时针旋转一定角度，从而使得进气门打开时间提前一定相位，提高了充气效率与发动机功率(故也称为功率调整)。

2) 当发动机中、低速运转时，如图7-10b所示，凸轮轴调整器液压推动活塞向下移动，使得链条上部变短、下部变长。链条带动进气凸轮轴绕逆时针旋转一定角度，从而使得进气门打开和关闭时间推迟一定相位，以获得输出大转矩。

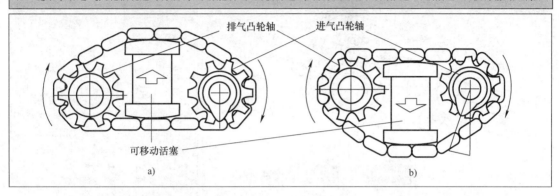

图 7-10　大众可变气门正时系统的工作过程
a) 高转速时　b) 中、低转速时

丰田智能可变气门正时系统

1) **工作原理**：在进气凸轮轴与传动链轮间设有油压离合装置(即VVT-i控制器)，其功能是使得进气凸轮轴与链轮之间的相位差能够在40°范围内改变，通过凸轮轴转角的调整对气门正时进行优化，来实现提高发动机在全部转速范围内的动力性、经济性与降低排放。

2) **结构组成**。如图7-11所示，VVT-i由曲轴位置传感器、凸轮轴位置传感器、冷却液温度传感器以及两种关键部件，即调整凸轮轴转角的控制器与凸轮轴正时机油控制阀(它对传送的机油压力进行控制，并与发动机润滑系统共用机油)组成。

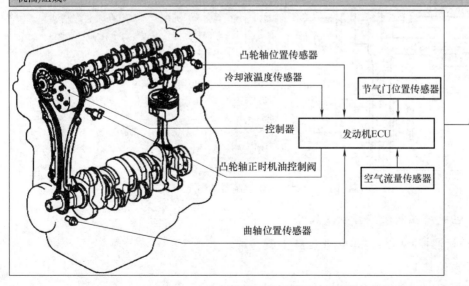

图 7-11　丰田智能可变气门正时系统的结构组成

2. VVT-i 控制器的结构

（1）结构之一

详见图 7-12 及其注解。

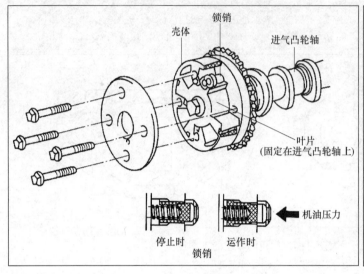

VVT-i控制器的结构

1）结构组成。由一个固定在进气凸轮轴上的叶片和一个与从动正时链轮为一体的壳体以及一个锁销组成。

2）工作过程。①控制器内部设有两个液压室(正时提前室与正时滞后室)，通过凸轮轴正时机油控制阀的控制，它们可以在进气凸轮轴上的提前或滞后油路中传送机油压力，使控制器叶片沿圆周方向旋转，从而改变进气门正时，以获得最佳配气相位。②当发动机停止工作时，进气凸轮轴被移动到最大延迟状态，以维持起动性能。③在发动机起动后，油压尚未传到控制器时，锁销锁定控制器以防产生撞击。

图 7-12　VVT-i 控制器的结构

（2）结构之二

结构之二（螺旋槽式控制器）详见图 7-13 及其注解。

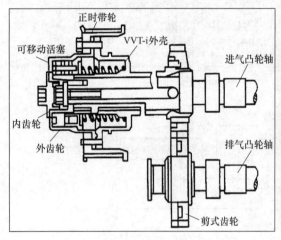

VVT-i螺旋槽式控制器结构原理

1）结构特点。该控制器包括正时带驱动的外齿轮和与进气凸轮轴刚性连接的内齿轮以及位于两个齿轮之间的可动活塞组成，且活塞的内外表面上均有螺旋形花键。因此，当活塞轴向移动时，通过螺旋形花键来改变内外齿轮的相对转角位置。

2）工作原理：凸轮轴正时机油控制阀根据ECU指令控制机油流向。当油压施加在活塞左侧时，驱动活塞右移，活塞螺旋花键槽的作用使得进气凸轮轴相对其正时齿轮提前一个角度。反之，当活塞左移时延迟一个角度。而当活塞左移并向延迟方向旋转时，机油控制阀关闭油道，活塞两侧压力平衡，配气相位保持。

图 7-13　VVT-i 螺旋槽式控制器结构原理

3. VVT-i 凸轮轴正时机油控制阀的结构

凸轮轴正时机油控制阀结构详见图 7-14 及其注解。

4. VVT-i 系统控制原理

VVT-i 系统的控制原理详见图 7-15 及其注解。

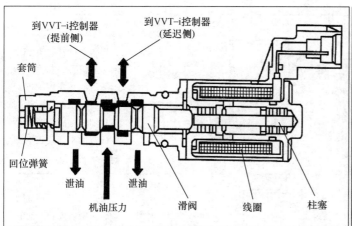

VVT-i凸轮轴正时机油控制阀的结构

1) 结构。该控制阀由一个用来转换机油通道的移动滑阀、一个控制滑阀的线圈、柱塞以及回位弹簧组成。

2) 工作过程：①当发动机工作时，其ECU接收各种传感器信号，经分析计算后发出占空比信号指令给凸轮轴正时机油控制阀线圈，以此控制滑阀的位置，从而改变机油流动的方向，使控制器分别处于提前、滞后或保持位置。②当发动机停止工作时，进气凸轮轴机油控制阀移动到最大延迟状态确保起动。

图7-14 VVT-i的凸轮轴正时机油控制阀

丰田智能可变气门正时系统的控制原理

1) 首先，发动机ECU根据发动机转速、进气量、节气门位置和冷却液温度计算出一个最优气门正时，向凸轮轴机油控制阀发出指令。

2) 机油控制阀决定控制器位置。凸轮轴机油控制阀根据指令控制VVT-i控制器油路的流动方向，以决定提前、滞后或保持三种状态之一。

3) 反馈控制。发动机根据检测到的实际气门正时与VVT传感器反馈信号再进行反馈控制，以达到更为精确的气门正时。提前、滞后或保持三种状态工作过程分析见表7-1。

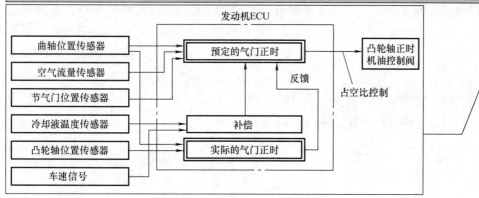

图7-15 VVT-i系统的控制原理

表7-1 VVT-i系统的三种状态工作过程分析

状 态	工 作 过 程	说 明
提前	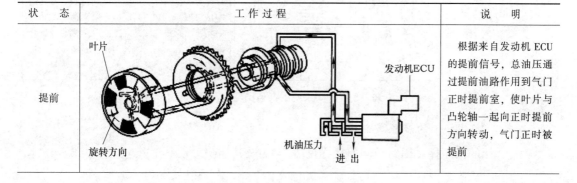	根据来自发动机ECU的提前信号，总油压通过提前油路作用到气门正时提前室，使叶片与凸轮轴一起向正时提前方向转动，气门正时被提前

（续）

状态	工作过程	说明
滞后	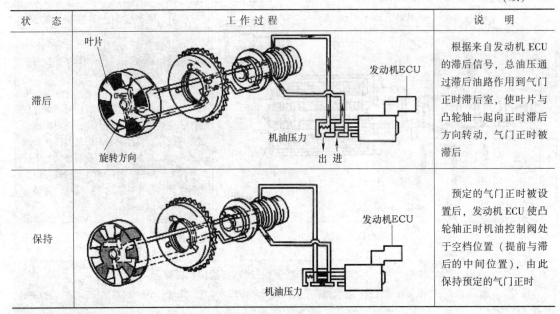	根据来自发动机 ECU 的滞后信号，总油压通过滞后油路作用到气门正时滞后室，使叶片与凸轮轴一起向正时滞后方向转动，气门正时被滞后
保持		预定的气门正时被设置后，发动机 ECU 使凸轮轴正时机油控制阀处于空档位置（提前与滞后的中间位置），由此保持预定的气门正时

【案例7-5】 丰田智能可变气门正时与气门升程电控系统

丰田公司在 VVT-i 基础上增加气门升程调整装置，开发出更为先进的智能可变气门正时与气门升程电控系统（Variable Valve Timing and Life-intelligence，VVTL-i），不但能够调整气门正时，还可根据转速与负荷变化，通过凸轮转换机构调整进、排气门升程，达到在不影响经济性与排放性能的前提下，显著提高动力性，故适用于对动力性要求更高的车型上。

1. 丰田 VVTL-i 的低速凸轮与高速凸轮机构

低速凸轮与高速凸轮结构原理详见图 7-16 及其注解。

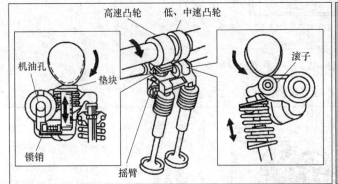

低速凸轮与高速凸轮结构原理

1）结构特点。采用两种类型凸轮和实现两种凸轮升程的转换机构，转换机构由气门与摇臂构成。

2）工作过程。来自机油控制阀的油压送到摇臂的机油孔，将锁销推到垫块下方，使得垫块被固定并与高速凸轮紧密衔接，此时由高速凸轮提升气门。反之，在机油控制阀控制下，失去油压时，锁销被弹簧退回，垫块向下移动脱离高速凸轮，高速凸轮失效。

图 7-16　VVTL-i 系统的低速凸轮与高速凸轮

2. 丰田 VVTL-i 的液压控制回路

VVTL-i 的液压控制回路结构原理详见图 7-17 及其注解。

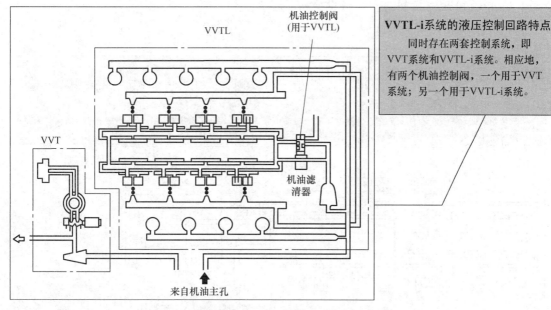

图 7-17　VVTL-i 系统液压控制回路

3. 丰田 VVTL-i 的机油控制阀的控制过程

机油控制阀的控制过程详见图 7-18 及其注解。

丰田VVTL-i机油控制阀的控制过程

1) 首先，发动机ECU根据曲轴转速与位置传感器以及冷却液温度传感器信号，经分析计算后，向机油控制阀发出指令。

2) 机油控制阀控制两种凸轮机构工作的转换。机油控制阀在线圈磁场作用下，移动滑阀，改变机油流向，对凸轮转换机构的高速凸轮侧的油压进行控制，从而实现两套凸轮机构之间的转换。

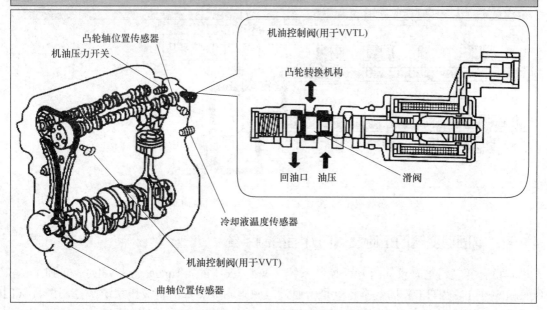

图 7-18　VVTL-i 机油控制阀的控制

4. 低中速时机油控制阀控制低中速凸轮提升气门

该过程详见图7-19及其注解。

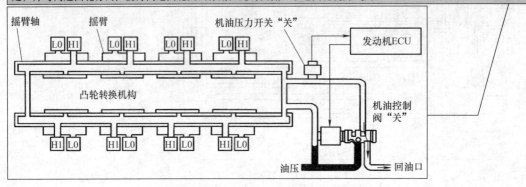

> **低中速时，机油控制阀控制低、中速凸轮提升气门过程**
>
> 1) 低中速时，机油控制阀打开回油口，如图7-19所示，在发动机低、中速运转时，机油控制阀关闭，打开回油孔，摇臂轴油道回油，锁销上失去油压。
>
> 2) 低中速时凸轮提升气门，如图7-16所示。由于锁销上失去油压作用，故在弹簧作用下锁销回位。垫块解去锁定，并与高速凸轮分离，使得高速凸轮失去作用，此时由低、中速凸轮提升气门。

图7-19　低中速时机油控制阀打开回油口

5. 高速时机油控制阀控制高速凸轮提升气门

该过程详见图7-20及其注解。

> **高速时机油控制阀控制高速凸轮提升气门过程**
>
> 1) 高速时，机油控制阀打开进油口，在发动机高速运转且冷却液温度高于60℃时，机油控制阀打开进油阀门并关闭回油孔，进油充满摇臂轴油道，锁销上被施加油压。
>
> 2) 高速时凸轮提升气门。由于锁销上受到油压作用，故弹簧被压缩，将锁销推到垫块下方，使得垫块被固定并与高速凸轮紧密衔接，此时由高速凸轮提升气门。

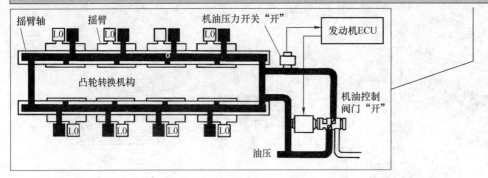

图7-20　高速时机油控制阀关闭回油口

三、本田可变气门正时及气门升程控制系统

本田可变气门正时及气门升程控制系统（Variable Valve Timing and Valve Lift Electronic Control System，VTEC）的基本特点是，通过电磁阀调节摇臂活塞液压系统来控制两套气门驱动凸轮，实现同时改变进气门正时与气门升程，达到发动机在低速时具有大转矩，而在高

速时输出大功率的目的。极大地改善了车辆动力性和经济性。其结构原理分述如下。

1. 本田 VTEC 系统的结构组成

本田 VTEC 系统的结构特点详见图 7-21 及其注解。

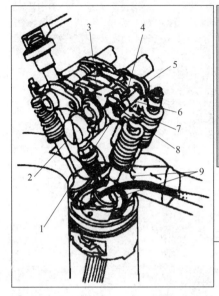

本田VTEC系统的结构特点
1)气门与凸轮结构特点。①每个气缸均具有4个气门(一个主气门和一个副气门、两个排气门)。②在进气凸轮轴上,为每个气缸配置3个进气凸轮;在排气凸轮轴上,为每个气缸配置两个排气凸轮。
2)进气门摇臂结构特点。①每个进气门均有单独的凸轮通过摇臂驱动。②与主进气门、副气门接触的摇臂分别为主摇臂、次摇臂;在主摇臂与次摇臂之间,还设置有一个特别的中间摇臂,它不与任何气门直接接触。③3个摇臂并列排在一起,构成一个绕同一根摇臂组转动的摇臂组。

图 7-21 本田 VTEC 系统

1—主摇臂 2—凸轮轴 3—正时板 4—中间摇臂 5—次摇臂
6—同步活塞 B 7—同步活塞 A 8—正时活塞 9—进气门

2. 本田 VTEC 系统的气门摇臂组

气门摇臂组的结构特点详见图 7-22 及其注解。

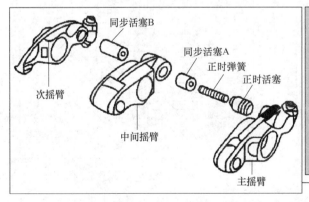

气门摇臂组的结构
1)结构组成。摇臂组包括三个摇臂,即主摇臂、次摇臂和中间摇臂。
2)三个摇臂的特点与关系。①在主摇臂内有一条与摇臂轴油道相通的油道,在主摇臂的内腔有一个正时活塞,在其上面还设有一个正时板。②在次摇臂和中间摇臂的内腔有同步活塞A和B,三个活塞通过正时弹簧相连接。③三个摇臂既可以在低速时分离开,单独工作,又可以在高速时连成一体,同时联动工作。

图 7-22 气门摇臂组

3. 本田 VTEC 系统的凸轮结构

其凸轮结构特点详见图 7-23 及其注解。

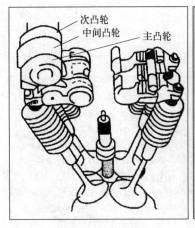

VTEC的凸轮结构特点

　　1) 结构特点。如图7-23所示，共有三个凸轮，分别称为主凸轮、次凸轮和中间凸轮，为实现不同气门升程，它们具有不同线型。①中间凸轮也称为高速凸轮，它是按照发动机在高转速与大负荷时获得最佳输出功率要求设计的。②主凸轮的升程小于中间凸轮，以满足发动机低速工作时的最佳状态要求。③次凸轮的升程最小，其作用是满足在低速时驱动次进气门微开，以消除聚集在进气门口附近的燃油。

　　2) 工作过程。①中间凸轮与中间摇臂的一端接触，以驱动中间摇臂；而中间摇臂的另一端不与任何气门直接接触。②高速时，中间摇臂的另一端通过同步活塞与主摇臂和次摇臂联动，从而驱动主进气门和次进气门均达到最大升程。③低速时中间摇臂的另一端仅推动支撑弹簧空行并依靠它复位。主进气门与次进气门由主摇臂和次摇臂分别驱动实现较小升程。

图 7-23　凸轮结构

4. 本田 VTEC 系统的控制原理

　　VTEC 控制系统组成与控制原理详见图 7-24、图 7-25 及其注解。

VTEC控制系统组成与基本控制原理

　　1) 控制系统组成。VTEC控制系统由电控单元、VTEC电磁阀总成、压力开关和各种传感器等组成。电磁阀总成包括控制电磁阀、液压控制活塞、回位弹簧和液压控制油道等。

　　2) 基本控制原理。ECU根据车速、发动机转速、负荷和冷却液温度等信号，经分析处理后，发出指令，控制VTEC电磁阀的打开与关闭。当电磁阀开启后，压力开关负责监测系统是否处于工作状态，并给ECU反馈信号。只有当车速高于10km/h、转速2300～3200r/min，或超过中等以上负荷、冷却液温度超过10℃时，系统才会启动VTEC控制。当VTEC启动后，系统便成为高速工作状态；否则，系统成为低速工作状态。

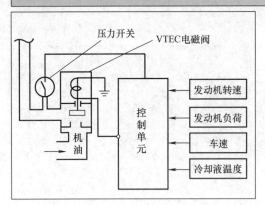

图 7-24　VTEC 控制系统组成

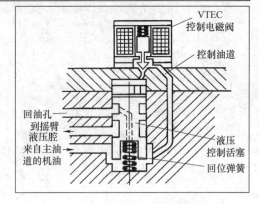

图 7-25　VTEC 电磁阀总成的结构

5. 本田 VTEC 系统的工作原理

　　气门机构的运作分为两种工作状况，其中低速状态时的工作情况详见图 7-26 及其注解；高速状态时的工作情况详见图 7-27 及其注解；两种工作状况的气门升程变化比较详见图 7-28 及其注解。

VTEC低速状态时的工作情况

1) 控制部分。当发动机低速工作时，控制电磁阀没有打开，液压控制活塞在回位弹簧作用下处于最高位置。来自主油道的机油经液压控制活塞中部的油孔流回油底壳。

2) 机构运作部分。①安装在主摇臂上的正时板在弹簧力作用下，挡住正时活塞向右运动，故三个摇臂彼此分离，相互独立运作。此时VTEC机构不工作，气门的开闭与普通配气机构相同。②主凸轮A与次凸轮B分别驱动主摇臂和次摇臂，控制主进气门和次进气门，主进气门升程约为9mm，次气门升程更小，仅稍微开启，以吸收聚集在进气门口附近的燃油。

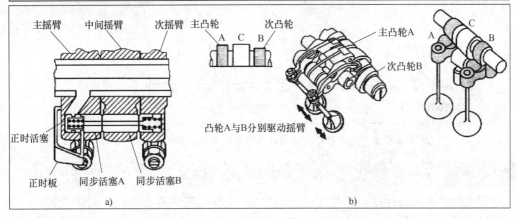

图 7-26 VTEC 低速状态时的工作情况

a) 液压活塞 b) 凸轮与摇臂

VTEC高速状态时的工作情况

1) 控制部分。①当发动机转速超过某一特定转速时，控制电磁阀接收ECU控制信号接通油路，油压推动液压控制活塞向下运动，关闭回油道。来自主油道的机油经液压控制活塞中部油孔沿摇臂轴油道流到各个气门摇臂的油压腔。②机油流入正时活塞左侧。

2) 机构运作部分。①此时，正时板由于离心力与惯性力作用，克服弹簧力而消除对于正时活塞的锁止，油压推动正时活塞右移。正时活塞与同步活塞A、B将三个摇臂锁成一体并一起动作。②由于中间凸轮最高(升程达到12mm)，故便由中间凸轮来驱动整个摇臂，实现同时改变气门正时和气门升程的目的。③当发动机转速下降至设定值后，ECU控制VTEC电磁阀关闭机油道，同步活塞左端油压消失，回位弹簧将同步活塞推回原位，三根摇臂又重新分离而独立运作。

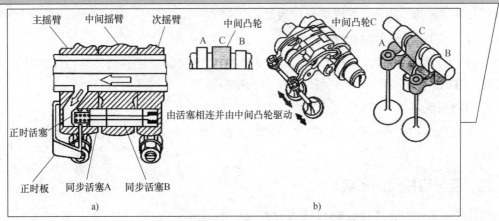

图 7-27 VTEC 高速状态时的工作情况

a) 液压活塞 b) 凸轮与摇臂

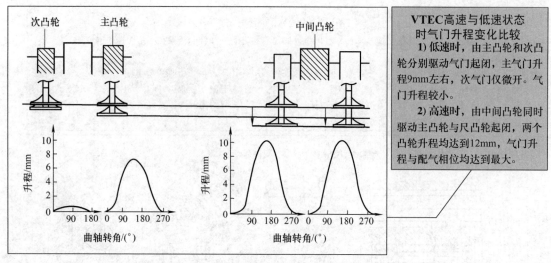

图 7-28　VTEC 高速与低速状态时气门升程变化比较

【案例 7-6】　本田智能可变气门正时及气门升程控制系统

本田 VTEC 系统尚存在缺陷与改进。VTEC 系统其气门升程和气门正时的变换动作明显将发动机工况划分为低速、高速两种状态，且两种状态的转换不够平滑，在 VTEC 系统起动前后，发动机的表现截然不同。因此 VTEC 系统的性能亟待改善。为改善 VTEC 系统的性能。本田公司近年来推出了智能可变气门正时及气门升程控制系统（intelligence - Variable Valve Timing and Life Electronic Control System，i - VTEC）。它是在 VTEC 系统基础上，增加一组进气门凸轮轴正时可变控制机构 VTC。

VTC 的主要特点：① 当发动机低速运转时，每缸关闭一个进气门，使燃烧室内形成一道稀薄的混合气涡流，在火花塞周围点燃做功。② 在发动机高速运转时，则在原有基础上提高进气门开度和时间，以获取最大充气量。③ VTC 使气门重叠时间达到最佳重叠时间，并可提高 20% 功率。由于发动机起动后，i - VTEC 系统立即进入工作状态，故可消除 VTEC 系统的缺陷。通过 VTEC 系统对进气门升程和 VTC 对气门重叠进行智能化控制，使大功率、低油耗与低排放的不同特性要求均得以满足。

1. 本田 VTC 系统的结构组成

本田 VTC 系统的结构组成详见图 7-29 及其注解。VTC 系统的执行器结构详见图 7-30 及其注解。VTC 系统的液压回路详见图 7-31 及其注解。

2. VTC 系统的工作原理

点火延迟时 VTC 的动作详见图 7-32 及其注解。点火提前时 VTC 的动作详见图 7-33 及其注解。

四、宝马电控气门系统

宝马的电控气门系统详见图 7-34 及其注解。

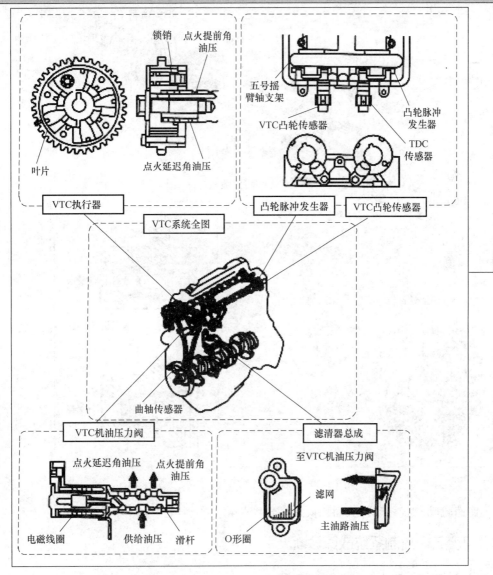

VTC系统的结构组成

VTC系统由VTC执行器、VTC机油压力阀、VTC凸轮传感器、凸轮脉冲发生器以及ECU组成。

图 7-29 本田 VTC 系统的结构组成

五、奥迪可变气门升程系统

奥迪可变气门升程系统（AVS）主要是通过切换凸轮轴上的两组高度不同的凸轮改变气门升程的。其原理与本田 i - VTEC 系统基本相似。只是 AVS 是利用安装于凸轮轴上的螺旋沟槽套筒来实现凸轮轴的左右移动，并切换凸轮轴上的高低凸轮的。

当发动机低负荷运转时，电磁驱动器驱动螺旋沟槽套筒，使凸轮轴向左移动，从而切换到低角度凸轮，实现降低气门升程的目的；当发动机高负荷运转时，电磁驱动器驱动螺旋沟

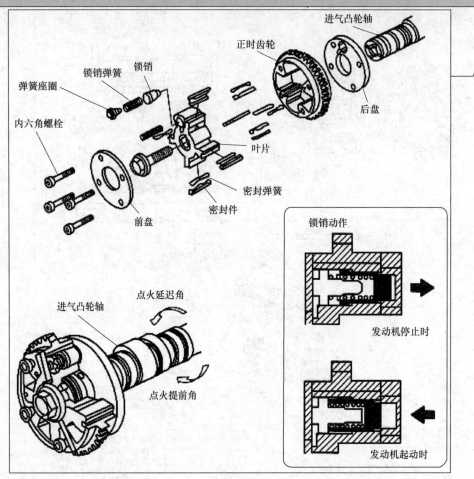

VTC系统执行器结构

VTC执行器为叶片式带轮结构。它由依靠油压工作的叶片和与正时齿轮合为一体的壳体组成。

图7-30　VTC系统执行器的结构

槽套筒，使凸轮轴向右移动，从而切换到高角度凸轮，实现增大气门升程的目的。

六、可变气门控制系统故障诊断

1. VTEC系统的检测方法

在发动机不工作时，拆下气门室罩，转动曲轴分别使各缸处于压缩上止点位置，用手按压中间摇臂，应能与主摇臂和次摇臂分离单独运动。在使用中，当VEC电磁阀或电路有故障时，应按以下方法进行检查。

1）清除故障码，重新调取故障码。

2）关闭点火开关，拆开VTEC电磁阀线束，测量电磁阀线圈电阻应为14~30Ω。

3）检查VTEC电磁阀与ECU之间的接线。

4）连接好机油压力表，起动发动机。当工作温度正常时，检查发动机转速分别为1000r/min、2000r/min和4000r/min时的机油压力。

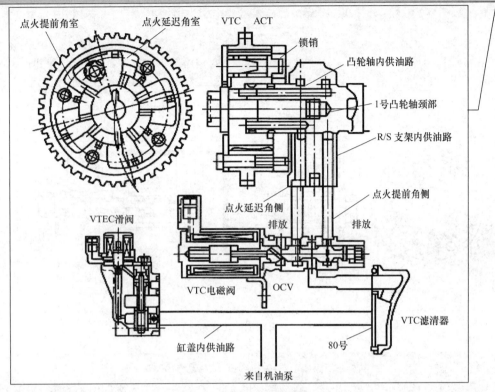

　　VTC机油压力阀的功能是根据来自ECU的控制信号，向VTC执行器的点火提前角油压室以及点火延迟角油压室提供油压，推动叶片部分旋转，从而使进气凸轮轴的相位发生连续变化。

图 7-31　VTC 系统的液压回路

2. VTEC 系统故障诊断实例

【案例 7-7】　一辆本田雅阁 2.3L 轿车故障灯亮起

1. 故障现象

一辆本田雅阁 2.3L 轿车，发动机型号 F23A3，其"CHECK ENGING"故障灯亮起。

2. 故障诊断过程

故障诊断过程如下。

用故障指示灯显示故障码。首先用故障指示灯显示故障码为 22，含义为"可变节气门压力开关线路不良"。检查压力开关线路，有 12V 电压输出，且负极回路接地良好。说明问题不在压力开关线路，而在压力开关本身。

检查机油清洁度，发现机油很脏，需要更换。于是拆下压力开关，果然发现油泥和污垢已经将压力开关的内触点沾污，故使其闭合后仍然处于断开状态。进一步化验机油，机油已经严重变质，显然是由于使用劣质机油引起的。清洗压力开关油污并用压缩空气吹干。

检查压力开关内部电阻，阻值为 0，证明压力开关本身良好。

更换发动机机油滤清器和机油，更换 VTEC 电磁阀滤清器及其 O 形密封圈，装回压力开

VTC系统的工作原理与点火延迟时VTC的动作

1) VTC系统基本工作原理。 为了获得适合于运转状况的最佳气门正时，ECU根据来自各种传感器的信号计算并评定控制油量，对VTC机油压力阀进行控制，向VTC执行器的点火提前角油压室或点火延迟角油压室提供油压，并形成三种状态，即点火提前角油压室油压高、点火提前角油压室与点火延迟角油压室油压相同、点火延迟角油压室油压高，并在点火延迟、保持、点火提前三种状态之间不断进行调整，使得链轮与凸轮轴之间的位置连续变化，从而改变进气凸轮轴的相位，使进气门正时也连续变化。

2) 点火延迟时VTC的动作。 当发动机小负荷运转时，在ECU的控制下，VTC机油压力阀通过其滑阀的移动改变机油流向，向点火延迟角油压室施加油压，使VTC执行器旋转并带动进气凸轮轴朝点火延迟方向运动，故气门重叠变小，减少进气门对排气门的扫气，燃烧更加稳定。

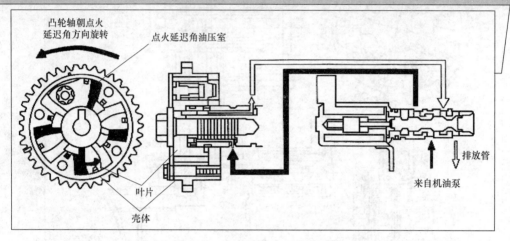

图 7-32　点火延迟时 VTC 的动作

点火提前时与怠速时VTC的动作

1) 点火提前时VTC的动作。 当发动机中、高负荷运转时，在ECU的控制下，VTC机油压力阀通过其滑阀的移动改变机油流向，向点火提前角油压室施加油压，使VTC执行器旋转并带动进气凸轮轴朝点火提前方向运动，故气门重叠变大，增加进气门对排气门的扫气，促进废气再循环，减少泵气损失。同时，通过进气门提前关闭，减少进气口混合气的回吹，提高了充气效率。

2) 发动机怠速时VTC的动作。 当发动机怠速时，在ECU的控制下，VTC机油压力阀关闭，点火提前角油压室与点火延迟角油压室油压相等，VTC执行器被锁定，进气凸轮轴被固定在点火延迟的位置上，从而保证行驶性能以及稀混合气运转时燃烧稳定性。

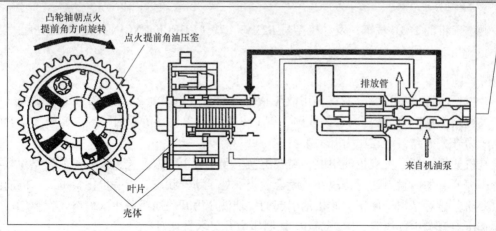

图 7-33　点火提前时 VTC 的动作

关。拔掉继电器盒内的 13 号（7.5A）熔丝 10s，以消除故障码。然后进行路试，故障警告灯不再显亮。

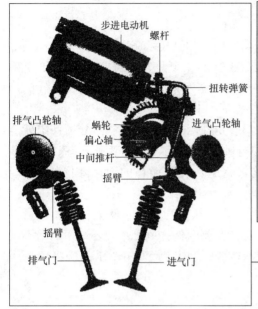

宝马的电控气门系统

1) **结构特点**。该系统是在传统配气机构中，增加了偏心轴、步进电动机和中间推杆等部件。该系统借助步进电动机的旋转动力，经过一系列机械传动后，使进气门升程大小发生改变。

2) **机构动作规律**。①当凸轮轴运转时，凸轮驱动中间推杆和摇臂来完成气门的开闭。②当步进电动机工作时，涡轮蜗杆机构首先驱动偏心轴旋转，然后中间推杆和摇臂产生联动。

3) **系统工作原理**。当驾驶人踩加速踏板时，信号以数字方式传送到步进电动机，引起其适度地运转，然后经过一套传动机构(包括偏心轴、摇臂和挺起)改变进气门开启高度(与驾驶人踩加速踏板时的大小成比例)，使进气门升程可以实现0.18～9.9mm的无级变化。

图 7-34　宝马的电控气门系统

3. 故障原因分析

由于使用劣质机油，油泥沾污了压力开关触点，使其闭合后仍处于断开状态，因而产生故障码 22。

七、发动机闭缸技术

1. 发动机闭缸技术概述

发动机闭缸技术又称发动机可变缸技术，是指能够根据道路情况或车辆运行状态需要适时关闭部分发动机气缸，以降低燃料消耗的一种自动控制技术。它通常用于多气缸与大排量，如 V6、V8、V12 等车辆上。但近年来在小排量发动机领域也开始应用闭缸技术。目前，除了本田，大众、奥迪、克莱斯勒等公司都推广应用可变气缸技术，而且成为一种发展趋势。

具有代表性的闭缸技术有可变气缸管理（VCM）系统、主动式可变气缸管理（ACT）系统以及多段式排气量调节系统（MDS）等。例如大众 EA211 的 1.4T 四缸发动机就采用了一套 ACT 主动气缸管理系统，它可以在一定条件下关闭两个气缸，而只剩下两缸运行，以节约燃油。如大众 1.4T 发动机则是通过切换两个不同角度凸轮来实现气门升程与气门正时改变的。闭缸系统只需将 AVS 中的高角度凸轮更换为无气门升程凸轮。同样，奥迪的 V8 4.0TFSI 发动机上也应用了此项闭缸技术。

2. 多段式排气量调节系统

目前，多段式排气量调节系统（MDS）是奔驰公司特有的发动机技术。如克莱斯勒

5.7L 的 HemiV8 发动机就采用了此项技术。MDS 通过对发动机负荷与工况的判断，使其对称关闭 4 个气缸，让剩下的 4 个气缸组成一台 V4 发动机，故发动机依然能够保持较好的平顺性。

3. 主动式可变气缸管理系统

主动式可变气缸管理系统（ACT）是大众公司研制的将闭缸技术应用于小排量发动机上的一种可变缸技术。其工作原理是四缸发动机的 2、3 缸的 4 个凸轮各对应一个 ACT 电磁阀，在工况允许的情况下，电磁阀将正常工作的凸轮切换至零角度凸轮。在 2、3 缸气门停止工作的同时，2、3 缸也停止喷油。

当发动机转速在 1250 ~ 4000r/min 之间（即输出转矩在 25 ~ 100N·m），ACT 系统就会启动。而这种转速范围十分广泛，几乎涵盖了欧洲行驶循环中近 70% 的驾驶状态。且其节油效果显著，如在中、低负荷时关闭 2、3 缸，能够将欧洲行驶循环的油耗降低约 0.4L/100km。在 3 档或 4 档以 50km/h 速度匀速行驶时的油耗可降低约 1L/100km。

当驾驶人踩下加速踏板时，2、3 缸会自动恢复工作。从多功能显示器上，驾驶人可得知当前是两缸或 4 缸运行。借助加速踏板传感器和智能监测软件，ACT 系统还可探测出不规律的驾驶状态。例如当车辆在良好路面上高速行驶或在车流中穿行时，ACT 系统将禁用闭缸功能。

4. 可变气缸管理系统

可变气缸管理系统（VCM）是利用可变配气相位和气门升程电控系统关闭一定数量的气缸来减小发动机排量，达到动力性与经济性优化的目的。例如，VCM 技术可让一台 3.5L 的 V6 发动机在 3 缸、4 缸与 6 缸的运行模式之间进行切换，相应排量则在 1.75 ~ 3.5L 之间有级变化。VCM 可对发动机进行智能管理，当车辆起步、加速或爬坡等任何需要大功率的情况下，启用全部 6 个气缸工作；在中速巡航或低负荷情况下，以 3 缸机工作；在中等加速、高速巡航和缓坡行驶时，以 4 缸机运转。

VCM 工作原理：①通过 VTEC 系统关闭进、排气门，以终止特定气缸的工作，并由动力传动系统控制模块同时切断这些气缸的燃油供给。②在 3 缸工作模式下，后排气缸组被停止工作；在 4 缸工作模式下，前排气缸组的左侧和中间气缸正常工作，后排气缸组的右侧和中间气缸正常工作。③当关闭气缸后，非工作缸的火花塞仍继续工作，以降低其温度损失和污染。④ VCM 采用电控方式，对节气门开度、车速、发动机转速、自动变速器档位选择以及其他因素进行监测，以针对各种工况确定最适宜的气缸启用方案。

【案例 7-8】 本田发动机 i-VTEC 的闭缸工作原理

1. 闭缸模式的凸轮与摇臂工作状态

本田闭缸模式的凸轮与摇臂工作状态如图 7-35 所示。

2. 闭缸模式的工作原理

本田发动机 i-VTEC 系统的闭缸模式工作原理详见图 7-36 及其注解。

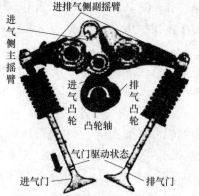

图 7-35　闭缸模式的凸轮与摇臂工作状态

i-VTEC系统的闭缸模式工作原理

1) 闭缸模式。 ①当ECU向电控液压电磁阀发出闭缸指令时(图7-36a)，通往分离活塞的油路产生油压，同时通往同步活塞的油路卸压。油压推动分离活塞右移，并挤推同步活塞至止点位置。②同步活塞与分离活塞的接触面和主、副摇臂接触面是同一平面，使得主摇臂与副摇臂分离，进排气门均未被副摇臂驱动，故气缸被关闭(此时火花塞仍继续点火，以防过冷)。

2) 正常燃烧模式。 当ECU向电控液压电磁阀发出燃烧指令时(图7-36b)，通往同步活塞的油压将其向右推挤并进入主摇臂的内孔中，将主、副摇臂连成一体，使气门恢复正常燃烧模式。

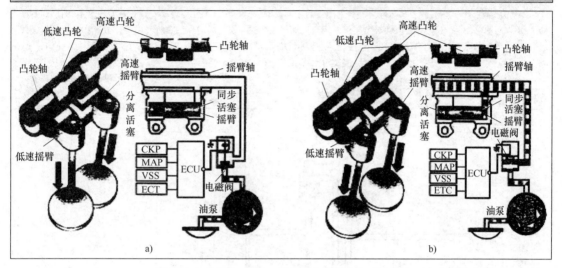

图7-36 本田 i–VTEC 系统闭缸模式的工作原理

第三节 汽车排气净化控制技术

汽车排气净化控制技术又称汽油机机外排放后处理技术，是指从汽油机排气门排出的废气，在尚未排入到大气之前所采取的控制处理技术。主要包括曲轴箱强制通风（PVC）、燃油蒸气排放控制系统（Evaporative Emission Control System，EVAP）、空燃比反馈控制、排气再循环（EGR）控制系统、三元催化转换器（Three Way Catalytic Converter，TWC）以及二次空气喷射控制系统等。

一、燃油蒸发回收控制系统与曲轴箱强制通风系统

据统计，一辆汽油车运行一天平均排放约560g污染物（以 CO、NOx、烃类化合物为主，少量 SO_2 和铅化物）。其中60%以上来自尾气，约20%来自曲轴箱，剩下约20%来自油箱和供油系统。因此，减少曲轴箱和供油系统燃油蒸气泄漏对于降低油耗与排放具有重要意义。燃油蒸发排放控制系统（又称燃油蒸发回收控制系统）与曲轴箱强制通风系统（PVC）的功能就是预防燃油蒸气排入大气而污染环境，同时通过蒸气的回收利用达到节约能源。利用活性炭罐吸附燃油箱、曲轴箱、气门室以及燃油管路中的汽油蒸气，待发动机起动后，再将活性炭罐吸附的燃油送入燃烧室燃烧，不仅可以降低95%以上的燃油蒸气排放量，而且能节约能源。桑塔纳、捷达、切诺基等均已设置曲轴箱强制通风系统和燃油蒸发回收控制系统。

1. 燃油蒸发回收控制系统

燃油蒸发回收控制系统的控制过程详见图 7-37 及其注解。

EVAP的控制过程

1) 结构特点。 EVAP的燃油箱盖不设蒸气发出阀，而只有空气阀，并将早期的真空控制改为ECU控制。ECU能够根据转速传感器、节气门位置传感器、冷却液温度传感器和点火开关等信号对燃油蒸气进入气缸的量与进入时机进行更加精确的控制。如在全负荷与急速工况下不使燃油蒸气进入气缸，以免引起混合气过稀和急速熄火。

2) 控制过程。 ①在燃油箱2与活性炭罐11之间设有单向阀3和排气管4。当油箱内蒸气超过一定压力后，顶开单向阀经排气管进入活性炭罐，并被活性炭所吸附。②当发动机工作时，炭罐内的燃油蒸气经定量排放孔10、吸气管吸入进气管7。③活性炭罐顶部设有膜片式真空控制阀9，其上方为真空室8，膜片真空控制阀负责调节定量排放孔的开闭。④在进气管节气门与真空室之间有一条真空控制管路，其中设有电磁阀5，用以调节真空室的真空度。⑤发动机工作时，ECU通过指令控制电磁阀的移动，改变真空管内的真空度，从而控制膜片式真空控制阀的开度，最终达到控制进入进气管燃油蒸气量之目的。

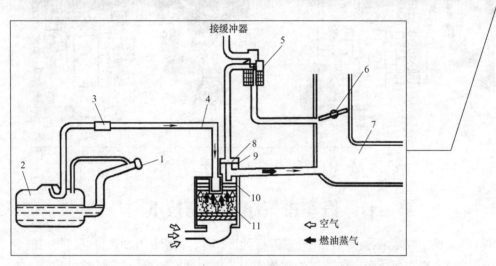

图 7-37　燃油蒸汽排放控制系统 EVAP 的控制过程

1—油箱盖　2—燃油箱　3—单向阀　4—排气管　5—电磁阀　6—节气门　7—进气管
8—真空室　9—膜片式真空控制阀　10—定量排放孔　11—活性炭罐

2. 曲轴箱强制通风系统

曲轴箱强制通风系统的结构原理详见图 7-38 及其注解。

【案例7-9】 桑塔纳2000GSi AJR 发动机燃油蒸发回收控制系统

桑塔纳2000GSi 型轿车配置的燃油蒸发回收控制系统结构详见图 7-39 及其注解。

活性炭罐电磁阀又称再生电磁阀或油箱通风阀，其外形与连接位置详见图 7-40 及其注解。

活性炭罐电磁阀的结构原理与普通电磁阀基本相同，它受控于电控单元J220，桑塔纳活性炭罐电磁阀的工作电压为 9 ~ 16V，工作温度为 – 30℃ ~ 120℃，燃油蒸气流量为 2 ~ 3m³/h（压力 200kPa），控制频率为 30Hz，最小控制脉冲为 7ms，电磁阀电阻为 26Ω，消耗电流为 0.5A（电压 13.5V 时）。

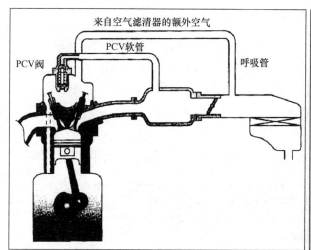

图 7-38　曲轴箱强制通风系统

曲轴箱强制通风系统

1) PCV阀的结构。 PCV阀是曲轴箱强制通风系统中最重要的部件。由阀体、阀门、阀盖和弹簧组成，且不可分解。它一般安装在发动机缸盖顶部。

2) PCV阀的功能。 其作用是将曲轴箱内部气体(含机油蒸气和从燃烧室窜入曲轴箱的混合气)通过它与PCV软管导入进气歧管，并与新鲜空气混合后再重新进入气缸燃烧，从而获得的一箭三雕的效果，即可防止曲轴箱混合气溶解到机油中稀释机油，使机油变质导致发动机机件过早磨损，又可避免机油蒸气扩散到大气中造成污染，还可适量提高燃油的利用率。因此，PCV阀现已成为汽油发动机的标准配置。

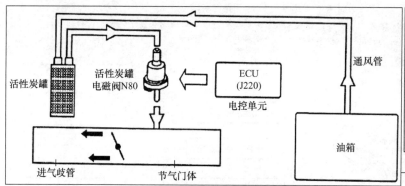

图 7-39　燃油蒸发回收控制系统组成

燃油蒸发回收控制系统组成

1) 由活性炭罐、活性炭罐电磁阀N80、通风管以及ECU等组成。

2) 活性炭罐内部装有活性炭，它是一种吸附能力极强的物质，用于吸附收集燃油供给系统中挥发的燃油蒸气。

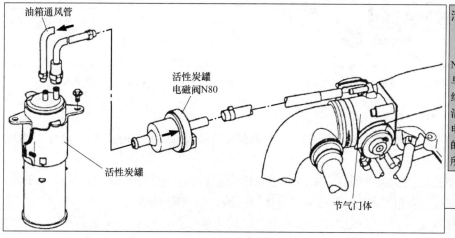

图 7-40　活性炭罐与电磁阀 N80、通风管的连接示意图

活性炭罐电磁阀的连接位置

活性炭罐电磁阀N80安装于活性炭罐与节气门之间，桑塔纳2000GSi型轿车的活性炭罐与活性炭罐电磁阀N80、通风管的连接情况如图7-40所示。

二、加强型 EVAP 系统的结构原理与检测方法

随着排放法规日趋严格，加强型 EVAP 系统应运而生，且被越来越多车型所采纳。它不仅可将燃油蒸气导入气缸燃烧，而且能够在保证不泄漏蒸气的前提下维持燃油箱内部压力稳定，以及在 ECU 控制下，全面监控 EVAP 系统内部的堵塞、泄漏、阀门动作不良等异常情况。

1. 加强型 EVAP 系统的结构原理

加强型燃油蒸气排放控制系统的结构组成与工作原理详见图 7-41、图 7-42 及其注解。

加强型燃油蒸气排放控制系统结构原理

1) 结构。 加强型 EVAP 系统是在原 EVAP 系统燃油箱、燃油箱盖、活性炭罐、活性炭罐电磁阀、稳压室的基础上，新增燃油压力传感器、双向阀和通风电磁阀等部件组成的。

2) 工作原理。 ①燃油箱压力传感器用于检测燃油箱内油压，其输出电压值与油压成反比，即高电压表示低油压。②通风电磁阀接收 ECU 指令，控制进入活性炭罐新鲜空气的流量，并与止回阀配合使用，保证气体只进不出。③当 ECU 控制活性炭罐电磁阀开启时，在真空作用下，炭罐内活性炭上吸附的燃油蒸气将脱离并与新鲜空气一起进入气缸被燃烧。④系统泄漏监测过程：ECU 首先关闭通风电磁阀，然后开启活性炭罐电磁阀，在 EVAP 系统中产生真空，当真空度达到 2kPa 时再关闭活性炭罐电磁阀，以维持该真空度，最后 ECU 观察真空度的变化来确定是否有泄漏，发现泄漏则设置相应故障码。⑤监测项目还有活性炭罐通风管路堵塞监测、活性炭罐电磁阀泄漏监测和通风气流量监测，监测方法与④基本相同。

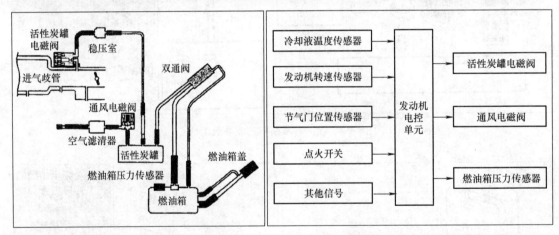

图 7-41　加强型燃油蒸汽排放控制系统结构　　　　图 7-42　加强型 EVAP 系统工作原理

2. 加强型 EVAP 系统的检测方法

1) 检查管路有无破损或漏气，炭罐壳体有无裂纹。每行驶 2000km 应更换活性炭罐底部的进气滤芯。

2) 拆下真空控制阀，用手动真空泵由真空管接头给真空控制阀施加约 5kPa 真空度时，从活性炭罐侧孔吹入空气应畅通；不施加真空度时，吹入空气则不通。

3) 拆开电磁阀进气管一侧的软管，用手动真空泵由软管接头给控制电磁阀施加一定的真空度，电磁阀不通电时，应能保持真空度；若接蓄电池电压，真空度应释放。测量电磁阀两端子间电阻应符合维修手册技术规范。

三、三元催化转换器

1. 三元催化转换器的功能与结构原理

三元催化转换器结构原理详见图7-43、图7-44及其注解。

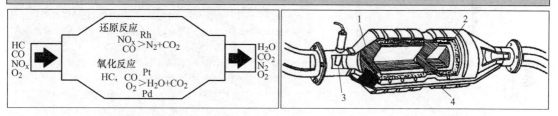

三元催化转换器的功能与结构原理

1) 功能。TWC安装在排气管内，其功能是利用含有铂(Pt)、钯(Pd)、铑(Rh)等贵重金属的催化剂，在300～900℃下，将发动机废气中的NO_x、HC、CO等有害气体通过化学变化转化为无害气体，其化学反应过程如图7-43所示。

2) 工作原理。当废气通过时，三元催化转换器利用铂(或钯)作为催化剂将废气中的CO、HC氧化；同时利用铑作为催化剂将废气中的NO_x还原，化学反应的生成物CO、N_2、H_2O均无害。

3) 结构。如图7-44所示，它由金属外壳、隔热减振衬垫、氧传感器、催化剂及催化剂载体组成。载体一般由氧化铝陶瓷制造而成，有蜂巢型与颗粒型之分。其表面形状复杂，以增大催化剂与废气接触的面积。三元催化剂（即铂或钯与铑的混合物）就涂附在载体薄薄的孔壁上。

图7-43　三元催化转换器的化学反应过程

图7-44　三元催化转换器的结构

1—载体催化剂　2—衬垫　3—氧传感器　4—外壳

2. 影响三元催化转换器转换效率的因素

影响三元催化转换器转换效率的因素主要有如下两项。

1）排气温度。一般发动机起动预热5min后，才能达到废气开始转化的下限温度（250℃），而当排气温度达到815℃以上时，三元催化转换器转换效率将明显下降。因此，保持催化转换器高效率与高使用寿命的理想温度范围为400～800℃。某些发动机一旦超过815℃，会自动报警。此时应及时停机查明原因。排气温度过高的一般原因是发动机存在故障而导致燃油燃烧不完全，或发动机长时间高负荷工作等。

2）混合气浓度。混合气浓度对转换效率的影响详见图7-45及其注解。

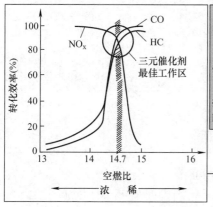

混合气浓度对转换效率的影响

1) 曲线变化规律。图7-45是TWC转换效率与混合气浓度的关系曲线。由图可知，只有在图示小圆圈所示范围，即理论空燃比(14.7∶1)附近很窄的范围内，三种有害气体(CO、HC、NO_x)的转换效率均比较高。

2) 为了将发动机实际空燃比控制在理论空燃比附近范围内，常常在排气管中安装氧传感器，利用其实时检测废气中的氧浓度，并输送给ECU进行空燃比的反馈控制，即进行燃油喷射系统的闭环控制。

图7-45　TWC转换效率与混合气浓度的关系

四、排气再循环控制系统

排气再循环控制是指将发动机排放中小部分适量排气重新回送到进气歧管，与新鲜混合气混合后，再一起进入气缸参加燃烧的过程。

1. 排气再循环系统的控制原理

排气再循环系统的控制原理详见图 7-46 及其注解。

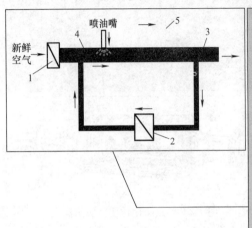

排气再循环系统的控制原理

1) EGR率。 是指投入再循环的排气量占发动机总进气量的百分比。当它达到15%时，NO_x 的排放量可减少60%。但EGR率增加过多将导致油耗增加、动力性下降，故必须根据工况变化控制EGR率。

2) EGR阀。 是EGR系统中一个关键部件，它可以根据发动机工况变化自动调整参与再循环的排气量。其种类多样，有真空膜片式EGR阀、数字式EGR阀、线性EGR阀等。

3) EGR控制原理。 ①EGR阀2安装于排气再循环通道上，其进口接排气歧管，其出口接进气歧管4。在ECU控制下，EGR阀会根据发动机工况变化自动控制排气再循环的量，达到既降低 NO_x 的排放量，又保证发动机必要的动力性能。②不进行排气再循环的工况包括起动、怠速、暖机以及转速低于900r/min或高于3200 r/min的工况。

图 7-46　排气再循环系统的控制原理
1—节气门　2—EGR 阀　3—排气歧管　4—进气歧管　5—发动机

2. 开环控制 EGR 系统的结构原理

开环控制 EGR 系统的结构原理详见图 7-47 及其注解。

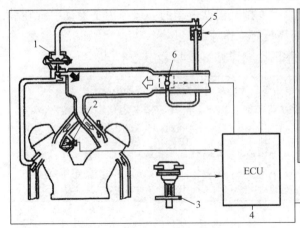

开环控制EGR系统的结构原理

1) 组成。 其组成如图7-47所示。

2) 工作原理。 ①ECU根据发动机转速、冷却液温度、节气门开度、起动信号等，通过EGR电磁阀的搭铁电路来控制EGR电磁阀的开度，由电磁阀再控制进入EGR阀的真空度，通过真空度变化改变EGR阀开度大小，达到改变参与再循环废气量的目的。②开环控制系统中，ECU按照其内存的EGR率与转速及负荷的对应关系进行控制，但对其控制结果不进行检测。

图 7-47　开环控制 EGR 系统的结构组成
1—EGR 阀　2—冷却液温度传感器　3—曲轴位置传感器　4—ECU　5—EGR 电磁阀　6—节气门

3. 以 EGR 率作为反馈信号的闭环控制 EGR 系统

以 EGR 率作为反馈信号的闭环控制 EGR 系统详见图 7-48 及其注解。

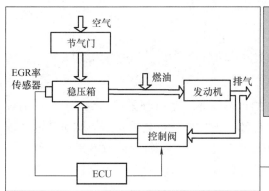

以EGR率作为反馈信号的闭环控制EGR系统

EGR率传感器安装在进气总管的稳压箱上，新鲜空气进入稳压箱，参与再循环的排气经EGR电磁阀也进入稳压箱。EGR率传感器检测稳压箱内部气体中的氧浓度，并将其转换成为电信号输送给ECU，ECU根据此信号修正EGR电磁阀开度，使EGR率始终保持最佳。

图 7-48 以 EGR 率作为反馈信号的闭环控制 EGR 系统

4. 闭环 EGR 系统的结构原理

闭环 EGR 系统的结构原理详见图 7-49 及其注解。

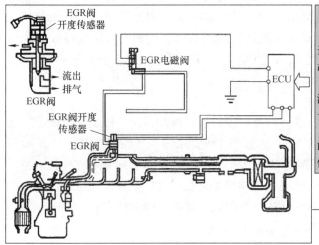

闭环EGR系统的结构原理

1) 开环控制系统的不足。其EGR率只能预先设定，系统不能检测各种工况下的实际EGR率，故控制精度较低。

2) 闭环控制系统的结构特点。它可以通过检测实际EGR率或检测EGR阀的开度来作为反馈信号，故控制精度更高。

3) 以EGR阀的开度作为反馈信号的闭环系统。ECU根据电位计式EGR阀开度传感器的开度信号修正电磁阀的开度，使EGR率始终保持最佳值。

图 7-49 闭环 EGR 系统的结构原理

5. EGR 控制系统的检修方法

1) 拆下 EGR 阀上的真空软管时，发动机转速应无变化。用手触试真空软管应无真空吸力；当发动机温度达到正常工作温度后，急速时检查结果应与冷机时相同；若转速维持在 2500r/min 左右，拆下真空软管，发动机转速应有明显变化。

2) 冷态测量真空控制电磁阀电阻应符合规定值。电磁阀不通电时，从进气管侧吹入空气应畅通；从另一侧吹入空气，则应吹不通；但通电后，应可以吹通。

3) 用手动真空泵给 EGR 阀膜片上方施加约 15kPa 的真空度，EGR 阀应能开启；而不施加真空度时，ECR 阀应能完全关闭。

第四节　汽车进排气系统常见故障诊断案例精选

一、进气系统故障诊断案例

【案例 7-10】 一辆一汽-大众迈腾轿车故障码 P2015 无法清除

1. 故障现象

一辆发动机代码为 BYJ 的一汽-大众 1.8TSI 的迈腾轿车，当行驶里程达到 9000km 左右后，出现故障灯间歇性常亮现象。与车主沟通后得知，该故障灯点亮后，如果发动机熄火后再起动，则故障灯会熄灭。但一段时间后故障灯又会点亮，且已经针对此故障进行过多次维修，但故障始终未能排除。

2. 故障诊断与排除

（1）读取故障码

接车后，先查看点亮的故障灯，发现是尾气排放警告灯常亮。然后使用 KT600 故障诊断仪读取故障码，故障码为 P2015。其含义为"进气歧管风门位置/运行控制传感器不可靠信号，PS/偶发"。在执行清除故障码程序后，故障码消失且尾气排放警告灯熄灭。重新运行发动机后，尾气排放警告灯不亮，也没有故障码。进行路试时，当使发动机运行在 3500 ~ 4000r/min 时，故障码又会重现。但是由于发动机运行时间较短，尚未符合尾气排放警告灯报警条件，因此尾气排放警告灯未被点亮。同时发动机运行过程中也没有明显的异常表现，加速和行驶性能均正常。

（2）读取发动机数据流

根据诊断方法中的故障码优先原则，先针对此故障进行故障排除。使发动机处于怠速状态，读取发动机数据流。输入组号"142"，发现进气歧管风门位置为"9.6%"，匹配状态为"故障"。通过对实测数据与标准数据的对比分析（表 7-2），初步判断系统电路短路或断路故障的可能性很小。考虑到用户之前曾进行过维修且更换过进气歧管风门位置传感器与进气技管，因此怀疑是否是由于没有对新元件进行匹配而导致此故障的产生。

表 7-2　142 组数据流比对表

数据项目名称	实 测 值	标 准 值	判断结果
增压移动板实际位置（进气歧管风门实际位置）	9.6%	0 ~ 2%	异常
增压移动板额定位置（进气歧管风门实际位置）	0	0	正常
增压移动板电位计电压补偿值（进气歧管风门实际位置）	4.02V	4.02V	正常
增压移动板匹配状态（进气歧管风门实际位置）	故障	正常	异常

（3）进行发动机控制单元和进气歧管风门传感器的匹配

接着使用 KT600 进行发动机控制单元和进气歧管风门传感器的匹配。在匹配过程中需要注意：首先确保蓄电池电压高于 13.72V，并在发动机怠速状态下进行匹配；其次，匹配中进气管风门的实际开度会不断变大；最后需要将点火开关关闭 50s，等待匹配自动完成。匹配完成后，重新检查数据流。进气歧管风门位置仍为 9.6%，还是不正常。

（4）仔细研究系统工作原理

发动机控制单元根据车辆与发动机的运行情况，适时地驱动进气歧管风门电磁阀，使其接通进气歧管风门转换真空罐与真空源的连接。真空罐在真空吸力的作用下，克服内部阻力，通过拉杆来拉动一根其上安装有进气风门的轴。因拉杆与轴是偏心连接，故风门能够转动至所需的位置。进气歧管风门位置传感器的作用是检测风门的实际位置，并将信号传输给发动机控制单元，实现时刻检测系统运行状态的闭环控制系统，如图7-50所示。

（5）导致该故障可能的因素

通过对整个系统的分析，导致该故障的可能因素有：

① 进气线管风门位置传感器及其线路故障。

② 进气歧管风门转换真空罐损坏。

③ 进气歧管风门电磁阀及其线路故障。

④ 进气歧管风门机械故障。

⑤ 发动机控制单元和进气歧管风门传感器没有匹配。

⑥ 真空管路泄漏故障。

⑦ 发动机控制单元损坏等。

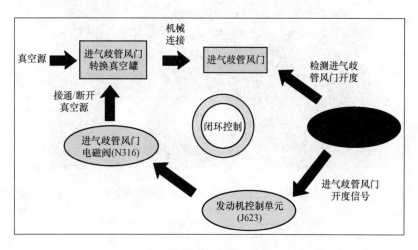

图7-50　进气歧管风门系统工作原理示意图

（6）先检查进气线管风门位置传感器和进气歧管风门电磁阀及其线路

考虑到进气歧管风门位置传感器与进气歧管才更换不久，损坏的可能性很小。因此决定先检查进气线管风门位置传感器与进气歧管风门电磁阀及其线路（图7-51）。首先测量风门位置传感器供电静态电压，结果为5V，正常。接地也是正常的。接着用真空枪测试进气歧管风门转换真空罐（图7-52），也未发现泄漏现象。

进一步分析，若控制风门位置传感器的风门电磁阀故障，也会造成风门位置传感器的信号不正确。但发动机控制单元检测传感器会因不正常电压而点亮故障灯。而经检查也排除了此种可能性。检测结果见表7-3。

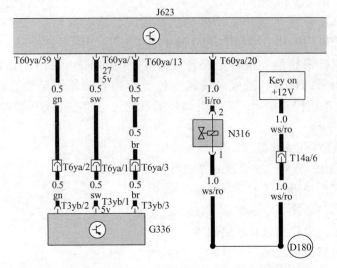

图7-51　进气歧管风门位置传感器与进气歧管风门电磁阀电路图

图7-52　进气歧管风门转换真空罐泄漏测试

表7-3　进气歧管风门系统组成元件检测结果

检 测 内 容	实 测 结 果	标 准 值	判 断 结 果
G336/T3yb/1 ~ GND	5V	+5V	正常
G336/T3yb/3 ~ GND	0.1Ω	≤2Ω	正常
G336/T3yb/2 ~ J623/T59ya/27	0.1Ω	≤2Ω	正常
N316/1 ~ GND	12V	+12V	正常
N316/1 ~ J623/T60ya/20	0.1Ω	≤2Ω	正常
进气歧管风门转换真空罐泄漏测试	无泄漏	无泄漏	正常

（7）拆下进气歧管检查

虽然上述检查结果均正常，但却在拆下机油滤清器检测进气歧管风门位置传感器电路过程中，发现进气歧管风门位置传感器插头与机油滤清器底座距离过近，且已经影响到了插头的插拔，这是不正常的。于是拆下进气歧管，对其做进一步检查。发现该进气歧管总成很新，内部几乎无积炭。同时发现该进气歧管总成中的进气风门处于关闭位置时，不能完全关闭，这也是不正常的（正常状态下，应该在拆掉机油滤清器后，滤清器底座不会影响到插头的插拔，同时进气风门在处于关闭位置时应完全关闭）。至此也就解释清了，在对发动机控制单元和进气歧管风门传感器进行匹配后，进气歧管风门位置数据项仍为"9.6%"，而未在正常值范围内的原因所在。

（8）将旧的歧管总成再安装回去

因为考虑到客户之前曾经更换过进气歧管总成，故有理由怀疑疑新的歧管总成可能不是原厂配件。好在客户保留了先前更换下来的旧配件。因此决定将旧的歧管总成再安装回去，且在安装过程中刻意注意了进气风门关闭状态时的位置（能够处于完全关闭状态）。将歧管总装安装完毕后，滤清器底座也不会影响到进气歧管风门位置传感器插头的插拔。至此，认为故障完全排除。

（9）发现进气风门处积炭严重

在接下来的修复后校查中，当发动机运行在3500～4000r/mn时，故障码仍旧会重现，而数据流项目的进气管风门实际位置变为"23.92%"加速踏板。但是随着发动机转速和节气门开度快速变化，进气歧管风门实际位置的数据偶尔又能变回到正常值范围。经过几次测试，发现只要实际位置的数据为23.92%左右且变化不动，此故障码就重现。而有时由于急松加速踏板，歧管真空突然变大，有足够的吸力能把进气歧管风门拉回到正常位置，使得故障码变成偶发性质。为了验证，再次拆下旧的歧管总成，发现进气风门处积炭严重。用手推动风门拉杆，发现在一个特定位置会卡住。这也就说明了数据流会固定在一个特定值上的故障点所在。

（10）对旧的进气歧管总成进行清洁

清洁完毕后，进气歧管风门转动灵活无卡滞。再将其安装在发动机上，发动机控制单元和进气歧管风门传感器进行过匹配，且匹配成功。进气歧管风门实际位置变为"0"。运行发动机，对故障码与异常数据流进行检查。故障码P2015消失。在怠速状态时，进气歧管风门实际位置变为"1.96%"，且随着发动机转速和负荷变化，也能正常变化。不会再固定在某个数值不变。至此，故障彻底排除。

3. 维修小结

当今缸内直喷发动机越来越多地被应用到车辆上，对维修技术人员的专业理论知识提出了更高的要求。只有在对被修车辆的技术状况充分掌握的情况下，才不会只用简单的部件更换维修法来维修车辆。其次，新技术的广泛应用，也使得车主和维修技术人员需要对车辆进行及时维护，避免因"积劳成疾"产生故障。第三，在维修作业中也会经常遇到由于更换的配件有质量问题而导致维修诊断过程中陷入"死胡同"的情况，影响到正确的诊断思路。

【案例7-11】 一汽-大众宝来轿车进气门积碳过多，引发车辆冷起动困难

1. 故障现象

一辆一汽-大众宝来 1.6L 自动档轿车，行驶 56000km，在使用中出现早上冷机起动发动机十分困难，而热机时起动尚好的故障。

2. 故障诊断排除

1）读取故障码。采用故障诊断仪 V. A. G1552 检查，没有故障码出现。起动时起动机转速正常。用 V. A. G1318 检测燃油压力，也属正常值。

2）此车曾有时早上起动后发动机有明显的料动现象，1 ~ 2min 后又一切正常，但热机时起动正常。分析认为可能是进气门积炭过多而吸收部分燃油，导致起动时混合气过稀，致使早上（特别是寒冷天气）发动机无法起动。

3）积炭形成过程分析。发动机混合气必须经过进气门进入燃烧室，但总有少部分汽油会附着于进气门上，发动机的高温又使汽油中无法完全燃烧的碳氢化合物、石蜡、胶质等被烧成焦炭物。再加上如果喷油器有积炭的情况，喷出的汽油雾化状态不佳，汽油与空气混合不均匀，便会增加积聚于进气门上的汽油量。因为积炭有吸收汽油的特性，所以这层积炭会吸收汽油再形成积炭，如此恶性循环，使进气门上的积炭过多，以致气门无法紧闭密封，使发动机无法正常运转。另外，使同劣质汽油也是积碳产生原因之一。

4）清除进气门积炭。将进气管拆下，在积炭上喷清洗剂，使积炭自行软化。而后将进气门清洗干净，再装复试车起动，特别是早上冷车起动十分顺利，并正常运转，故障得以排除。

【案例7-12】 一辆起亚轿车发动机因进气歧管破裂而导致起动困难

1. 故障现象

一辆起亚轿车，装备 2.0L 电喷发动机，在使用中出现发动机不易起动的故障现象，起动后排气管冒黑烟，怠速运转不稳，油耗也明显增加。

2. 故障诊断排除

1）首先检查油路。检查故障时，首先拆下四个火花塞，发现其电极发黑，并黏附有油渍。因此判断该故障是混合气过浓所致。接着对油路进行检测，拆下油管，装上油压表，测量怠速时油压为 245kPa；拆下燃油压力调节器上的真空管，油压为 294kPa，用大力夹住回油管，油压升至 490kPa 以上。经过以上检测，表明油压正常。

2）接着对气路进行检测。在排除油路故障的可能性后，接着对气路进行检测。先对空气滤清器及节气门体进行清洗，结果故障仍然存在。经过分析，怀疑 ECU 接收到的进气量信号有问题。因为在 D 型燃油喷射系统中，把进气量变成电信号并且提供给发动机 ECU 的是进气压力传感器。该传感器用位于进气歧管后端的一根真空管连接装在机体上。它是根据进气歧管中真空度的大小来判断进气量的。对该传感器进行检测，发现其信号不能随发动机转速的变化而变化，并且很稳定。这可能是真空管路有问题。检查结果发现在真空管与进气歧管后端的连接接头处有道裂纹，该裂纹随发动机工作时的抖动而忽大忽小，由此判断这就

是造成该传感器信号不正确的原因所在。

3）更换新的真空管，装复试验，测试信号恢复正常，发动机也能正常起动，各工况正常，故障排除。

二、排气系统故障诊断案例

【案例7-13】 奔驰 VITO 发动机故障灯报警

1. 故障现象

一辆配备 2.6 LV 型 6 缸发动机的奔驰国产 VITO 商务车，行驶 28775km，发动机故障灯显亮。

2. 故障诊断与排除

1）读取故障码。接车后查看维修记录，发现此车一直保养正常，只更换过空气流量传感器。用奔驰专用诊断仪（DAS）对全车控制单元进行快速检测，发现在发动机控制单元中存储有以下故障码（图7-53）：0810 右侧气缸列上的进气功能失效（作用链），S（状态）：已存储。

ME-SFI - Motor electronics				- f -
MB number	**HW version**	**SW version**	**Diagnosis version**	**Pin**
0034467640	09.37	10.32	8/32	101
FW number		**FW number (data)**		**FW number (boot SW)**
2729020900		2729035700		2729020900
Code	**Text**			**Status**
0810	Malfunction of secondary air injection at right bank of cylinders (function chain)		l	STORED

图 7-53　在发动机控制单元（ME）中存储的故障码

2）查找二次空气喷射系统的工作原理。由以上检测可知，系有关"二次空气喷射系统"故障。

因此，首先查找该系统的工作原理，如图7-54所示。

当二次空气喷射启用时，发动机 ECU 触发空气泵转换阀，并同时通过空气泵继电器触发二次空气泵。这样，来自进气歧管的真空和二次空气泵输送的新鲜空气就分别进入锁止阀的两侧（锁止阀为单向阀，一侧接真空，另一侧接二次空气泵）。锁止阀打开，新鲜空气通过锁止阀进入排气歧管，并与废气反应，从而提高废气温度。

3）可能的故障原因。分析可能的故障原因有①Y59/5、M33、K64 和 ECU 本身或相关线路故障；②真空管路和右侧锁止阀 126/2 故障。

4）执行故障码的引导诊断。首先用 DAS 激活二次空气泵 M33，结果 M33 有清脆的运转的声音发出，说明正常工作。即 M33、K64 及其相关线路和插头均正常。其次激活 Y59/5，未见反应。在激活 Y59/5 期间，测量 Y59/5 两端电压为 12.0V 左右，说明发动机 ECU 对 Y59/5 的控制正常，且 Y59/5 的线路也无任何断路、短路和接触不良现象。与同款正常车

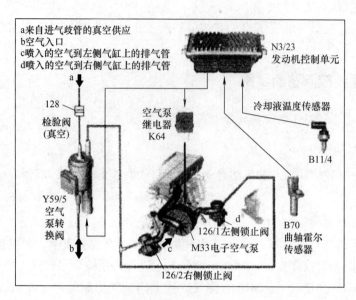

图 7-54 二次空气喷射系统的工作原理

辆对调 Y59/5，但故障依旧。

5）考虑机械部分的问题。由于电气方面可能的原因均被排除，故对机械部分进行下列检查。

① 检查 Y59/5 出来的真空分岔管路，它们分别连至两个锁止阀，结果分岔路无漏气且连接牢固。

② 拆下进气歧管，检查分岔管路至右侧锁止阀的真空管，也没有异常。

③ 拆下右侧锁止阀，用真空测试仪向锁止阀的真空侧供给真空，结果锁止阀发出"嘀嗒"的声音，说明锁止阀开启正常。

④ 新鲜空气从锁止阀出来后，通过缸盖上的气道进入排气歧管，由于是新鲜空气，因此气道不可能堵塞。

6）检查排气系统。经过上述检查，发现各元件均工作良好，且二次空气泵所提供的新鲜空气能正常到达排气歧管。但仍会报 0810 故障码。当思路陷入僵局时，突然想到排气系统与二次空气喷射系统也有密切关系。故将检查的思路进一步延伸到排气系统上。

① 检查三元催化器。拆下右前氧传感器，用内窥镜检查三元催化器。无堵塞和脱落现象。根据实际经验判断正常。

② 检查右前氧传感器。其表面呈现乳白色，判断为水蒸气引起（图 7-55）。

③ 装上新的氧传感器，如图 7-56 所示，清除故障码，试车若干次后，确认故障彻底排除。

3. 维修小结

二次空气喷射系统的功能：在冷起动时，把新鲜空气输送至排气歧管与废气发生燃烧反应，使三元催化器尽快达到工作温度。本案例中，根据故障码检查思路很容易被局限在二次

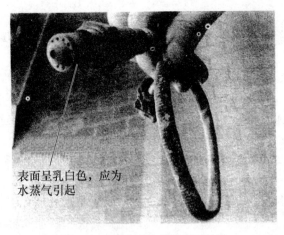

表面呈乳白色，应为
水蒸气引起

图 7-55　右前氧传感器表面异常

新的右前氧传感器

图 7-56　新的右前氧传感器

空气喷射系统内部。但当整个系统所有可能原因都被排除后，将可能的故障原因延伸至排气系统上，并最终发现氧传感器故障，从而找到导致本故障的关键因素。一般氧传感器故障通常会报其相应的故障码，而此案例却报二次空气喷射系统故障码，颇令人费解。但经仔细推理，也可发现其中的内在联系。原来，二次空气喷射是为了给三元催化器加热的，而催化器的作用是净化尾气，氧传感器又是监测尾气中氧含量的，因此其中必然存在着关联，由此而产生二次空气喷射系统故障码。但此种方式与常规故障码产生方式大为不同，且易给检测带来误导。这也是该案例成为疑难故障的原因所在。

【案例 7-14】　上海通用雪佛兰排气受阻引发冒黑烟

1. 故障现象

　　一辆上海通用雪佛兰鲁米娜（LUMINA）轿车，装备 3.1L V6 型发动机，该车已行驶 12 万 km。近来在使用中出现发动机起动困难，行驶加速不良，发动机故障指示灯点亮，排气管冒黑烟的现象。

2. 故障诊断排除

排气管冒黑烟一般来讲是混合气过浓所致，于是检查可能造成冒黑烟的一些部位，结果未见异常。

接着又根据其他故障特征，用施耐宝 MT2500 故障诊断仪诊断，显示进气压力传感器有故障。检查系统电压值为 3.3~3.4V（正常值怠速时为 1.0~2.0V，节气门全开时为 4.0~4.5V），而且指针不规则摆动。再检测系统油压为 1.0kPa（正常值为 1.0~1.5kPa），而且发现没有剩余油压，故判断为油压调节器和电动燃油泵故障。

更换了进气压力传感器、油压调节器、电动燃油泵后，清除故障码，起动发动机试车，故障特征仍然存在。

由于更换了进气压力传感器，怠速不稳与排气管冒黑烟故障有所好转；也因为更换了电动燃油泵，发动机起动困难也得到解决。但发动机运转起来踩加速踏板却发闷，判断可能是排气系统不畅。检查三元催化转换器，发现已堵塞严重。

于是又更换新的三元催化转换器，试车一切正常，故障排除。

3. 维修小结

上海通用雪佛兰鲁米娜轿车 V6 型发动机采用的是进气压力检测型电控汽油喷射系统（D 型）。它利用进气歧管绝对压力传感器检测进气歧管的真空度来检测发动机工作时的进气量和发动机负荷，并以此来决定喷油量和调节发动机怠速。当进气压力传感器损坏后，它传送给 ECU 的信号失真，使 ECU 无法精确计算进气量，以致不能根据发动机工况正确地控制喷油量，所以造成怠速不稳、冒黑烟、加速不良等现象。

【案例 7-15】 上海大众帕萨特 B5 氧传感器失常引发怠速 "游车"

1. 故障现象

一辆帕萨特 B5（1.8L）轿车，在使用中出现怠速 "游车" 现象。该车曾在一家修理厂更换过空气流量传感器，清洗过节气门和喷油器，故障略有好转。但发动机怠速始终不稳，仍然存在 "游车" 现象。

2. 故障诊断排除

试车检查。试车检查中发现此车怠速不稳。再细心观察，转速在 850~900r/min 之间波动，但波动的时间较长。进一步检测油压、缸压、正时火花等均工作正常。检测真空度为 55kPa，也正常。用诊断仪检测无故障码输出。

读取数据流，发现氧传感器数据变化缓慢，喷油脉宽在 2.5ms 上下变化，转速也随之上下缓慢变化，其他各数据均在标准范围之内。特别注意观察节气门开度，始终为 4°，没有变化。从而排除进气量调节不当的原因。从数据流中所发现的问题可以肯定，氧传感器信号变化缓慢（标准变化频率为 10s 左右，变化大于 8 次）是其失效的特征。取下氧传感器检查，为棕黑色，的确已经失效。

更换新的氧传感器后试车，故障排除。

3. 维修小结

怠速 "游车" 是一种较常见的故障，且其发生的原因及部位较难判断。但无论何种原因，其根本原因是由于燃烧做功在有规律地变化，且这种燃烧做功的变化一般为混合气量忽大忽小，或混合气忽浓忽稀造成的。而该车的"游车"现象，正是由于混合气浓度随着氧传感器信号改变而忽浓忽稀所致。

【案例7-16】　奥迪 A8L 轿车氧传感器故障引发发动机抖动

1. 故障现象

一辆奥迪 A8L 型 3.2L 轿车，行驶 2.5 万 km 时发动机出现有规律性的抖动，并伴有轻微"踹气"，冷机时工作正常，当冷却液温度达到 60℃时故障出现。

2. 故障诊断排除

最初分析故障点可能是在进气系统有漏气之处。但经仔细检查未发现有渗漏的可疑点。又先后更换了空气流量传感器、节气门、冷却液温度传感器，但故障依旧没有排除。

在检查中无意间发现在进气管道上方喷清洗剂时，抖动现象可立刻停止。有人认为这是混合气过稀造成的，其原因可能是进气漏气或氧传感器信号错误。

接着读取数据流，发现氧传感器无动作，判断此为故障点。

更换一只新的氧传感器后试车，发动机恢复正常，故障排除。

三、气门驱动与正时机构故障诊断案例

【案例7-17】　上海大众帕萨特 B5 大修后正时装配错误，引起发动机加速无力

1. 故障现象

一辆上海大众帕萨特 B5 轿车大修后，出现加速无力、发动机怠速时有轻微抖动现象。

2. 故障诊断排除

读取故障码。先用诊断仪读取故障码，显示故障码为 16487（G70 空气流量传感器故障）和 00515（G40 凸轮轴位置传感器故障）。经更换上述两个传感器后，清码试车。空气流量传感器的故障码被清除，而凸轮轴位置传感器的故障码依旧存在，故障也没有明显好转。

针对诊断仪给出的信息，对凸轮轴位置传感器相关线路进行仔细检查，结果一切正常。

既然故障码内容中的相关元件都正常，那么可以断定发动机加速无力与凸轮轴位置传感器本身没有关系。但令人疑惑的是 00515 故障码无论如何也不能被清除。于是怀疑发动机 ECU 有故障。但更换 ECU 后还是未解决问题。该车刚被大修过，从理论上分析动力性应该没有问题。

围绕故障特征对影响发动机动力性的其他方面进行彻底检查，包括清洗喷油器、节气门体、空气流量传感器，更换火花塞、高压线对比试验等，故障仍未能解决。测量缸压和点火正时都没有发现问题。

随着故障检查的深入，使用真空表测取发动机真空度，只有 50kPa，比理论上最低标准值少 10kPa。这一检测结果说明，问题依旧在发动机上。那么，真空度究竟能反映出什么问题？

针对配气正时进行检查。该车从真空表指针在 50kPa 摆动可以看出故障可能在两个方面：一是点火过迟，二是配气相位错齿。由于已检查过点火时间正常，于是主要针对配气正

时进行检查。检查时注意，不仅要看正时带是否错齿，更要抓住"16节链辊"这个关键点。拆下正时带盖，检查正时带记号的准确性，结果没有错齿现象。

该发动机是双凸轮轴、5气门，曲轴通过正时带连接排气凸轮轴，排气凸轮轴后链轮在缸盖后方，通过链条连接进气凸轮轴链轮，在链条中间装有油压控制的油压张紧器。

打开气门室盖，发现该车进气凸轮轴链轮键槽与排气凸轮轴链轮键槽在12点位置时，正好少了一节链辊（而正常应保证两键槽之间有16节链辊），这样配气相位就改变了。凸轮轴位置传感器就在进气凸轮轴的前方，由于其传输给ECU的信号始终有偏差，当ECU检测到这个错误后就会给出凸轮轴位置传感器的故障码。

经调整链条再校对正时，装复所拆零部件后试车，发动机加速有力，运转正常。故障彻底排除。

3. 维修小结

怠速真空度能反映出一台发动机进气系统的密封性、点火性能的好坏（早、晚、强、弱）和空燃比的大小。进气管的最高真空度对应的必然是最好的密封性、最佳的点火性能和最佳空燃比，一般发动机怠速都能达到60kPa。当然不同的发动机对应不同的怠速真空度。在日常维修作业中，如果遇到加速无力的症状，可能有发动机的原因，也可能是变速器的故障。可直接用真空表先测取不同工况下的真空值，尤其是怠速真空值，这样就会确定检修方向。另外，用真空表测取真空度，也可排除发动机怠速不稳、怠速过高或过低等其他故障。

【案例7-18】 一辆一汽-大众捷达轿车大修发动机后，因凸轮轴正时链安装错误而起动困难

1. 故障现象

一辆一汽-大众捷达5气门轿车，因烧机油严重而进行发动机大修后，出现起动困难，但发动机故障指示灯却不点亮的故障。

2. 故障诊断过程

1）询问故障基本情况。询问修理工，得知各项测试参数基本正常，包括跳火测试正常；各缸缸压接近0.9MPa，正常；燃油压力约270kPa，正常；点火提前角为10°左右，正常。由此可见，发动机的基本工作条件已经具备，即发动机电路、油路、气路和机械装置基本正常。

2）初步判断故障原因。发动机起动困难，但发动机故障指示灯不亮，说明发动机控制单元没有故障码存储。即各主要传感器、执行器和ECU工作基本正常。据以往维修经验，捷达5气门发动机配气正时安装错误时，会出现发动机起动困难的现象。但检查配气正时一般需要拆解发动机，维修工作量巨大。

3）寻求不解体发动机维修方法的依据。对于现代电控汽车而言，发动机ECU是利用曲轴位置传感器和凸轮轴位置传感器等来检测曲轴和凸轮轴的位置，用以确定正确的喷油时刻和点火时刻。电喷发动机的曲轴位置传感器和凸轮轴位置传感器都是通过正时带/链连接的，其曲轴位置传感器和凸轮轴位置传感器信号具有严格的相位关系。因此，可以在不拆解发动机情况下，通过检测曲轴位置传感器和凸轮轴位置传感器的信号波形，就可准确判断配气正

时是否正确。

4）波形检测。用金德 K60 进行曲轴位置传感器和凸轮轴位置传感器信号测试步骤：

① 将曲轴位置传感器和凸轮轴位置传感器信号分别输入到金德 K60 的 CH1、CH2 信号通道。

② 在初始界面上选择"通用示波器"，在通用示波器界面上选择"手动"，在通道选择上选择"CH1"和"CH2"。

③ 分别调整"位置"参数，使 CH1 和 CH2 的位置处于屏幕上下方向的"中间位置"。

④ 打开点火开关，利用起动机带动发动机运转 10s 左右。分别调整示波器的时间和电压 参数（即调整横坐标时间与纵坐标电压的大小），使曲轴位置传感器的波形基本可以看清楚，得到如图 7-57a 所示波形。然后保存波形，关闭点火开关（此步骤需要反复多次）。

⑤ 对保存的波形的时间和电压参数进行进一步调整，得到如图 7-58 所示的波形。

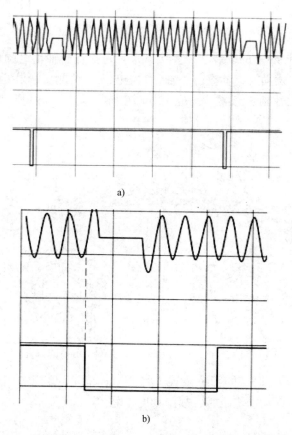

图 7-57 用金德 K60 示波器检测曲轴位置传感器和凸轮轴位置传感器的波形

a）起动机带动发动机运转时的曲轴、凸轮轴信号波形

b）波形参数调整后的曲轴、凸轮轴信号波形

5）波形分析。图 7-58 所示为正常状态时的曲轴信号波形和凸轮轴信号波形。由图可见：正常状态时在凸轮轴信号的下降沿（虚线）后将会出现两个曲轴（信号齿）信号波形，

然后接着出现曲轴1缸上止点（两个齿缺）信号。而从图7-57b所示可见：在凸轮轴信号的下降沿后只出现了1个曲轴信号波形，然后接着出现曲轴1缸上止点信号。这表明凸轮轴或曲轴的正时安装位置有误。

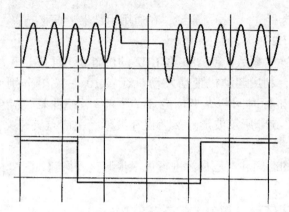

图7-58　正常状态时曲轴信号波形和凸轮轴信号波形

6）检查曲轴正时同步带的安装状况。接下来首先检查曲轴正时同步带的安装状况，发现安装正确。然后解体发动机，检查凸轮轴正时链的安装情况，结果发现两个标记之间只有15个链辊。经查阅维修手册，正常情况应为16个链辊，如图7-59所示。

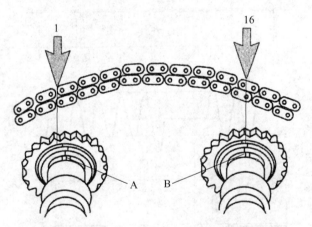

图7-59　链轮上第1个链节与第16个链节的位置

7）重新调整凸轮轴正时链的安装位置。将两个标记之间调整为16个链辊，并按工艺要求装复试车，发动机起动恢复正常，故障彻底排除。

3. 维修小结

现代电控汽车是机电一体化的产物。示波器是一种重要的维修辅助工具手段，具有工作效率高、劳动强度低、节省工时等特点，通过传感器、执行器波形的检测可准确地判断故障。特别是对曲轴正时和凸轮轴正时进行检查时，更具有极高的效率。如本例即通过波形分析迅速查明了因凸轮轴正时链安装位置错误而导致发动机起动困难的故障。

【案例 7-19】 一辆广州本田雅阁2.4L轿车由于VEC油压过低，导致行驶动力不足

1. 故障现象

一辆广州本田雅阁2.4L轿车，在行驶3.5万km时出现加速动力不足的故障现象。

2. 故障诊断排除

了解可变气门正时及气门升程控制系统（VTEC）的功能。广州本田雅阁2.4L轿车采用可变气门正时及气门升程控制系统，该系统可在发动机高速状态下使气门的开启时间延长，升程增大，从而达到改变气门正时和气门升程的目的，并使之与发动机的高速工况相适应。

VTEC系统工作应满足发动机转速在2300～3200r/min、车速大于30km/h、发动机冷却液温度高于60℃等条件。ECU根据相关传感器监测到发动机转速、负荷、车速、冷却液温度等信号的变化，来控制电磁阀的工作，从而控制正时活塞上的油压，使其在油压的作用下，推动正时活塞和同步活塞移动，并将3个摇臂锁定在一起，从而使VTEC系统工作。而当ECU关闭电磁阀时，液压被释放，弹簧的反作用力将同步活塞推回原处，各气门摇臂互相分开。

读取故障码。根据驾驶人描述的故障现象，首先用故障诊断仪对PGM-FI电喷系统和变速系统进行检测，没有故障码。D档位和R档位的转速都是2500r/min，属正常。

进行时滞试验：D档位为1.1s，R档位为2s，各个档位的反应都正常。

对发动机及自动变速器进行基本检查，结果也正常。

读取数据流。用故障诊断仪对PGM-FI电喷系统进行动态数据流的读取，结果进气压力传感器、节气门位置传感器、点火正时、喷油时间、VTEC电磁阀等与动力相关的数据都正常。

接着对汽车进行路试，发现故障在发动机转速为2300～2600r/min时最明显。此时只能通过加大节气门开度才能使汽车提速。考虑到转速2300～2600r/min正是VTEC系统开始工作的条件，那么动力下降是否与VTEC系统有关呢？

于是把原VTEC电磁阀的导线插头断开，并与新电磁阀相连，再给新电磁阀接一条地线，然后用电工胶布临时固定，以防止其出现短路现象。这样做可以使原车的电磁阀原封不动，只是将导线接到新电磁阀上，其目的是为了让VTEC系统失效。经试车后，发现VTEC系统失效前与失效后的区别不大，行驶时同样感觉加速缓慢、动力不足。因此，可以肯定VTEC系统有故障。

进行VTEC系统油压检查。加速缓慢、动力不足，在电喷发动机当中是一种常见的综合性故障。在排除这类配置有VTEC系统的电喷发动机故障时，除了要考虑其他相关系统外，还必须考虑VTEC系统对加速性能的影响。特别是当VTEC系统出现故障，而用专用检测仪又无法读取故障码的情况下，往往VTEC系统的故障会被忽略，以致不能找出真正的故障原因，从而给维修工作增加一定的难度。在上述检测无效的情况下，首先测量系统的油压。当发动机转速至3000r/min时，接通电磁阀，测量其工作油压为196kPa，发现油压偏低。为何VTEC系统的工作油压过低？

查明故障点。通过拆检电磁阀总成，发现VTEC电磁阀的滤清器严重堵塞。检测电磁阀电阻为14.8Ω，经通电试验，其工作正常。分析认为，系统工作油压低是由于滤网堵塞引起

的。于是清洗电磁阀的滤清器。将电磁阀重新装复，起动发动机，在检测条件下测量 VTEC 系统油压，其油压在正常范围，VTEC 系统工作正常。经试车，发动机动力恢复。至此，故障得以排除。

3. 维修小结

对于此故障，若能够事先知道 VTEC 系统功能是改变发动机高速工况下配气相位的，问题就很好解决。因此，当车辆出现高速状态下动力不足、加速不良故障时，自然而然地就会想到检查 VTEC 系统的功能。

通过本案例，说明"修车先弄明白功能"对诊断汽车故障是十分有帮助的。也就是说，在检测维修汽车故障时，首先应弄清楚该车部件或总成的功能，以及它若发生故障对于车辆性能有何影响，然后再进行诊断排查就会变得容易快捷了。

第八章　燃油喷射系统传感器的检测方法

发动机电控燃油喷射系统所采用的传感器包括空气流量传感器、曲轴位置传感器、凸轮轴位置传感器、节气门位置传感器、冷却液温度传感器、进气温度传感器、氧传感器和车速传感器等。开关信号包括点火开关信号、起动开关信号、电源电压信号、自动变速器空档安全开关信号（NSW）以及空调开关信号（A/C）等。

第一节　空气流量传感器的检测

空气流量传感器的功能是检测发动机进气量，并将其转换成电信号输入 ECU，作为计算喷油时间和点火时间的主要依据。当空气流量传感器坏了后，可能出现汽车加速无力、冒黑烟、无法加速到最高车速、没有怠速等现象，同时仪表上的发动机故障指示灯点亮。

空气流量传感器按照检测进气量方式分为压力型（D 型）和空气流量型（L 型）两种。L 型空气流量传感器又分为体积流量型（包括叶片式、量芯式和涡流式）传感器与质量流量型（包括热丝式和热膜式）传感器。

空气流量传感器一般安装在空气滤清器之后、节气门总成之前的进气道上，如图 8-1 所示。

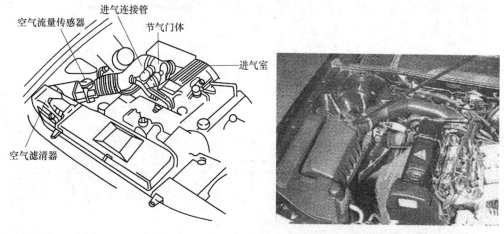

图 8-1　空气流量传感器在车上的安装位置

一、涡流式空气流量传感器

涡流式空气流量传感器是根据卡尔曼涡流理论，利用超声波或光电信号，通过检测漩涡频率来测量空气流量的一种传感器。

1. 涡流式空气流量传感器的分类及其优缺点

（1）涡流式空气流量传感器分类

根据检测漩涡频率方式的不同，分为光电检测式和超声波检测式。

（2）涡流式空气流量传感器优缺点

1）优点：其输出信号是与漩涡频率相对应的脉冲数字信号，其响应是所有空气流量传感器中最快的一种，几乎能同步反映空气流速的变化，因此检测精度高；无运动部件，进气阻力小，且无磨损，使用寿命长。

2）缺点：其检测流量为体积流量，需对空气温度和大气压力进行修正；制造成本高，故只适用于少数中高档轿车。

2. 光电检测涡流式空气流量传感器的检测方法

（1）电阻和电压检测

电阻和电压检测详见图8-2及其注解。

空气流量传感器电阻和电压检测方法
1) 电阻检测。 用万用表测量端子THA和E_2之间的电阻，应能符合表8-1的标准规定；否则，应更换空气流量传感器。
2) 电压检测。 用万用表测量端子THA和E_2之间的电压，应能符合表8-1之标准规定，否则应更换空气流量传感器。

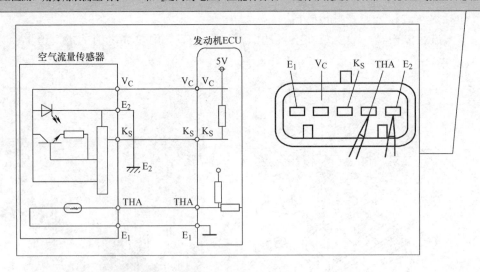

图8-2　丰田雷克萨斯LS400空气流量传感器的电路及其插座的端子

（2）输出信号波形检测

输出信号的波形详见图8-3及其注解。

表8-1　光电检测涡流式空气流量传感器各端子之间的电阻和电压

端子	标准电阻/Ω	温度/℃	端子	标准电压/V	条件
THA—E_2	10 ~ 20	-20	THA—E_2	0.50 ~ 3.4	进气温度20℃
	4 ~ 7	0		4.5 ~ 5.5	点火开关 ON
	2 ~ 3	20	K_S—E_1	2.0 ~ 4.0 脉冲发生	怠速
	0.9 ~ 1.3	40	V_C—E_1	4.5 ~ 5.5	点火开关 ON
	0.4 ~ 0.7	60			

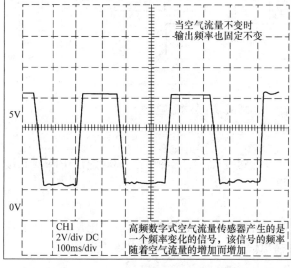

图8-3　光电检测涡流式空气流量传感器输出波形

二、热丝式与热膜式空气流量传感器

1. 热丝式与热膜式空气流量传感器检测方法

热丝式与热膜式空气流量传感器较常见故障有热膜脏污、热膜损坏和热敏电阻工作不良等，会造成发动机运转不平稳、不工作、加速不良或油耗过高等现象。桑塔纳2000GSi发动机热膜式空气流量传感器插头端子与连接电路如图8-4所示。

（1）外观检查与线路连接情况

外观检查与线路连接情况详见图8-4及其注解。

（2）就车检测

1）拔下空气流量传感器导线插接器，起动发动机，用万用表直流电压档测量端子2与搭铁间电压，其值应大于11.5V。否则，应检查熔丝、油泵继电器及其连接线路。

2）打开点火开关，用万用表直流电压档测量端子4与搭铁间电压，其值约为5V。否则，应检查连接线路；如连接正常，则应更换ECU。

（3）离车检测

拆下空气流量传感器，在端子4与搭铁之间加5V电压、端子2与搭铁之间加12V电压，用电吹风向空气流量传感器内吹风，同时用万用表直流电压档测量端子5与3之间的电

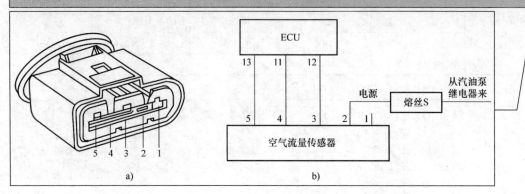

外观检查与线路连接情况
1) 检查防护网、热膜有无异常，如发现异常，应予更换。
2) 检查空气流量传感器与ECU的连接导线是否正常以及插接是否可靠。相关端子间线路，其电阻值应小于1Ω。

图 8-4　热膜式空气流量传感器插头端子与连接电路
1—空端子　2—正12V电源　3—负信号线　4—正5V电源　5—正信号线

压。再改变吹风距离，此时电压表读数应能平稳缓慢变化，且当距离远离时电压下降，而接近时电压升高。否则，应更换空气流量传感器。

（4）输出信号波形检测

关闭所有附属电器设备，起动发动机，经怠速稳定运转后检测输出信号电压，并做加速和减速试验。热膜（丝）式空气流量传感器输出信号波形检测详见图8-5及其注解。

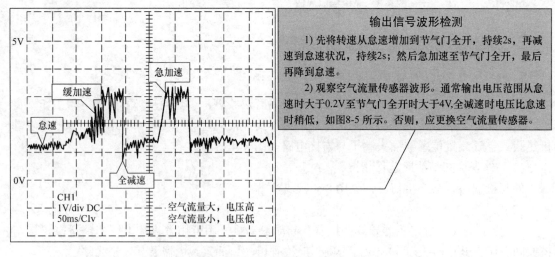

输出信号波形检测
1) 先将转速从怠速增加到节气门全开，持续2s，再减速到怠速状况，持续2s；然后急加速至节气门全开，最后再降到怠速。
2) 观察空气流量传感器波形。通常输出电压范围从怠速时大于0.2V至节气门全开时大于4V.全减速时电压比怠速时稍低，如图8-5所示。否则，应更换空气流量传感器。

图 8-5　热膜（丝）式空气流量传感器输出信号波形

2. 各种热丝（膜）式空气流量传感器电路与检测操作方法

（1）6线热丝（膜）式

6线热丝（膜）式空气流量传感器电路及检测方法详见如图8-6及其注解。

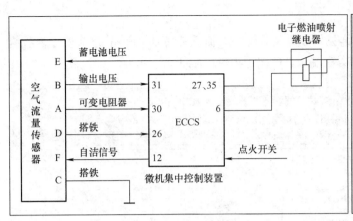

6线热丝(膜)式空气流量传感器的检测方法

1) 当点火开关接通时，经电子燃油喷射继电器给空气流量传感器的E端子提供蓄电池电压；空气流量传感器信号经B端子输出电压到控制装置；A端子为可变电阻器输出端子；D为空气流量传感器通过控制装置搭铁端子；ECU通过F端子给空气流量传感器输送自洁信号；C端子为空气流量传感器自身搭铁端子。

2) 检查方法：检测内容与检测项目、标准以及检测方法要求等详见表8-2。

图8-6　6线热丝（膜）式空气流量传感器电路图

表8-2　6线热丝（膜）式空气流量传感器检测项目、检测标准及其检查结果

序　号	检测内容	标　准	要　求	结　果
1	E与D电压	蓄电池电压	打开点火开关，但不起动发动机	电源线路或搭铁线路有故障
2	E与C电压	蓄电池电压	打开点火开关，但不起动发动机	电源线路或搭铁线路有故障
3	B与C电压	2~4V	发动机不工作时	正常
4	B与C电压	1.0~1.5V	发动机工作时	正常
5	F与D电压	电压应回零并在5s后又跳跃上升，1s后回零	发动机达到正常工作温度、转速超过1500r/min，关闭点火开关	否，自洁信号不良
6	导线	0Ω	测量传感器与控制单元之间的线束	正常

（2）4线热丝（膜）式

4线热丝（膜）式空气流量传感器电路与检测方法详见图8-7及其注解。图中，空气流量传感器5号端子为空气流量传感器信号输出端子，3号端子为空气流量传感器搭铁端子，4号端子为参考供电端子，2号端子为蓄电池供电端子。

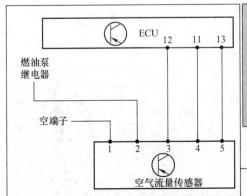

4线热丝(膜)式空气流量传感器的检测方法

1) 打开点火开关，检测2号端子和3号端子之间的电压应为蓄电池电压；否则，检查供电线束和搭铁线束是否良好。

2) 打开点火开关，检测4号端子和3号端子之间的电压应为5V。

3) 打开点火开关及起动发动机后，检测5号端子和5号端子与3号端子之间的电压均应符合维修手册规定；否则，应更换空气流量传感器。

图8-7　4线热丝（膜）式空气流量传感器电路

（3）3 线热丝（膜）式

3 线式传感器电路及检测方法详见图 8-8 及其注解。流量传感器 A 端子为流量传感器信号输出端子，B 端子为流量传感器搭铁端子，C 端子为供电端子。

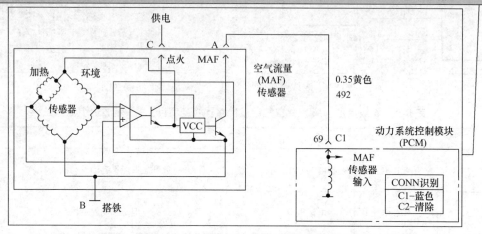

3线热丝(膜)式空气流量传感器电路及检测方法

1) 打开点火开关,检测B端子和C端子之间电压应为蓄电池电压；否则，检查供电线束和搭铁线束是否良好。

2) 打开点火开关及起动发动机后，检测B端子以及A端子与B、Z端子之间的电压，均应符合维修手册规定。

图 8-8　3 线热丝（膜）式空气流量传感器电路图

3. 各种卡门涡流式空气流量传感器的电路与检测操作方法

（1）5 线卡门涡流式

5 线卡门涡流式空气流量传感器电路及检测方法详见图 8-9 及其注解。

5线卡门涡流式空气流量传感器电路及检测方法

1) 打开点火开关，检测V_c端子和E_2端子间电压应为5V；否则，检查供电线束和搭铁线束是否良好。

2) 打开点火开关及起动发动机后，检测KS端子和E_2端子间电压均应符合维修手册规定(该信号为脉冲信号，万用表无法准确检测，应用示波器检测)；否则，应更换空气流量传感器。

3) 断开传感器线束，检测THA端子和E_1端子间电阻，在不同温度环境下均应符合维修手册规定。

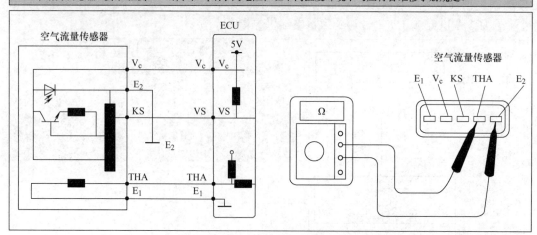

图 8-9　5 线卡门涡流式空气流量传感器电路及其检测示意图

（2）3 线卡门涡流式

3 线卡门涡流式空气流量传感器，没有进气温度传感器，其他检测方法与 5 线卡门涡流式空气流量传感器相同。

三、各种空气流量传感器的性能比较

为克服叶片式流量传感器的缺点，相继开发了卡尔曼涡流式、热丝式和热膜式流量传感器。特别是热丝式和热膜式流量传感器能够直接测量空气质量流量，可避免海拔变化而引起的测量误差，其空气阻力小、测量精度高、反应速度快，得到广泛运用。空气流量传感器的性能比较见表 8-3。

表 8-3　空气流量传感器的性能比较

类型 性能	翼片式	涡流式	热丝式与热膜式	歧管压力式
输出方式	模拟输出 信号电压 U_s 与进气容积 Q_A 成反比 $Q_A \propto 1/U_s$	数字输出 信号频率 f 与进气容积 Q_A 成正比 $Q_A \propto f$	模拟输出 信号电压 U_s 与进气质量 Q_M 的 4 次方根成正比 $U_s \propto \sqrt[4]{Q_M}$	模拟输出 信号电压 U_s 与进气歧管压力 p 成正比 $U_s \propto p$
测量精度	±3%	±3%	±3%	±3%
响应特性	差	优	优	良
通道阻力	大	小	很小	很小
怠速稳定性	好	好	好	好
有无移动部件	有	无	无	无
进气温度修正	需要	需要	不需要	需要
大气压力修正	需要	需要	不需要	需要
系统控制精度	中等	高	高	低
成本	中等	高	中等	低
综合评价	良	优	优	良

注：间接测量空气流量的歧管压力传感器，将在本章第二节中进行介绍。

第二节　进气歧管绝对压力传感器的检测

一、进气歧管压力传感器的功能与类型

歧管压力传感器的全称是进气歧管绝对压力传感器（MAP），其功能与空气流量传感器相似，是一种间接测量发动机进气量的传感器。它可测量出发动机在各种负荷状况下的进气歧管进气绝对压力值，并将其转换成为电压信号输送给 ECU，与发动机转速信号一起，作为燃油喷射和点火控制的主控信号。

进气歧管绝对压力传感器的安装位置比较灵活，一般位于节气门体后方的进气总管上，有的车型也通过真空软管与进气总管连接。只要能将进气歧管内进气压力引入传感器真空管

内，传感器就可安放在任何位置。

按照工作原理不同，进气歧管绝对压力传感器分为压阻效应式、电容式和电感式三类。其中，以压阻效应式的应用最广，因其灵敏度高、尺寸小、成本低、动态响应性能和抗振性能良好。

二、压阻效应式进气歧管绝对压力传感器的检测方法

1. 电源电压检测

歧管压力传感器电源电压检测方法详见图 8-10 及注解。

歧管压力传感器电源电压检测方法
1）点火开关置于"OFF"，拔下传感器的导线插接器，然后将点火开关置于"ON"位置，不起动发动机。
2）用万用表直流电压档测量导线插接器中电源端VC和接地端E_2之间电压应为5V。如有异常，应检查传感器与ECU之间连接导线是否接触不良或断路，如是，应进行修理或更换。

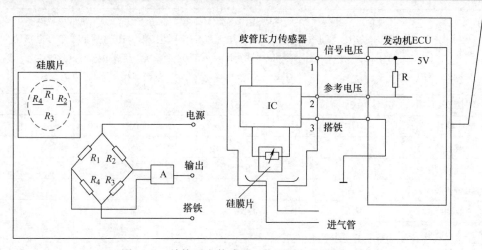

图 8-10 歧管压力传感器工作原理与电路图

2. 输出信号电压检测

1）将点火开关置于"ON"位置但不起动发动机，拆下连接传感器与进气歧管的真空软管。

2）在 ECU 导线插接器侧，用万用表电压档测量传感器 PIM 端子与 E_2 端子在大气压力下的输出电压，并记下此电压值。

3）用真空泵向歧管压力传感器内施加真空，从 13.3kPa 起，每次递增 13.3kPa，一直增加到 66.7kPa 为止。

4）测量在上述各种真空度下，传感器 PIM 端子与 E_2 端子的输出电压，并记下各个输出电压值。该电压值应随着真空度的增加而不断下降。

5）将实测结果与标准值比较，如不符，应查明原因，并进行检修或更换传感器。

皇冠轿车 2JZ－GE 发动机歧管压力传感器输出电压与歧管压力的关系见表 8-4，供检测中参考。

表 8-4　歧管压力传感器输出电压与歧管压力的关系

真空度/kPa	13.3	26.7	40.0	53.5	66.7
电压降/V	0.3~0.5	0.7~0.9	1.1~1.3	1.5~1.7	1.9~2.1

第三节　曲轴与凸轮轴位置传感器的检测

一、曲轴与凸轮轴位置传感器的功能与分类

1. 曲轴与凸轮轴位置传感器的功能

曲轴位置传感器（CPS）也称发动机转速或曲轴转角传感器。其功能是采集发动机曲轴的转动角度和发动机转速信号，以便 ECU 确定和准确控制发动机喷油时刻和点火时刻。凸轮轴位置传感器（CIS）又称判缸传感器和相位传感器。其功能是采集配气凸轮轴的位置信号，以便 ECU 识别第 1 缸活塞的压缩上止点，从而进行顺序喷油控制、点火控制和爆燃控制。此外，凸轮轴位置信号还用于发动机起动时识别出第一次点火的时刻。

2. 曲轴与凸轮轴位置传感器分类

电控发动机常用的曲轴与凸轮轴传感器分为光电式、磁感应式和霍尔式三种。例如日产公爵王（Cedric）、三菱猎豹采用光电式曲轴与凸轮轴传感器；丰田系列轿车采用磁感应式曲轴与凸轮轴传感器；捷达 AT、GTX，桑塔纳 2000GSi、3000 型，以及奥迪 200 型轿车采用磁感应式曲轴位置传感器和霍尔式凸轮位置传感器；红旗 CA7220E、切诺基采用霍尔式曲轴和凸轮轴位置传感器，且曲轴位置传感器为差动霍尔式传感器。

二、光电式曲轴位置传感器

1. 光电式曲轴位置传感器线束检测

图 8-11 所示为光电式曲轴位置传感器的插接器（插头）的端子位置。检查时，脱开曲轴位置传感器的导线插接器，点火开关置于 "ON"，详见图 8-12 及其注解。

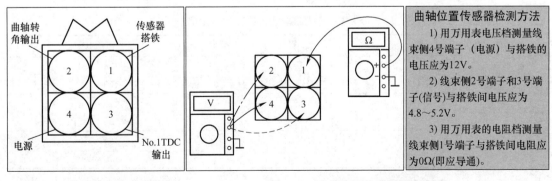

曲轴位置传感器检测方法

1）用万用表电压档测量线束侧4号端子（电源）与搭铁的电压应为12V。

2）线束侧2号端子和3号端子(信号)与搭铁间电压应为4.8~5.2V。

3）用万用表的电阻档测量线束侧1号端子与搭铁间电阻应为0Ω(即应导通)。

图 8-11　曲轴位置传感器插头　　　　图 8-12　曲轴位置传感器线束检测

2. 光电式曲轴位置传感器输出信号检测

用万用表电压档接在传感器侧 3 号端子和 2 号端子上，在起动发动机时，电压应为 0.2 ~ 1.2V。在起动发动机后的怠速运转期间，用万用表电压档检测 2 号端子和 1 号端子之间的电压应为 1.8 ~ 2.5V。否则，应更换曲轴位置传感器。

3. 光电式曲轴位置传感器输出信号波形检测

光电式曲轴位置传感器输出信号波形检测详见图 8-13 及其注解。

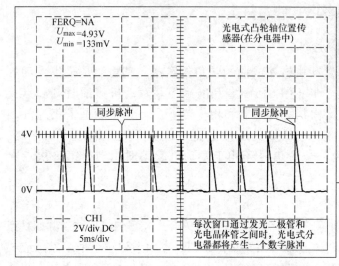

光电式曲轴位置传感器输出信号波形检测方法

起动发动机，用示波器观察光电曲轴位置传感器输出信号波形应符合图8-13要求；否则，应更换曲轴位置传感器。

图 8-13　光电式曲轴位置传感器输出信号波形

三、磁感应式曲轴与凸轮轴位置传感器

下面以丰田轿车用磁感应式曲轴与凸轮轴位置传感器为例，介绍其检测方法。曲轴位置传感器常见故障是集成电路失效或断裂，造成汽车无法起动或起动困难、加速不良、怠速不稳和容易熄火等现象。

1. 电阻检测

用万用表检测传感器各端子间电阻，应符合表 8-5 要求，否则应更换传感器。

表 8-5　磁感应式传感器的电阻值

端子	条件	电阻/Ω
G_1—G_-	冷态	125 ~ 200
	热态	160 ~ 235
G_2—G_-	冷态	125 ~ 200
	热态	160 ~ 235
Ne—G_-	冷态	155 ~ 250
	热态	190 ~ 290

2. 输出信号波形检测

输出信号波形检测详见图 8-14 及其注解。

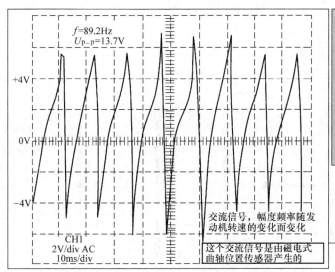

磁感应式传感器输出信号波形检测

1) 起动发动机并急速运转，然后用示波器或万用表检测传感器输出信号的波形，应如图8-14所示。若无波形，则说明传感器断路或接触不良。

2) 传感器波形的幅值应随转速升高而升高，频率随转速的增加而变快，且其幅值、频率和形状在一定的条件下应相似，相邻两脉冲的时间间隔(频率)相等；否则，应更换传感器。

f=89.2Hz
U_{p-p}=13.7V

+4V

0V

-4V

CH1
2V/div AC
10ms/div

交流信号，幅度频率随发动机转速的变化而变化

这个交流信号是由磁电式曲轴位置传感器产生的

图 8-14　磁感应式传感器输出信号的波形

四、霍尔式曲轴与凸轮轴位置传感器

1. 输出信号波形检测

起动发动机怠速运转，检测波形应如图 8-15 所示，否则应更换传感器。

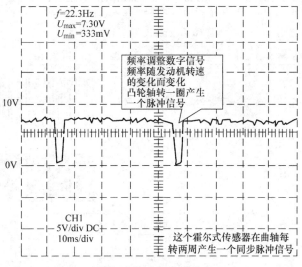

f=22.3Hz
U_{max}=7.30V
U_{min}=333mV

频率调整数字信号频率随发动机转速的变化而变化凸轮轴转一圈产生一个脉冲信号

10V

0V

CH1
5V/div DC
10ms/div

这个霍尔式传感器在曲轴每转两周产生一个同步脉冲信号

图 8-15　霍尔式传感器输出信号的波形

2. 传感器检测方法

下面以东风日产颐达轿车传感器为例，介绍霍尔式曲轴与凸轮轴位置传感器的检测方法。

霍尔式曲轴与凸轮轴位置传感器控制电路图如图 8-16 所示。其中曲轴位置传感器侧线束端子 1 为 ECU 提供的 5V 参考电源，端子 2 为传感器搭铁线，端子 3 为曲轴位置传感器信

号线；凸轮轴位置传感器侧线束端子 1 为 ECU 提供的 5V 参考电源，端子 2 为传感器搭铁线，端子 3 为曲轴位置传感器信号线。

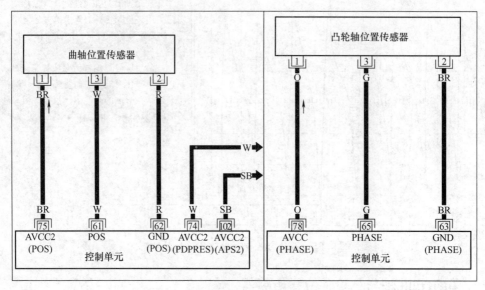

图 8-16　曲轴与凸轮轴位置传感器控制电路

霍尔式曲轴与凸轮轴位置传感器检测内容与检测标准见表 8-6。

表 8-6　霍尔式曲轴与凸轮轴位置传感器检测内容与检测标准

项目	端口（ECU 侧）	检测内容	检测要求	检测结果
曲轴位置传感器	62 + 搭铁	传感器接地	发动机怠速运转	0V
	75 + 搭铁	参考电压	点火开关打开	5V
	61 + 搭铁	传感器信号	怠速运转	
	61 + 搭铁	传感器信号	2000r/min 运转	
凸轮轴位置传感器	63 + 搭铁	传感器接地	发动机怠速运转	0V
	78 + 搭铁	参考电压	点火开关打开	5V
	65 + 搭铁	传感器信号	怠速运转	
	65 + 搭铁	传感器信号	2000r/min 运转	

第四节 节气门位置传感器的检测

一、节气门位置传感器的功能与分类

1. 节气门位置传感器的功能

节气门位置传感器（TPS）的功能是把汽油机运转过程中节气门位置及其表征发动机负荷大小的开启角度的变化转变成为电信号输入 ECU，用于判别发动机工况并根据工况控制喷油量。此外，TPS 信号还可作为变速器控制单元确定变速器换档时机和变速器锁止时机的主要信号之一。

节气门位置传感器安装在节气门体上节气门轴的一端，通过节气门轴带动其内部的电刷和触点转动，从而把节气门开度转换为电信号输出，如图 8-17 所示。

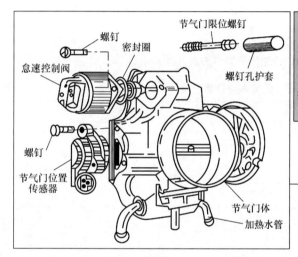

节气门位置传感器的安装位置

1) 图8-17所示为韩国大宇王子/超级轿车D型多点喷射系统的节气门体。
2) 节气门位置传感器安装在节气门轴上，用来检测节气门开度。
3) 节气门限位螺钉用来调节节气门最小开度。

图 8-17 节气门体和节气门位置传感器的安装位置

2. 节气门位置传感器的分类

节气门位置传感器按照结构不同可分为三类：触点开关式、线型电位计式和组合式。如桑塔纳 2000GLi 轿车传感器既有触点开关式，也有可变电阻式；威乐、威驰，捷达 AT、GTX，桑塔纳 2000GSi、3000，红旗 CA7220E、切诺基采用可变电阻式；丰田轿车既有组合式，也有可变电阻式。节气门位置传感器按照输出信号不同可分为线型量输出型和开关量输出型两种。

3. 节气门位置传感器的故障现象

节气门位置传感器损坏后，发动机急加速无力，甚至出现急加速熄火现象。同时，仪表板上的发动机故障指示灯点亮。

二、触点开关式节气门位置传感器

1. 触点开关式节气门位置传感器的检测方法

触点开关式节气门位置传感器与 ECU 的连接线路及其检测方法详见图 8-18 及其注解。

触点开关式节气门位置传感器与ECU连接线路与检测

1) 检测搭铁电路。断开点火开关，拆开传感器插接器，用万用表电阻档测量线束插接器E_1端子与车身之间的电阻应为0Ω。否则，应检查ECU的E_1端子与搭铁之间是否导通。

2) 检测工作电压。接通点火开关，用万用表电压档分别检测线束插接器另外两个端子与车身之间的电压，应为12V左右。若无电压，则表明电源线路有故障。此时应检测传感器的电源线、微处理器电源线、主继电器以及熔丝等。

3) 检查传感器。在节气门限位螺钉与限位杆之间插入规定厚度的塞尺，用万用表电阻档检查各端子的导通情况，应符合表8-7的要求；否则，应更换传感器。

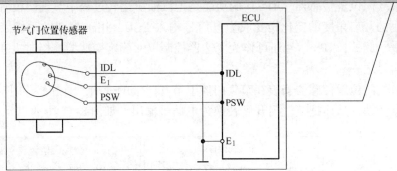

图 8-18　触点开关式节气门位置传感器与 ECU 的连接电路

表 8-7　触点开关式节气门位置传感器各端子间导通情况

限位螺钉与限位杆之间的间隙/mm	各端子间导通情况		
	IDL—E_1	PSW—E_1	IDL—PSW
0.50	通	不通	不通
0.90	不通	不通	不通
节气门全开	不通	通	不通

2. 触点开关式节气门位置传感器的局限性

触点开关式节气门位置传感器只能检测发动机的怠速和全负荷两种工况，而对于部分负荷工况无法输出准确的位置信号，故其性能存在局限性。

三、组合式节气门位置传感器

1. 组合式节气门位置传感器的结构原理

组合式节气门位置传感器是在线性电位器式节气门位置传感器的基础上，加装一个怠速触点而形成的，如图8-19所示。怠速时，怠速触点闭合，输出怠速工况信号；而在其他工况时，电位器的电阻随节气门开度的变化而线性变化，从而将节气门的开度变为电压信号输送给ECU。

2. 组合式节气门位置传感器输出特性

组合式节气门位置传感器输出特性见图8-20及其注解。

3. 组合式节气门位置传感器检测方法

（1）检测搭铁电路

断开点火开关，拆开传感器插接器，用万用表电阻档测量线束插接器 E_2 端子与 ECU 的 E_2 端子之间的导线、ECU 的 E_1 端子与车身搭铁部位之间的连接情况，电阻应为 0Ω，即导

组合式节气门位置传感器输出特性
1) 当节气门关闭或小于1.2°时,怠速触点IDL闭合,IDL触点输出低电平"0",则ECU判定发动机处于怠速状态,并控制喷油器增加喷油量保证怠速不致于熄火。
2) 当节气门开度大于1.2°时,怠速触点IDL断开,IDL触点输出"5V或12V"。
3) 当节气门开度变化时,可变电阻的滑臂随节气门轴转动的同时还在滑动电阻片上滑动,传感器输出端子VTA与E_2之间的信号电压随节气门开度增大而线性增大。

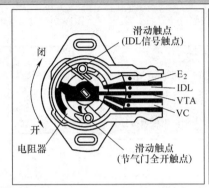

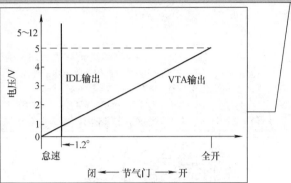

图 8-19 组合式节气门位置传感器结构   图 8-20 组合式节气门位置传感器输出特性

线应导通。

（2）检测工作电压

接通点火开关,但不起动发动机,转动节气门,用万用表直流电压档分别检测线束插接器上的三个端子 IDL、VC 和 VTA 与车身之间的电压,其大小应符合表 8-8 的要求。

表8-8　组合式节气门位置传感器各端子电压

端　　子	条　　件	电压/V
IDL—E_2	节气门全开	9 ~ 14
VC—E_2	节气门在任何位置	4.0 ~ 5.5
VTA—E_2	节气门全闭	0.3 ~ 0.8
	节气门全开	3.2 ~ 4.9

（3）检查传感器

1）检查线性电位器电阻。点火开关置于 OFF 位置,拔去节气门位置传感器的导线插接器,用万用表电阻档测量线性电位器的电阻（VTA 与 E_2 之间的电阻）,该电阻值应随节气门开度的增大而呈线性增大。在节气门限位螺钉与限位杆之间插入规定适当厚度的塞尺,用万用表电阻档检查传感器导线插接器上各端子的导通情况和电阻值,应符合表8-9 的要求,否则应更换传感器。

表8-9　组合式节气门位置传感器各端子之间的电阻

限位螺钉与限位杆之间的间隙/mm	端　　子	电阻值/kΩ
0	VTA—E_2	0.34 ~ 6.3
0.45	IDL—E_2	≤0.5
0.55	IDL—E_2	∞

（续）

限位螺钉与限位杆之间的间隙/mm	端　子	电阻值/kΩ
节气门全开	VTA—E_2	2.4 ~ 11.2
	VC—E_2	3.1 ~ 7.2

2）怠速触点导通性检查。节气门位置传感器怠速触点导通性检查详见图 8-21 及其注解。

怠速触点导通性检查方法

1）点火开关置于OFF位置，拔去节气门位置传感器的导线插接器，用万用表电阻档在节气门位置传感器的导线插接器上测量怠速触点IDL的导通情况，如图8-21所示。

2）当节气门全闭时，IDL与E_2端子之间应导通(即电阻为0)。

3）当节气门打开时，IDL与E_2端子之间不应导通(即电阻为∞)；否则，应更换传感器。

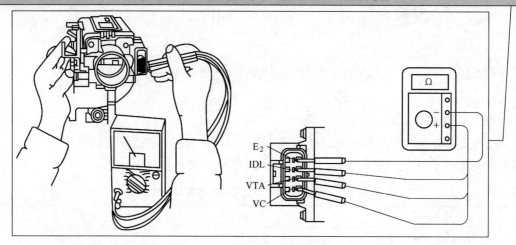

图 8-21　节气门位置传感器检查

（4）节气门位置传感器控制电路图与检测具体步骤

检测具体步骤详见图 8-22 及其注解。

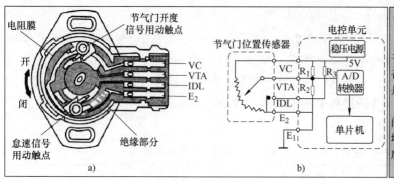

节气门位置传感器的检测步骤

1）打开点火开关，检测VC端子和E_2端子之间的电压应为5V；否则，检查供电线束和搭铁线束是否良好。

2）检测VTA端子和E_2端子之间的电压应随节气门开度增大而增加，且不能出现断点；否则，应更换节气门位置传感器。

图 8-22　节气门位置传感器构造及其控制电路

a）构造　b）电路

注：传感器 VC 端子为 ECU 提供的参考电压，VTA 端子为节气门位置传感器信号

输出电压，IDL 端子为传感器怠速触点，E_2 端子为传感器搭铁端子。

（5）组合式节气门位置传感器的实测波形分析

为检测准确，一般用示波器检测该传感器信号波形，信号波形分析如图8-23所示。如果节气门关闭过程曲线过于平缓，说明节气门复位缓慢，一般由节气门复位弹簧过软造成。实测波形如图8-24所示，其中图a为正常波形，图b为有故障的波形。图中说明传感器信号动触点在电阻膜滑动时有接触不良现象，需要更换传感器。

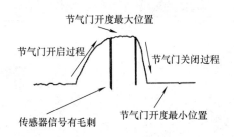

图8-23　节气门位置传感器波形分析

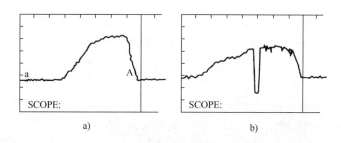

图8-24　节气门位置传感器实测波形

a）正常波形　b）有故障的波形

（6）节气门位置传感器的调整

节气门位置传感器的调整详见图8-25及其注解。

四、发动机进气量调节系统

上述各种节气门位置传感器存在一个共同问题，即都有机械传动（或移动）部件，长期使用后就会出现磨损，以致影响传感器和控制系统的工作性能。为解决此问题，一汽-大众近年来在捷达GIX型和宝来等轿车上采用了发动机进气量调节系统。即发动机不同工况所需要的进气量由加速踏板传感器、节气门控制模块和电控式节气门体组成的进气调节系统进行调节。加速踏板传感器安装在加速踏板上，电控式节气门体由节气门位置传感器、执行机构和节气门组成。发动机进气量调节系统的组成和工作原理详见图8-26及其注解。

五、编码式节气门位置传感器

编码式节气门位置传感器安装在节气门上与节气门轴联动，可检测发动机加速、怠速状态和负荷状态。

节气门位置传感器的调整方法

1) 首先拧松节气门位置传感器的两个固定螺钉，然后在节气门限位杆与限位螺钉之间插入0.5mm塞尺，同时用万用表电阻档测量IDL与E_2端子的导通情况。

2) 逆时针转动节气门位置传感器，使怠速触点断开，然后顺时针方向慢慢转动节气门位置传感器，直至怠速触点闭合为止(此时万用表读数显示为0)，再拧紧节气位置传感器的两个固定螺钉。

3) 先后用0.45mm和0.55mm的塞尺插入节气门限位螺钉与限位杆之间，测量怠速触点IDL与E_2之间的导通情况。当塞尺为0.45mm时，IDL与E_2应导通；当塞尺为0.55mm时，IDL与E_2不应导通。否则，应重新调整。

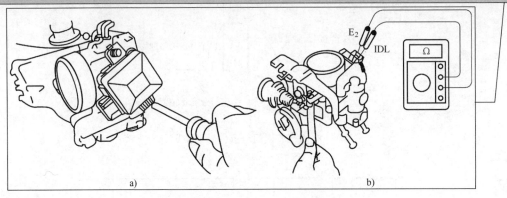

图 8-25　节气门位置传感器的调整

a) 拧松固定螺钉　b) 测量端子 IDL 和 E_2 导通情况

发动机进气量调节系统的工作原理

1) 电子式加速踏板传感器将加速踏板的位置信号转送到ECU内部的节气门控制模块中。

2) 由节气门控制模块中的处理程序计算出节气门开度大小之后，再驱动直流电动机调整节气门进气通道的开启面积来控制进气量，从而满足发动机不同工况对于进气量的需求。

3) 发动机进气量调节系统具有进气量控制精度高，能够实现低排放的优点，还可通过控制模块驱动节气门来调整怠速进气量，因此可取消旁通进气道和怠速调节器。

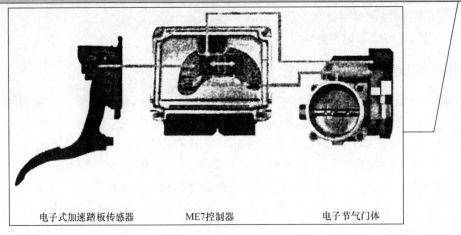

电子式加速踏板传感器　　　　ME7控制器　　　　　电子节气门体

图 8-26　发动机进气量调节系统的组成

1. 结构与工作原理

编码式节气门位置传感器有 IDL 触点、PSW 触点、ACC_1 和 ACC_2 触点。功率触点是滑动型，从70%开度到全开为滑动式，其与IDL触点和PSW触点接通的触点为搭铁电位E_2。滑动的动触点同时有一个加速触点接通锯齿形的电路ACC_1和ACC_2，以指示加速信号，并在减速时不会使ACC_1和ACC_2接通。IDL触点用以检测急速状态，PWS触点检测各负荷状态，ACC_1和ACC_2用以检测加速状态，详见图8-27及其注解。

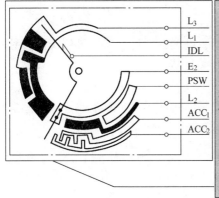

编码式节气门位置传感器

1) 急速时，IDL触点处于"ON"（闭合），即可检测急速状态。同时，当发动机处于高速状态时，若该触点处于"ON"（闭合），则ECU判断为减速状态，并中断燃油喷射。

2) 加速时，加减速检测触点与印制线路板的加速线路、ACC_1和ACC_2交替处于"ON/OFF"（闭合/断开）。对于在一定时间内是急加速的情况，在信号检出的同时，ECU进行非同步喷射控制，以提高加速喷油量。

3) 在节气门打开一定程度的高负荷时，PSW触点处于"ON"，即可检测出高负荷状态。

4) 减速时，加减速检测触点处于"OFF"，ECU不进行非同步喷射控制。

图8-27 编码式节气门位置传感器

2. 编码式节气门位置传感器的检测方法

编码式节气门位置传感器安装在节气门上，与节气门轴联动，可检测发动机的急速状态、负荷状态和加减速状态。用万用表电阻档检查各端子间的导通性，应满足表8-10所示要求。

表8-10 各工况下触点间导通性测试

负荷工况	IDL—E	ACC_1—E	ACC_2—E	PSW—E
急速状态	闭合	开	开	开
中小负荷	开	开，关	开，关	开
大负荷	开	开	开	闭合

（1）电压检测

节气门全关，点火开关处于"ON"，IDL与E_2之间电压应为0.5V；PSW与E_2之间电压应为4.5～5V。节气门全开，IDL与E_2之间电压应为4.5～5V，PSW与E_2之间电压应为0.5V。

（2）电阻检测

节气门全关，IDL与E_2之间电阻应为10Ω，PSW与E_2之间电阻大于1MΩ。节气门全开，IDL与E_2之间电阻应大于1MΩ，PSW与E_2之间电阻为10Ω。

第五节 温度传感器的检测

一、温度传感器的功能与分类

1. 温度传感器的功能

温度是反映发动机热负荷状态的主要参数。温度传感器的功能是将被测对象温度信号转变为电信号输入 ECU，以便其修正控制参数或判断被测对象热负荷状态。传感器的功能一般随被测对象的不同而变化。冷却液温度传感器（CTS）的功能是将发动机冷却液温度信号转变为电信号输入 ECU，以便其修正喷油时间和点火时间。进气温度传感器（IATS）的功能是将发动机进气温度信号转变为电信号输入 ECU，以便其修正喷油量。

2. 温度传感器的分类

（1）按检测对象分类

通常按检测对象将温度传感器分为冷却液温度传感器、进气温度传感器、排气温度传感器、燃油温度传感器、空调温度传感器（也称空调温控开关）等。

（2）按结构与物理性能分类

按照结构与物理性能分为热敏电阻式传感器、热敏铁氧体式传感器、双金属片式传感器和石蜡式传感器等。前两种属于物理型传感器，后两种属于结构型传感器。

二、热敏电阻式温度传感器

1. 热敏电阻式温度传感器的结构组成与工作原理

热敏电阻式温度传感器的结构组成与工作原理详见图 8-28 及其注解。

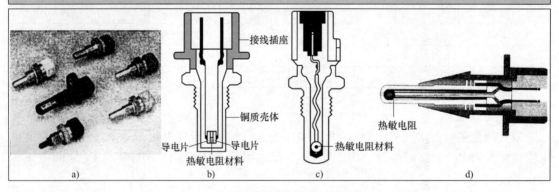

热敏电阻式温度传感器

1）热敏电阻外形有珍珠形、药片形、垫圈形、厚膜形和梳状芯片形等，放在传感器的金属管壳内。从热敏电阻的两个端面各引出一个电极，连接到传感器插座上。

2）传感器壳体上有便于安装的螺纹。接线插座分为两端子式和单端子式，单端子式用于仪表和低档车燃油喷射系统，两端子式用于中、高档车。

图 8-28　热敏电阻式温度传感器

a）外形　b）双线式温度传感器　c）单线式温度传感器　d）双线式温度传感器内部结构

热敏电阻是传感器的核心部件，它是在陶瓷半导体材料中掺入适量金属氧化物，在 1000℃ 以上高温下烧结而成。通过控制掺入金属氧化物的比例和烧结温度即可得到不同特性热膜电阻。测量排气温度的热敏电阻工作温度高达 600～1000℃；而测量冷却液温度的热敏电阻的工作温度仅为 -30～130℃。

热敏电阻分为正温度系数型（PTC）、负温度系数型（NTC）、临界温度型（CTR）和线性热敏电阻。汽车普遍采用负温度系数型热敏电阻温度传感器，例如冷却液温度传感器、进气温度传感器、排气温度传感器、燃油温度传感器等。其优点是灵敏度高、响应特性好、结构简单、成本低。

2. 热敏电阻式温度传感器的特性与电路连接

负温度系数型热敏电阻温度传感器特性如图 8-29 所示。温度升高，电阻减小，且呈明显的非线性特性。图 8-30 是温度传感器与 ECU 连接的工作电路。

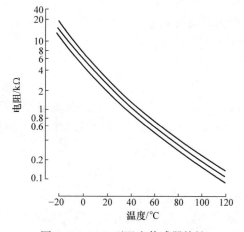

图 8-29　NTC 型温度传感器特性

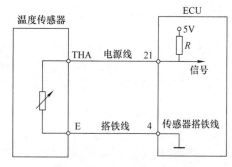

图 8-30　温度传感器工作电路

三、热敏铁氧体式温度传感器

1. 传感器的结构组成

热敏铁氧体式温度传感器结构原理详见图 8-31 及其注解。传感器由热敏铁氧体、永久磁铁和舌簧开关组成。热敏铁氧体夹在两个磁体间，舌簧开关的触点和触点臂在热敏铁氧旁边。

热敏铁氧体式温度传感器的工作原理

1) 当环境温度低于临界温度时，热敏铁氧体将被磁化而形成一个强磁体(相当于三个磁铁串联在一起)，如图8-31a 所示。此时，永久磁铁的主磁通穿过舌簧开关的两个触点臂，并使其磁化而闭合，从而接通由触点连接的控制电路。

2) 当环境温度高于临界温度时，热敏铁氧体磁性消失，磁阻大大增加，此时穿过触点臂的仅为两个永久磁铁的漏磁通，其两个触点臂内磁通方向一致，并产生斥力而使触点断开，从而切断由触点连接的控制电路,如图8-31b所示。

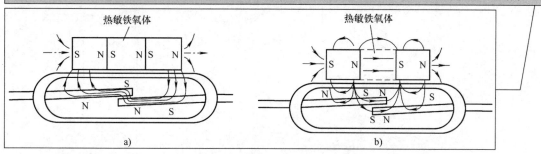

图 8-31　热敏铁氧体式温度传感器工作原理

a）低温时触点闭合　b）高温时触点断开

2. 传感器的工作原理

热敏铁氧体式温度传感器是利用热敏铁氧体材料的物理性能制成的传感器。热敏铁氧体材料是一种磁性随温度变化而变化的磁性材料。当环境温度低于某一温度（称为临界温度）时，热敏铁氧体将被磁化而形成一个强磁体；当环境温度高于临界温度时，热敏铁氧体将变成导磁性能较弱的物体。在 ECU 内部串联一个分压电阻，传感器从 ECU 输入的信号电压等于热敏电阻上的分压值。当被测对象温度升高时，传感器阻值减小，热敏电阻上的分压值降低，ECU 根据接收到的信号电压值，便可计算出对应的温度，从而进行实时控制。

四、温度传感器的检测

温度传感器常见的故障有接触不良和热敏元件性能变化等。发动机上的温度传感器损坏后，会造成发动机冷车起动困难、不能起动、运转不平稳和功率下降、发动机过热、油耗增加、冷却风扇长转等故障。同时，仪表板上的发动机故障指示灯点亮。

1. 冷却液温度传感器检测方法

冷却液温度传感器外形与内部结构如图 8-32 所示。冷却液温度传感器特性曲线如图 8-33a 所示。冷却液温度传感器电路如图 8-33b 所示。传感器 THW 端子为 ECU 提供的参考电压，E_2 端子为传感器搭铁端子。

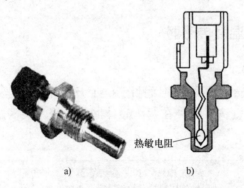

图 8-32　冷却液温度传感器外形与内部结构
a）外形　b）内部结构

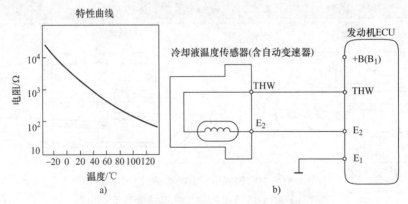

图 8-33　冷却液温度传感器电阻特性曲线及其电路
a）电阻特性曲线　b）电路

（1）冷却液温度传感器检测方法

断开传感器侧线束插头，打开点火开关，检测 THW 端子和 E_2 端子之间的电压应为 5V；检测 THW 端子和 E_2 端子之间的电压应随发动机温度升高而减小。

（2）离车检测冷却液温度传感器电阻并记录

如图 8-34 所示，将冷却液温度传感器置于水中，对烧杯进行加热，检测记录传感器电阻的同时，记录发动机温度，将结果与标准值对比，如果不符合标准要求，应更换传感器。记录表见表 8-11。

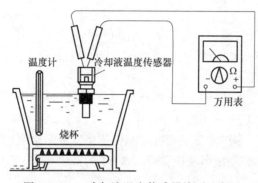

图 8-34　　冷却液温度传感器检测示意图

表 8-11　冷却液温度传感器检测结果记录表

水温/℃	电阻/Ω	备　注	水温/℃	电阻/Ω	备　注
20			50		
30			60		
40			70		

2. 进气温度传感器检测方法

进气温度传感器电路图如图 8-35 所示。传感器 THA 端子为 ECU 提供的参考电压，E_2 端子为传感器搭铁端子。

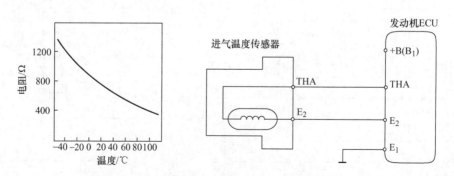

图 8-35　进气温度传感器电阻特性曲线及其电路图

（1）进气温度传感器检测方法

断开传感器侧线束插头，打开点火开关，检测 THA 端子和 E_2 端子之间的电压应为 5V；

否则，检查供电线束和搭铁线束是否良好。检测 THA 端子和 E_2 端子之间的电压应随发动机进气温度增加而减小。

（2）离车检测进气温度传感器电阻并记录

用电热吹风给传感器加热，检测记录传感器电阻的同时，记录温度，将结果与标准值对比，如果不符标准要求，需要更换传感器。记录表参考表 8-11。

3. 温度传感器的两种检测方法

温度传感器的检测方法分为就车检测和离车检测两种。

（1）就车检测

1）就车检测电源电压。拔下传感器插头，打开点火开关，用万用表电压档检测传感器插头上两根线（信号线和搭铁线），电压应在 4.7～5.0V 之间。若无电压或电压很低，再检查电路和 ECU 信号端是否正常。

2）就车检测不同温度下传感器输出电压。将传感器安装在发动机上，在传感器的两个接线端之间连接电压表，对于不同温度条件下，进气温度传感器都应有确定的电压降，且应符合表 8-12 的标准要求，冷却液温度和进气温度传感器电阻检测标准应符合表 8-13 的标准要求。冷却液温度传感器的输出电压应符合表 8-14 的标准要求。

表 8-12 不同温度下进气温度传感器的输出电压

温度/℉	电压差/V	温度/℉	电压差/V	温度/℉	电压差/V
−20	4.81	80	3.08	180	0.86
0	4.70	100	2.51	200	0.65
20	4.47	120	1.97	220	0.48
40	4.11	140	1.52	240	0.35
60	3.67	160	1.15	260	0.28

表 8-13 冷却液温度和进气温度传感器电阻检测标准

车系	冷却液温度/℃	电阻/kΩ	车系	冷却液温度/℃	电阻/kΩ
三菱	0	5.0～6.5	桑塔纳 2000GSi	0	5～6.5
	20	2.0～2.7		10	3.35～4.4
	40	0.9～1.3		20	2.25～3.0
	60	0.45～0.65		30	1.5～2.1
	80	0.23～0.36		40	0.95～1.4
丰田	−20	10～20		50	0.7～0.95
	0	4.0～7.0		60	0.54～0.67
	20	2.0～3.0		70	0.4～0.5
	40	0.9～1.3		80	0.27～0.37
	60	0.4～0.7		90	0.2～0.29
	80	0.2～0.4		100	0.15～2.25

表8-14　不同温度下冷却液温度传感器的输出电压

低温曲线（以10kΩ电阻值测得）		高温曲线（由电阻为909Ω算出）	
温度/℉	电压/V	温度/℉	电压/V
−20	4.70	110	4.20
−10	4.57	120	4.00
0	4.45	130	3.77
10	4.30	140	3.60
20	4.10	150	3.40
30	3.90	160	3.20
40	3.60	170	3.02
50	3.30	180	2.80
60	3.00	190	2.60
70	2.75	200	2.40
80	2.44	210	2.20
90	2.15	220	2.00
100	1.83	230	1.80
110	1.57	240	1.62
120	1.25	250	1.45

注：华氏温度（℉）与摄氏温度（℃）的换算公式：$t = 5 (F − 32) / 9$。

（2）离车检测

离车检测法见前述冷却液温度传感器、进气温度传感器离车检测法，此处不再赘述。

4. 进气温度传感器波形检测

用汽车专用示波器检测，按照要求对示波器进行设定。波形检测详见图8-36及其注解。

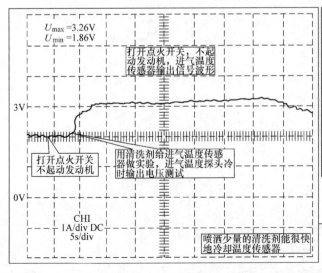

图8-36　进气温度传感器输出信号波形

5. 冷却液温度传感器波形检测

冷却液温度传感器波形检测详见图8-37及其注解。

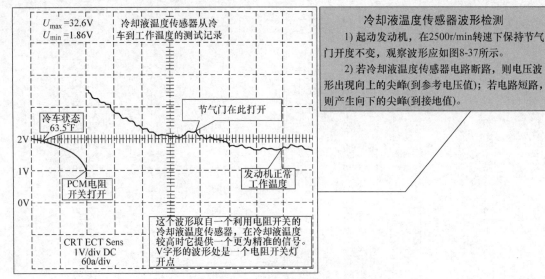

图8-37 冷却液温度传感器输出信号波形

第六节 氧传感器的检测

氧传感器又称λ传感器或O_2S。其功能是通过监测排气中氧离子浓度来获取混合气空燃比信号，供ECU通过空燃比反馈控制将过量空气系数（λ）控制在最佳混合气浓度附近。目前采用的氧传感器分氧化锆式和氧化钛式两种，且分加热型与非加热型。氧化钛式氧传感器不易受到硅离子腐蚀且价格便宜，故被广泛采用。

一、氧化锆式氧传感器

1. 氧化锆式氧传感器的结构与工作原理

氧化锆式氧传感器的结构与工作原理见图8-38、图8-39及其注解。

2. 氧化锆式氧传感器的输出特性、类型与工作条件

（1）氧化锆式氧传感器的输出特性

其输出特性详见图8-40及其注解。

（2）氧化锆式氧传感器的类型

有加热型与非加热型之分。非加热型只有1个或2个接线端子；加热型有3个或4个接线端子，一般用于中高档轿车。细分如下。

1）单引线：氧化锆式氧传感器只有一根信号线，外壳搭铁。

2）两线式：即一条为信号线，另一条为搭铁线。

3）三线式：用于加热型氧化锆式氧传感器，其中一条为信号线，一条为搭铁线，第三条为来自点火开关或继电器的12V加热电源线。

氧化锆式氧传感器的结构

1) 主要由锆管、钢制壳体、钢制护管、加热元件、电极及其引线、线头绝缘支架、防水护套和线束插头等组成。由于锆管的强度很低，所以常将其封装在钢制护管内。

2) 其核心元件锆管采用二氧化锆固体电解质粉末加入少量防止二氧化锆晶体老化的氧化钇添加剂，经压制成型，然后烧结而成的陶瓷管。其内外表面都涂覆一层铂膜作为电极，内电极与大气相通，外电极铂起催化剂作用与排气相通，其表面涂覆多孔性陶瓷保护层。

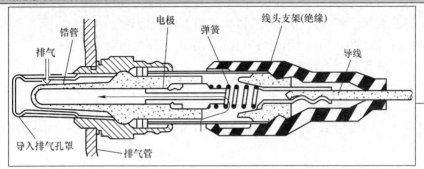

图 8-38　氧化锆式氧传感器的结构

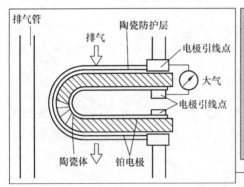

氧化锆式氧传感器的工作原理

1) 当发动机运转时，排气管内的废气从锆管外的电极表面的陶瓷层渗入与外电极接触，而内电极则与氧浓度高的大气接触。因此在锆管内外形成氧浓度差，使氧化锆电解质内部的氧离子向外电极扩散，于是在内外两铂电极间产生电位差，相当于一个氧浓度差微电池。

2) 因为锆管外侧氧离子是随可燃混合气浓度的变化而变化的，所以电位差也随氧离子浓度而变化，便形成一个氧浓度可变信号电源。

图 8-39　氧化锆式氧传感器的工作原理

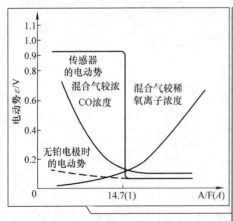

氧化锆式氧传感器的输出特性

1) 当混合气较浓时($\lambda<1$)，排气中CO浓度大而氧离子极少。且在铂的催化作用下，氧离子几乎全部与CO发生氧化反应生成CO_2，而锆管内部与大气相通，氧离子浓度很大，因此内外电极产生较大的电压信号(0.9V)。

2) 当混合气较稀时($\lambda>1$)，排气中CO浓度小而氧离子较多，且在铂的催化作用下，CO几乎全部与氧离子发生氧化反应生成CO_2，在锆管外部还有多余的氧存在，因此锆管内外表面间的氧离子浓度差极小，电位差较低(0.1V)。

3) 当$\lambda\approx1$时，排气中的氧和ICO含量均很少，在铂的催化作用下，当混合气由浓变稀时，氧离子与CO的化学反应从缺氧状态急剧变化为富氧状态，由于氧离子浓度差的急剧变化，输出电压从0.9V急剧变化到0.1V。

图 8-40　氧化锆式氧传感器的输出特性

4）四线式：信号线和加热线各自有搭铁回路，即有两条搭铁线。

（3）氧化锆式氧传感器的工作条件

氧化锆式氧传感器必须满足以下三个条件，才能正常工作。

1）发动机冷却液温度高于60℃。

2）发动机处于部分负荷工况和怠速工况。

3）氧化锆式氧传感器自身温度高于300℃。因低于300℃无信号输出，300～800℃信号最强。为此，目前大部分氧化锆式氧传感器在其内部增设陶瓷加热元件，通过汽车电源加热，可在发动机起动后20～30s内迅速将氧化锆式氧传感器加热到工作温度。

（4）氧化锆式氧传感器的检测

氧化锆式氧传感器的常见故障有氧传感器内部断路、陶瓷元件破损、加热电阻丝烧断以及铅或积炭沉附于氧传感器表面等，使得ECU无法得到排气中氧浓度的反馈信息，从而导致发动机油耗和排气污染增加、怠速不稳、缺火和喘振等故障。下面通过案例说明其检测方法。

【案例】 桑塔纳2000GSi轿车发动机加热型氧化锆式氧传感器的检测方法

该氧化锆式氧传感器工作电路及插头如图8-41所示，检测方法如下。

氧化锆式氧传感器信号电压检测方法

1）连接好氧传感器插接器的插头与插座，用数字万用表电压档测量端子3与端子4之间的电压，当接通点火开关时，其电压信号应为0.45～0.55V。

2）当踩下加速踏板供给浓混合气时，电压信号应为0.7～1.0V；当拔下空气流量传感器到发动机之间的真空软管供给稀混合气时，电压信号应为0.1～0.3V。

3）当氧传感器的工作正常时，电压信号应在0.1～0.3V与0.7～1.0V之间波动。若未波动或波动缓慢，则说明氧传感器已经失效，应予更换。

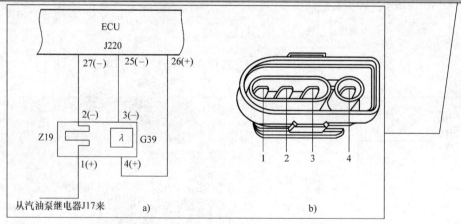

图8-41　氧化锆式氧传感器工作电路及插头

a）工作电路　b）插头（传感器一端）

（1）加热元件电阻检测

检测时首先拔下传感器的线束插接器的插头，如图8-41所示，检查端子1与端子2之间的电阻，应为1～5Ω（电阻随温度升高而迅速上升）。若在常温下检查，电阻为∞，则说明加热元件已经断路，必须更换该氧传感器。

（2）电源电压检测

氧传感器的加热元件需要电源加热，当打开点火开关后，燃油泵继电器触点接通时，加热元件的电源即被接通。当检查电源电压时，应拔下传感器的线束插接器的插头，打开点火开关，检查连接插头上端子1与端子2之间的电压，应为12V左右。若无电压，说明熔断器或断路继电器的触点接触不良，应予修理或更换。

（3）信号电压检测

氧化锆式氧传感器信号电压检测方法详见图8-41及其注解。

（4）输出信号波形检测

氧化锆式氧传感器输出信号波形应详见图8-42及其注解。

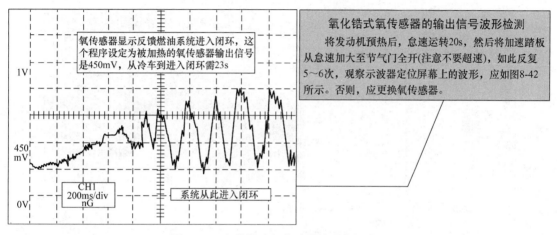

图8-42 氧化锆式氧传感器输出信号波形

二、氧化钛式氧传感器

1. 氧化钛式氧传感器的工作原理与输出特性

（1）氧化钛式氧传感器的工作原理

氧化钛式氧传感器的工作电路详见图8-43及其注解。

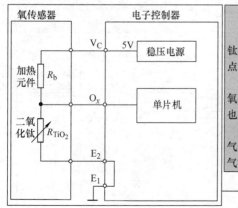

图8-43 氧化钛式氧传感器的工作电路

（2）二氧化钛的特性

二氧化钛（TiO_2）属于 N 型半导体材料，在常温下是一种高电阻的半导体，但其电阻可随温度以及周围环境中的氧离子浓度而变化。因此，利用二氧化钛此种对氧气敏感、化学反应能力强，与氧气接触时，易于产生氧化还原反应而使其晶格和电阻发生变化的特性，便可制作成为一种电阻型气敏传感器。

（3）氧化钛式氧传感器的输出特性曲线

氧化钛式氧传感器的电阻具有随氧离子浓度变化而变化的特性。因此，氧化钛式氧传感器的输出信号源相当于一个可变电阻，其电阻值与混合气的过量空气系数 λ 的变化关系（即氧化钛式氧传感器的输出特性）详见图 8-44 及其注解。

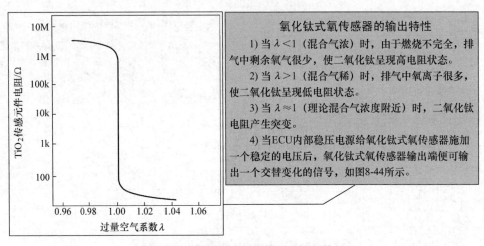

图 8-44　氧化钛式氧传感器的输出特性

2. 氧化钛式氧传感器的结构组成

1）氧化钛式氧传感器的结构详见图 8-45 及其注解。

氧化钛式氧传感器的结构

1）氧化钛式氧传感器的外形与氧化锆式氧传感器相似，主要由二氧化钛元件、加热元件、电极引线以及钢制壳体等组成。

2）与氧化锆式氧传感器所不同的是氧化钛式氧传感器不需要与大气压进行比较。故传感元件密封与防水十分方便，利用二氧化硅或滑石粉密封即可达到要求。

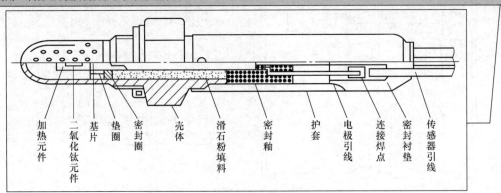

图 8-45　氧化钛式氧传感器的结构

氧化钛式氧传感器元件的结构可分为芯片式和厚膜式两种元件，详见图8-46及其注解。

氧化钛式氧传感器元件的结构
1) 芯片式元件将铂金属线埋入二氧化钛芯片中，金属铂兼作催化剂。厚膜式采用半导体封装工艺中的氧化铝层压板工艺制成，从而提高可靠性和降低成本。 2) 加热元件用钨丝或陶瓷材料制成，使二氧化钛温度保持恒定，从而使氧传感器的输出特性不受温度变化的影响。由于二氧化钛是一种多孔性陶瓷材料，利用热传导方式可以直接加热，因此热效率高，达到600℃的激活温度需要的时间很短，有利于降低发动机刚刚起动后的排放。

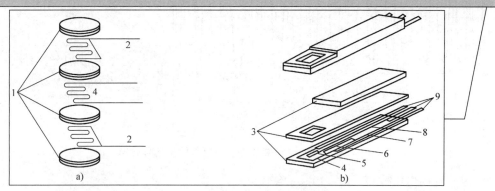

图8-46　氧化钛式氧传感器元件的结构

a) 芯片式传感元件　b) 厚膜式传感元件

1—二氧化钛芯片　2—铂金属线电极　3—氧化铝基片　4—加热元件　5—二氧化钛厚膜
6—分压电阻　7—电阻引线　8—二氧化钛电极引线　9—引线端子

2）氧化钛式氧传感器的工作条件。氧化钛式氧传感器必须满足以下三个条件，才能正常工作：①发动机冷却液温度高于60℃；②发动机处于部分负荷工况和怠速工况；③氧化钛式氧传感器自身温度高于600℃（低于600℃无信号输出）。

3. 氧化钛式氧传感器的检测

虽然氧化钛式氧传感器具有耐铅中毒的能力（氧化钛被铅离子腐蚀的现象称为铅中毒），但是由于汽油和润滑油的硅化合物中含有硅离子，燃烧后产生的二氧化硅对氧化钛仍有腐蚀作用（氧化钛被硅离子腐蚀的现象称为硅中毒），如果氧化钛式氧传感器损坏，将造成发动机排放超标、加速无力等多种故障。因此，汽车行驶一定里程后应当更换氧传感器。

氧传感器的检测包括以下内容。

（1）外观颜色检测

可通过观察氧传感器顶尖部位颜色来判断故障。其正常颜色为淡灰色。白色顶尖是硅污染；棕色顶尖是铅污染；黑色顶尖是积炭。此外还应检查外壳上通气孔有无堵塞、陶瓷芯有无破损等。

（2）输出信号波形检测

输出信号波形检测详见图8-47及其注解。

（3）电阻检测

如果加热线的电压正常，即可检查氧传感器内部的加热电阻。拔下氧传感器线束插头，用万用表电阻档测量端子1与端子2之间的电阻，应为1～5Ω。如不符合标准，则说明电路断路或短路，应更换氧传感器。

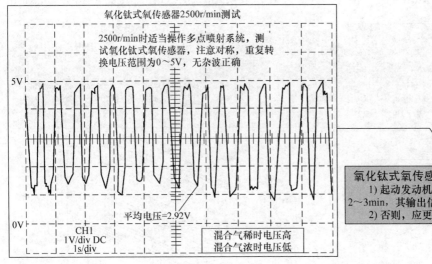

图 8-47　氧化钛式氧传感器的输出信号波形

（4）反馈电压检测

拔下氧传感器线束插头，打开点火开关，用万用表电压档（测试范围为 2V）测量端子 3 与端子 4 之间的电压，应为（450±50）mV。如不符合标准，应检查线路。

（5）接地检测

1）1 线式氧传感器靠自身与排气管构成接地回路。

2）2 线式氧传感器一般黑色线为搭铁线，测量其搭铁电压，应小于 100mV。

3）3 线式氧传感器与 2 线式氧传感器方法相同。

4）4 线式氧传感器有两根接地线，一根为信号线的搭铁线，另一根为加热线的搭铁线，应分别检测。

第七节　燃油喷射系统主要开关控制信号的特点

燃油喷射系统主要开关信号包括蓄电池电压信号、点火开关信号、起动开关信号、自动变速器空档安全开关信号（NSW）以及空调开关信号（A/C）等。

一、蓄电池电压信号

蓄电池电压信号（U_{BAT}）是表示蓄电池电源电压高低的信号。它必须直接与电控单元连接而不受任何开关控制。将蓄电池电压信号输入 ECU 的目的与 ECU 的控制项目详见图 8-48 及其注解。

二、点火开关信号

点火开关信号（IGN）是表示点火开关接通的信号。在控制线路中，点火开关与 ECU 的连接关系以及点火开关接通时 ECU 必须执行的七项控制项目详见图 8-48、图 8-49 及其注解。

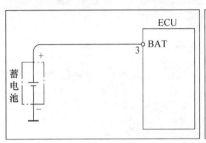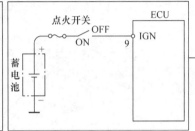

将蓄电池电压信号输入ECU的三个目的与ECU必须执行的七项控制项目

1）将蓄电池电压信号输入ECU的三个目的：①当蓄电池电压变化时，便于ECU对喷油持续时间进行修正；②当蓄电池电压变化时，便于ECU对点火线圈初级电路接通时间进行修正；③当发动机停止工作后，由蓄电池继续对ECU中的RAM供电，以保存故障码。

2）点火开关接通时ECU必须执行的七项控制项目：①控制急速步进电动机进入预先设定的位置；②根据空气流量、大气压力和进气温度传感器信号控制确定基本喷油时间；③根据冷却液温度传感器信号控制计算修正点火时刻和修正喷油时间；④监测节气门位置传感器信号；⑤接通燃油泵电路，使燃油泵运转(如果仅接通点火开关而不起动发动机，即ECU未接收到起动信号，那么ECU仅控制油泵工作1～2s后立即切断油泵电路)；⑥控制接通氧传感器加热元件电路，对其进行加热；⑦在装备自动变速器的汽车上，控制升档指示灯发亮以显示档位转换开关位置。

图8-48　蓄电池电压信号电路　　图8-49　点火开关信号电路
3—ECU的端子序号　　　　　　9—ECU的端子序号

三、起动信号

起动信号（STA）是向ECU提供起动机电路接通工作的信号。它来自起动继电器或（无起动继电器电气系统的）点火起动开关。起动信号电路如图8-50中实线箭头方向所示。当起动开关接通时，起动信号从起动继电器触点输入ECU，ECU接收到STA后，立即执行的控制动作详见图8-50及其注解。

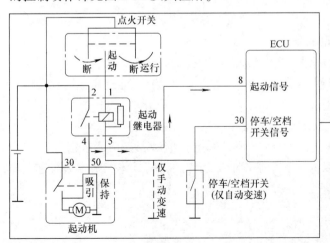

ECU接收到STA后执行的控制动作

1）除了上述点火开关接通时输入的信号之外，ECU开始监控曲轴位置传感器和凸轮轴位置传感器的输入信号，并根据其确定点火时刻和喷油时刻。①首先判别即将达到上止点是哪一个气缸；②然后输出喷油和点火控制信号；③若在发动机转动3s内曾接收到曲轴位置传感器信号，ECU将自动切断燃油喷射系统电路，同时将曲轴位置传感器故障码存入RAM中，以便维修检测时调用。

2）控制继电器接通燃油泵电路，使燃油泵运转。

3）若此时节气门处于全开状态，ECU将中断燃油喷射（即进入清除溢流状态）。

图8-50　起动信号与空档安全开关信号电路

四、空档安全开关信号

空档安全开关信号（NSW）是表示自动变速器档位选择开关所处位置的信号，又称停车/空档开关信号或空档起动开关信号，安装于变速器壳体上。详见图8-51及其注解。

空档安全开关的作用

1) 它是一个由自动变速器的变速杆控制的多功能开关：NSW信号用来区别变速杆是处于P(停车档)或N(空档)位，还是处于2、L、D、R位。

2) 当变速杆处于P或N位时，停车/空档开关接通，此时起动继电器线圈才能接通，并向ECU输入低电平信号。仅在此时发动机才能起动。

3) 而当变速杆处于2、L、D、R位时，停车/空档开关断开。此时即使点火开关拨到起动位置，起动继电器线圈也不能接通，ECU的停车/空档开关信号端子将接收到一个12V的高电平信号，故发动机不能起动。

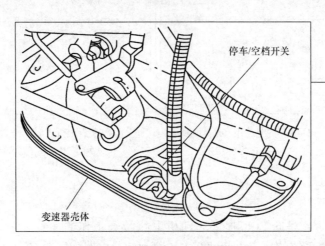

图 8-51　空档安全开关安装位置

五、空调开关信号

（1）空调压缩机正常工作必须满足的条件

空调压缩机正常工作必须满足的三个基本前提条件：①空调制冷系统的制冷剂必须达到标准要求，不能缺少；②制冷系统的蒸发器温度必须在允许范围内，不能过高；③发动机必须至少处于高怠速状态下工作，以防熄火。

（2）ECU 如何控制空调系统满足三个基本前提条件

ECU 是通过两个空调开关（A/C）输入信号（即空调选择信号和空调请求信号）和一个空调继电器输出信号来进行控制，以满足三个基本前提条件的，其具体控制方法与过程详见图8-52及其注解。

ECU对空调系统的控制方法与控制过程

1) 空调选择信号。空调选择信号是通知ECU空调被选用而预告增加发动机负荷的信号。当怠速运转时，接通空调开关，压力开关闭合，12V电源电压被加到ECU的空调选择端子28上，ECU接收到此高电平信号后，控制怠速控制阀(或步进电动机)动作，提高发动机转速(至少以高怠速工作，以防熄火)。

2) 空调请求信号。空调请求信号是表示空调接通后蒸发器温度在允许范围内，此时蒸发器开关接通，12V电源电压被加到ECU空调请求端子27上，ECU接收到此高电平信号后，从空调继电器输出端子34发出指令，接通空调继电器线圈电路，空调压缩机运转。

3) 当制冷剂不足时，低压开关自动断开，ECU空调请求端子27的电压为0V，从空调继电器输出端子34发出指令，切断空调继电器线圈电路，空调压缩机停止运转。

4) 当蒸发器温度过高时，蒸发器开关自动断开ECU空调请求端子27的电压为0V，从空调继电器输出端子34发出指令，切断空调继电器线圈电路，空调压缩机停止运转。

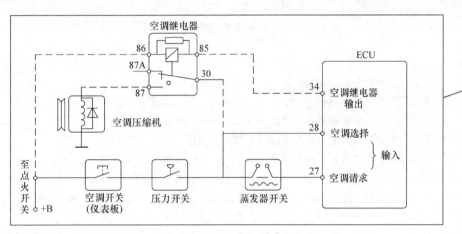

图 8-52　空调开关信号控制电路

注：图中 27、28、30、34、85、86、87、87A 为端子号。

参 考 文 献

[1] 余志生. 汽车理论 [M]. 5 版. 北京：机械工业出版社，2009.

[2] 陈家瑞. 汽车构造 [M]. 3 版. 北京：机械工业出版社，2013.

[3] 黄费智. 汽车评估与鉴定 [M]. 2 版. 北京：机械工业出版社，2018.

[4] 黄费智，黄理经. 汽车发动机电控技术图解教程 [M]. 北京：机械工业出版社，2013.

[5] 黄费智，黄理经. 汽车底盘和车身电控技术图解教程 [M]. 北京：机械工业出版社，2013.

[6] 黄费智. 电动汽车维修快速入门一本通 [M]. 北京：机械工业出版社，2019.

[7] 张建俊. 汽车检测技术 [M]. 北京：高等教育出版社，2006.

[8] 崔选盟. 汽车故障诊断技术 [M]. 2 版. 北京：人民交通出版社，2011.

[9] 李建秋，赵六奇，韩晓东. 汽车电子学教程 [M]. 2 版. 北京：清华大学出版社，2011.

[10] 鲁植雄，冯崇毅，肖茂华，等. 汽车电子控制技术 [M]. 3 版. 北京：人民交通出版社股份有限公司，
     2018.

[11] 舒华，郑召才. 汽车电子控制技术 [M]. 4 版. 北京：人民交通出版社股份有限公司，2017.

[12] 谢剑. 汽车修理工技师鉴定培训教材 [M]. 北京：机械工业出版社，2001.

[13] 屠卫星. 车辆技术评估检测员必读 [M]. 南京：江苏科学技术出版社，2008.

[14] 杨清德，尤宜村. 轿车电子电器维修 [M]. 北京：电子工业出版社，2007.

[15] 潘明明，徐峰. 汽车故障诊断方法与案例（图解版）[M]. 北京：化学工业出版社，2018.

[16] 曹红兵. 汽车发动机电控技术原理与维修 [M]. 2 版. 北京：机械工业出版社，2014.

[17] 于京诺. 汽车底盘及车身电控系统维修 [M]. 北京：机械工业出版社，2011.

[18] 刘建民，左建. 精选轿车故障快速诊断排除 400 例 [M]. 北京：金盾出版社，2005.

[19] 吴文琳. 汽车新技术原理与维修 500 问 [M]. 北京：化学工业出版社，2019.

[20] 杨意品，巩建强，苟春梅，等. 汽车电控发动机故障诊断与检修 [M]. 北京：人民交通出版社股份
     有限公司，2017.

[21] 钟利兰. 汽车故障诊断方法及应用实例 [M]. 北京：化学工业出版社，2013.

[22] 赵航，史广奎. 混合动力电动汽车技术 [M]. 北京：机械工业出版社，2012.

[23] 陈全世，朱家琏，田光宇. 先进电动汽车技术 [M]. 北京：化学工业出版社，2018.